Kai Lahmann · **Insiderhandel**

Schriften zur wirtschaftswissenschaftlichen Analyse des Rechts

herausgegeben von

Heinz Grossekettler, Münster · Bernhard Großfeld, Münster
Klaus J. Hopt, München · Christian Kirchner, Hannover
Dieter Rückle, Trier · Reinhard H. Schmidt, Frankfurt/Main

Band 19

Insiderhandel

Ökonomische Analyse eines ordnungspolitischen Dilemmas

Von

Kai Lahmann

Duncker & Humblot · Berlin

Die Deutsche Bibliothek – CIP-Einheitsaufnahme

Lahmann, Kai:
Insiderhandel : ökonomische Analyse eines ordnungspolitischen Dilemmas / von Kai Lahmann. – Berlin : Duncker und Humblot, 1994
(Schriften zur wirtschaftswissenschaftlichen Analyse des Rechts ; Bd. 19)
Zugl.: München, Univ., Diss., 1993
ISBN 3-428-08112-9
NE: GT

D 19

Satz: W. März, Tübingen
Druck: Werner Hildebrand, Berlin
Printed in Germany

ISSN 0935-5065
ISBN 3-428-08112-9

Geleitwort

Die vorliegende Doktorarbeit ist nach Verfasser und Thematik für eine deutsche Juristenfakultät ungewöhnlich. Der Verf. ist Wirtschaftswissenschaftler, der sein Examen hier in Deutschland abgelegt und Postgraduiertenstudien in Berkeley bei Prof. *Buxbaum* und in Harvard bei Prof. *Kraakman* betrieben hat. Die Doktorarbeit wurde von mir an der Universität München betreut; der Zweitgutachter war Prof. *Hueck*. Prof. *Karl Homann*, Ingolstadt, stand in dankenswerter Weise als ökonomischer Ratgeber zur Verfügung.

Das Thema könnte aktueller nicht gewählt sein. Die EG-Insiderrichtlinie vom November 1989 soll noch im Sommer 1994 durch das deutsche Wertpapierhandelsgesetz transformiert werden. Damit scheint Deutschland mit erheblicher Verzögerung den internationalen Stand des kapitalmarkt- und Insiderrechts zu erreichen, nachdem in den USA Insiderbestimmungen bereits 1934 und in Europa beispielsweise in Frankreich schon 1967 eingeführt worden sind. Das ordnungspolitische und Regelungsproblem ist jedoch komplex. Seit dem grundlegenden Buch des amerikanischen Ökonomen *Manne* von 1966 wird nämlich in den Wirtschaftswissenschaften zunächst nur der USA, später aber auch in Großbritannien und neuerdings auch in Deutschland der ökonomische Nutzen eines Insiderrechts bestritten und teilweise sogar die Schädlichkeit von Insiderregelungen allgemein oder doch in spezifischer Ausformung konstatiert. Wenn dies wirklich zutreffen sollte, steht das junge europäische Insiderrecht auf – jedenfalls ökonomisch gesehen – tönernen Füßen. Zur ordnungs- und rechtspolitischen Rechtfertigung solcher Regeln müßte man sich dann auf Fairneß- und Gerechtigkeitsargumente berufen, die jedoch nicht unproblematisch sind. Die Arbeit des Verf. ist deswegen von besonderer Bedeutung. Sein Erkenntnisinteresse geht dahin, ob anhand positiver Modellanalysen und empirischer Erkenntnisse Wohlfahrtsveränderungen durch Insiderhandel und Insiderregeln nachgewiesen werden können.

Zum Status quo genügt es darauf hinzuweisen, daß in Deutschland der Anlegerschutz, als Individualschutz verstanden, in der modernen Diskussion eher zurücktritt zugunsten des Funktionenschutzes: Insiderhandel wird als schädlich für das Vertrauen der Anleger in den Börsen- und Kapitalmarkt angesehen. Die ökonomischen Theorien sind sehr unterschiedlich. Der Verf. unterscheidet metrisierende, erklärende und gestaltende Theorien. Dabei fällt auf, daß eine ganze Reihe z.T. widersprüchlicher Modelle des Insiderhandels und der Insiderregelung vorliegen. Auch gibt es mittlerweile eine erkleckliche Anzahl empirischer Arbeiten und Ergebnisse, die aber nicht leicht eingeordnet und auf mögliche Regelungsaussagen hin beurteilt werden können. Der

Verf. stellt diese Theorien in den Kontext der ordnungspolitischen Rahmenbedingungen. Dabei hebt er auf die Funktion des Kapitalmarkts und des Wertpapierhandels ab, arbeit von daher Grundlagen der Ordnungspolitik heraus und sucht sich dann mögliche Beurteilungskriterien. Eines der Hauptprobleme jeder Insiderregelung sind die dabei auftretenden Zielkonflikte. Statt diese bei aller Begründung doch letztlich willkürlich gegeneinander abzuwägen, unterscheidet der Verf. drei Ebenen: die Auswirkung des Insiderhandels auf das Dienstverhältnis zwischen Insidern und Eigentümern im Unternehmen, sodann zunächst als geschlossen vorgestellte Wertpapiermärkte, schließlich auch offene Wertpapiermärkte. Mit diesem differenzierten Untersuchungsprogramm vermeidet er zu Recht und weiterführend die Verengungen vieler amerikanischer Insiderhandels- und Insiderrechtstheorien.

Das rechtspolitisch entscheidende Ergebnis des Verf. geht dahin, daß angesichts der abweichenden normativen Beurteilungskriterien und kollidierenden Grundwerte zur Insiderproblematik nicht der Anspruch erhoben werden kann, die staatliche Regulierung des Insiderhandels sei ökonomisch falsch. Das steht im klaren Gegensatz zur überwiegenden Meinung in den USA, die in den letzten Jahren von einer ganzen Reihe deutscher Ökonomen – ziemlich kritiklos – nach Deutschland übernommen worden ist. Als Jurist fühlt man sich dabei an schon länger zurückliegende Zeiten erinnert, in denen der Import von US-amerikanischen Regelungen und Rechtsvorstellungen schon als solcher für richtig und fortschrittlich gehalten wurde. Es ist also Sache des Gesetzgebers, sich in dieser Unsicherheit für bestimmte Grundwerte zu entscheiden; für den Wissenschaftler geht es dann nicht mehr plakativ um das Ja oder Nein zu einer Insiderregelung, sondern eher um die Frage der nach den vorliegenden theoretischen und empirischen Erkenntnissen relativ besten Insidernorm. Eine solche optimale Norm gibt es dann auch nicht ganz allgemein. Vielmehr hängen die Einzelheiten ihrer Ausgestaltung vom Umfeld ab, das in den USA anders sein mag als in Europa und auf einem bestimmten Wertpapier- und Kapitalmarkt anders als auf anderen.

Die Schlüsse, die der Verf. im Hinblick auf die EG-Insiderrichtlinie zieht, sind eher kritisch. Er bemängelt, daß die Segmentierung des Wertpapierhandels nicht hinreichend berücksichtigt ist und daß die Publizität und der zwischenstaatliche Informationsaustausch in der Richtlinie bei weitem zu kurz kommen. Diese Schlüsse sind ökonomisch einleuchtend. Doch dürfen das EG-rechtliche und EG-politische Umfeld, das Instrument der Richtlinie im Gegensatz zur Verordnung und die bei Erlaß der Richtlinie notwendigen Kompromisse dabei nicht unberücksichtigt bleiben. Wie weit das europäische Insiderhandelsverbot in den verschiedenen Mitgliedstaaten auch tatsächlich greifen wird, bleibt eine offene Frage, sie sich – wenn überhaupt – erst in einigen Jahren wird beantworten lassen.

München, im April 1994 Prof. Dr. Dr. *Klaus J. Hopt*

Vorwort

Die vorliegende Arbeit wurde im Dezember 1993 von der Juristischen Fakultät der Ludwig-Maximilians-Universität München als Dissertation angenommen. Ich danke meinen akademischen Lehrern Prof. Dr. Dr. *Karl Homann*, Ingolstadt, und Prof. Dr. Dr. *Klaus J. Hopt*, München, die mich stets kompetent und freundschaftlich unterstützt haben. Außerdem bin ich Prof. *Götz Hueck*, München, Prof. *Reinier Kraakman* und Prof. *John Meyer*, Harvard, Dr. *Heinz Werner Pohl*, Bremen, sowie meinem Vater für Ihre Hilfe dankbar. Für alle Fehler bin ich selbst verantwortlich.

Berlin, im April 1994 *Kai Lahmann*

Inhaltsverzeichnis

Verzeichnis der Abbildungen

Verzeichnis der Abkürzungen

Abb.	Abbildung
AEB	Amsterdamse Effektenbeurs
AktG	Aktiengesetz
Amex	American Stock Exchange
BGB	Bürgerliches Gesetzbuch
GWB	Gesetz gegen Wettbewerbsbeschränkungen
Hrsg.	Herausgeber
IBIS	Inter-Banken-Informations-System
Instinet	Handelssystem für institutionelle Investoren
ISG	Intermarket Surveillance Group
LSE	London Stock Exchange
MATIS	Makler-Tele-Informations-System
Mio.	Millionen
Mrd.	Milliarden
NASD	American National Association of Security Dealers
NASDAQ	NASD Automated Quotation System
NMS	National Market System
NYSE	New York Stock Exchange
OECD	Organisation for Economic Cooperation and Development
POSIT	Automatisiertes Handelssystem für kleine Transaktionen
SEAQ	Händlersystem des London Stock Exchange
SEC	Securities and Exchange Commission
StGB	Strafgesetzbuch
UWG	Gesetz gegen den unlauteren Wettbewerb

„Richtiges Verstehen einer Sache und Mißverstehen der gleichen Sache schließen einander nicht vollständig aus.“

Franz Kafka, Der Prozeß

Einleitung

Die Diskussion des Insiderhandels hat, angeregt durch einige spektakuläre Fälle in der jüngeren Vergangenheit, auch in Deutschland erhebliche öffentliche Aufmerksamkeit erregt. Mit dem 2. Finanzmarktförderungsgesetz hat nun der deutsche Gesetzgeber die Initiative ergriffen und ein Insiderhandelsverbot entsprechend den Vorgaben des EG-Rechts geschaffen. Die neuen Vorschriften in Deutschland verdeutlichen ebenso wie die Insiderregeln in Europa und den USA, daß Insideraktivitäten oft aufgrund fixierter Wertvorstellungen beurteilt werden und nur selten anhand ihrer nachweisbaren Wirkungen. Die von rechtswissenschaftlicher und ökonomischer Seite vertretenen Positionen stehen sich bei dieser Beurteilung häufig unvereinbar gegenüber, was eine sinnvolle Zusammenarbeit der beiden Disziplinen zur Gestaltung von Insiderrecht erschwert.

Nur ein Teil der gegensätzlichen Beurteilung des Insiderhandels durch Juristen und Ökonomen hat inhaltliche Gründe, viel tragen auch die gespannten Beziehungen der beiden Wissenschaften bei, die George Stigler kürzlich zur folgenden Feststellung veranlaßten: „... the traditional attitude of each discipline toward the other had been one of indifference. Only gradually has this attitude been replaced by a mixture of cooperation and hostility.“[1] Die begrenzte Harmonie der beiden Wissenschaften kann anhand eines Beispiels aus den fünfziger Jahren, einem Konflikt zwischen Juristen und Ökonomen im gemischt besetzten Committee for the Study of Antitrust Laws des US-amerikanischen Justizministeriums, erläutert werden. Die Auseinandersetzung betrifft die Regulierung preisdiskriminierenden Verhaltens.

---

[1] Stigler (1992), 455.

„Economists insisted that price discrimination could persist only under noncompetitive conditions: under full competition, rivals would undermine any attempt to sell part of the supply at a higher price. The lawyers argued the contrary: only by price discrimination – emerging from bargaining for preferencial prices – could a collusive price be undermined by aggressive sellers or strong buyers.
In retrospect, both parties were partially right and partially wrong. Persistent, stable price discrimination is conclusive evidence of a non-competitive market, but that is a long-run equilibrium condition. The economists had no short-run or dynamic theory of the process of market-price determination. It required theories, then unavailable, of auctions and information to begin a proper reconciliation of the two views."[2]

Das Beispiel verdeutlicht, daß Juristen und Ökonomen unterschiedliche analytische Konzepte zur Überbrückung von Wissenslücken verwenden, daß strukturell ihr Vorgehen dennoch ähnlich ist: Grundprinzipien begrenzen den Rekurs der Problembewältigung an einer normativ bestimmten Stelle. Diese Prinzipien fixieren unter Juristen und unter Ökonomen akzeptierte Wirkungsvermutungen und Beurteilungsschemata, die in den jeweiligen Disziplinen in grundsätzlicher Form nicht mehr in Frage gestellt werden und somit quasiaxiomatischen Charakter besitzen. Viele Konflikte zwischen Juristen und Ökonomen entstehen, wenn – wie in dem zitierten Beispiel – eine Disziplin die akzeptierten Prinzipien der anderen in Frage stellt; das Resultat solcher Konflikte ist häufig ein unerfreulicher Austausch von Glaubensbekenntnissen, nicht das Eingeständnis begrenzten Wissens.

Das Beispiel läßt ebenfalls erkennen, daß der qualitativen Beurteilung der Wirkungen ordnungspolitischer Maßnahmen Grenzen gesetzt sind. Unter Bedingungen der Unwissenheit können oft nur empirische Beobachtungen Hinweise auf die Wirkungen von Handlungsweisen und Regeln geben. Empirische Untersuchungen weisen nämlich, im Gegensatz zu vielen modell-theoretischen Betrachtungen, einen hohen Grad disziplinärer Neutralität auf, außerdem unterliegen sie einem positiven Selektionsprozeß: Juristen und Ökonomen können in einen sinnvollen Wettbewerb um die Bestimmung der aussagekräftigeren Erklärungskonzepte eintreten.

In der vorliegenden Arbeit wird die Auffassung vertreten, daß Regulierung im öffentlichen Interesse erfolgen sollte, somit nicht anhand allgemeiner Wertvorstellungen, sondern basierend auf analytisch-deduktivem oder empirischem Verständnis der Wirkungen von Regeln auf die Wohlfahrt der Gesellschaft[3]. Empirische Forschung wird damit als Bestandteil der Regulierungs-

[2] Stigler (1992), 455–456.

[3] Regulierung im öffentlichen Interesse (public interest) konkurriert als Theorie der Entstehung von Regulierung mit verschiedenen anderen positiven Ansätzen, die bei-

gestaltung in gleichem Maße zur Randbedingung rechtswissenschaftlicher und ökonomischer Theorien der Ordnungspolitik.

Insiderhandel ist eines der Themen rechtswissenschaftlicher und ökonomischer Auseinandersetzungen, in denen es üblich ist, daß Juristen Kritik an einer „ökonomischen Regulierungslösung" üben, die lediglich an allokativer Effizienz orientiert sei, während Ökonomen die Prinzipienlastigkeit und die eklektischen Wirkungsanalysen rechtswissenschaftlicher Studien monieren. Vereinfachend gesprochen sind, auch in bezug auf den Insiderhandel, die unterschiedlichen Axiome und Grundprinzipien, anhand derer Juristen und Ökonomen Unwissen überbrücken, der Ursprung zahlreicher Auseinandersetzungen. Diese Auseinandersetzungen haben eine methodische und eine werteorientierte Komponente.

Die verdeckte Normativität, die methodisch durch die Wahl verschiedener theoretischer Ansätze in die Diskussion eingebracht wird, ist eines der zentralen Hindernisse sinnvoller Zusammenarbeit von Juristen und Ökonomen nicht nur in der Frage der Regulierung des Insiderhandels. Aus methodischen Gründen kann bei unkritischem und exklusivem Vertrauen auf die axiomatischen Grundpositionen der eigenen Disziplin der falsche Eindruck verstärkt werden, daß Juristen und Ökonomen in unterschiedlichen Welten leben und unterschiedliche Sprachen sprechen[4].

Eine wissenschaftstheoretische Betrachtung erlaubt Vermittlung in dieser unproduktiven Konfrontation: Ökonomen und Rechtswissenschaftler gestalten und stützen ihre Theorien und Wirkungsanalysen häufig auf empirisch kaum prüfbare Konzepte, sie immunisieren ihre Aussagen damit jedoch nicht grundsätzlich gegen Überprüfung. Eine Prüfung kann und sollte erfolgen, ihr Gegenstand sollten aber nicht in erster Linie Modellannahmen oder axiomatische Grundkonzepte sein, sondern die vermuteten Handlungs- und Regelungswirkungen. Lediglich Theorien, Prinzipien und Wirkungsvermutungen, rechtswissenschaftlicher oder ökonomischer Natur, deren Aussagen sich systematisch einer empirischen Überprüfung entziehen, weil sie „grundsätzlich

---

spielsweise von Posner (1974) erläutert werden. Vorliegend wird Regulierung im öffentlichen Interesse als normatives Konzept verwendet, es entspricht in seiner allgemeinen Form den im deutschen Sprachraum häufiger verwendeten Kriterien der Zweckrationalität oder Sachgerechtigkeit von Regulierung; vgl. Giersch (1961).

[4] Stigler (1992), 463. Dieser Eindruck wird dadurch verstärkt, daß juristische und ökonomische Theorien grundsätzlich unterschiedlichen Zwecken dienen: Juristische Theorien systematisieren die herrschende Rechtspraxis, während positive ökonomische Theorien Wirkungszusammenhänge abbilden. Luhmann (1993), 11 nennt juristische Theorien aus diesem Grund ein „Produkt der Selbstbeobachtung des Rechtssystems".

wahr" oder „grundsätzlich effizient" sind, haben einen dogmatischen Charakter. Solche Konzepte sind der Gestaltung von Ordnungspolitik im öffentlichen Interesse abträglich und bilden ein unüberwindliches Hindernis für die Zusammenarbeit von Juristen und Ökonomen.

In engem Zusammenhang mit dieser methodischen Auseinandersetzung steht der klassische Wertekonflikt zwischen allokativer Effizienz und distributiver Gerechtigkeit[5]. Die allokative Effizienz einer Wirtschaftsordnung wird als das Ergebnis von Marktprozessen betrachtet, sie wird von Ökonomen durch das Konzept der Produktionsmöglichkeitenkurve (production possibility frontier) beschrieben: Mit den gegebenen Ressourcen und dem gegenwärtigen Stand der Technologie wird bei effizienter Organisation ein maximaler Output produziert, wobei Gründe nicht-effizienter Produktion Inflation, unvollständige Nutzung von Technologie und Marktversagen umfassen. Das Konzept der distributiven Gerechtigkeit findet in Verbindung mit den verwandten individuellen Werten Freiheit und Gleichheit seinen Rückbezug in der Tradition des klassischen Liberalismus[6]. Moderne Interpretationen des Konzepts unterscheiden sich weitgehend in bezug auf die Maßstäbe, anhand derer Gerechtigkeit zu messen ist, und in bezug auf den Umfang der staatlichen Eingriffe in private Austauschbeziehungen, die auf der Grundlage des Konzeptes gerechtfertigt werden können[7]. Grundsätzlich betreffen Forderungen nach „mehr" distributiver Gerechtigkeit die Änderung der Ergebnisse von Marktprozessen durch staatliche Umverteilungsaktivitäten mit Hilfe von steuer- oder sozialpolitischen Instrumenten (sekundäre Einkommensverteilung).

Kern des populären Konfliktes zwischen allokativer Effizienz und distributiver Gerechtigkeit ist die falsche Auffassung, diese beiden Werte seien grundsätzlich trennbar. Langfristig ist jedoch eine Abwägung dieser beiden Werte für eine Maximierung der gesellschaftlichen Wohlfahrt unabdingbar[8]. Der Leerformelcharakter allgemeiner gesellschaftspolitischer Werte und Ziele (ultimate goals) macht deren willkürfreie Abwägung unmöglich, spezifische ordnungspolitische Zwischenziele (targets) und Einzelentscheidungen müssen deshalb stets durch den politischen Prozeß vermittelt werden. Weder ökonomische noch rechtswissenschaftliche Theorien können aus diesem Grund Wesentliches zur Lösung eines Konfliktes zwischen gesellschaftlichen Basis-

---

[5] Giersch (1961) und Gäfgen (1975) betonen Wertekonflikte zwischen Freiheit, Gerechtigkeit, Sicherheit und Fortschritt; Sen (1990) analysiert den (neo-)klassischen Konflikt zwischen „economic behaviour" und „moral sentiments"; Conklin (1991) verwendet die Gegensatzpaare „efficiency and growth" und „liberty and equality".

[6] Giersch (1961), Gäfgen (1975), 117–204, Homann/Pies (1991), 79–100.

[7] Die modernen Extrempositionen vertreten Rawls (1971) und Nozick (1974).

[8] Hayek (1960), 100, Homann (1988), 262–286.

werten beitragen. Die analytischen Techniken und normativen Grundpositionen beider Disziplinen können eine demokratische Wahlentscheidung über diese Werte lediglich unterstützen, nicht aber ersetzen[9].

Rechtswissenschaft und Ökonomie haben, bedingt durch ihre methodischen Vorgehensweisen und impliziten Wertvorstellungen, grundsätzlich spezifische Schwächen. Normative Ökonomen verfangen sich häufig in der Scheindichotomie zwischen Markt und Staat und verkennen die Funktionsweise und Kosten der Mechanismen, die die Übertragung ihrer Vorschläge in das Institutionensystem ermöglichen[10]; Juristen vernachlässigen zu oft die systematische Wirkungsanalyse aus wohlgemeinten Prinzipien abgeleiteter Normen, was oftmals zu Regelungen führt, die den Zeitraum ihrer sinnvollen Geltung zum Teil erheblich überschreiten und somit langfristig der allokativen Effizienz und der distributiven Gerechtigkeit schaden[11]. Die gemeinsame Schwäche beider Disziplinen ist, daß Theorien zu häufig durch Normativität gestützt werden und nicht durch die positive Analyse der relevanten Wirkungsmechanismen und empirische Tests. Der konzeptionelle Vorschlag der vorliegenden Arbeit ist deshalb: Erstens, die Bedeutung normativer Konzepte in ordnungspolitischen Auseinandersetzungen zu verdeutlichen, ihren argumentativen Stellenwert durch theoretische Wirkungsanalysen jedoch so weit wie möglich zu reduzieren[12]; und zweitens, Ordnungspolitik einer systemati-

---

[9] Dies gilt nach dem Konzept des normativen Individualismus auch für alle anderen wissenschaftlichen Disziplinen. Dem entsprechend trifft die Beurteilung des Entscheidungsmodus zwischen gesellschaftlichen Basiswerten aus Sicht der modernen Ethik durch Homann/Blome-Drees (1992), 189 in gleicher Weise auf die Rechtswissenschaft und die Ökonomie zu: „Moderne Ethik muß darauf verzichten, definitiv zu entscheiden, was moralisch gut oder schlecht ist. Sie kann allenfalls Wege aufzeigen, wie sich vermeintliche Widersprüche auflösen lassen. Wertentscheidungen bleiben jedoch stets den Individuen selbst vorbehalten und können ihnen nicht durch die Wissenschaft abgenommen werden."

[10] Mueller (1990), 9: „Although often depicted as the perfect example of the beneficial outcome of purely private, individualistic activity in the absence of government, the invisible hand theorem presumes a system of collective choice comparable in complexity to the market system it governs."

[11] Economic Council of Canada (1981), 133–134: „One of the recurring themes emerging from our analysis of different regulatory regimes is the tendency for regulations to outlive their usefulness. ... The fact that much of the recent regulation has been in areas where there is still a great deal of scientific uncertainty reinforces the necessity for an efficient process by which regulations can be periodically re-examined and reviewed."

[12] Ziel dieses Vorgehens ist nicht die Werturteilsfreiheit im Verständnis Max Webers und Werner Sombarts, sondern die auf wissenschaftliche Erkenntnislücken begrenzte Verwendung normativer Konzepte.

schen Wirkungskontrolle durch empirische Forschung zu unterwerfen[13]. Einen ersten Einblick in das ordnungspolitische Dilemma der Regulierung des Insiderhandels gewährt die folgende Diskussion verschiedener Definitionen des Insiderhandels; *Abbildung 1* verdeutlicht das Spektrum der Definitionsmöglichkeiten.

Abbildung 1:

Definitionen des Insiderhandels

	Weite Definition	Enge Definition
Wertpapiere	• Aktien • Renten • Derivate • Mischformen	• Aktien
Personen	Primärinsider • Mitglieder von Leitungs- und Aufsichtsorganen • Angestellte, Vertreter • Berater, Wirtschaftsprüfer Sekundärinsider • Tipempfänger mit Wissen um den Charakter der Information • Journalisten, Analysten, • Fundmanager • Tipempfänger ohne Wissen um den Charakter der Information	Primärinsider • Mitglieder von Leitungs- und Aufsichtsorganen
Informationen	• Alle nichtöffentlichen Unternehmens-informationen	• Nichtöffentliche Unternehmens-informationen, bei Verletzung einer Insider-Treuepflicht

[13] Giersch (1961), 234–236, Streit (1991), 314–316, und Berg/Cassel (1992), 233–234 nennen Erfolgsmessung und Abweichungsanalyse zentrale Bestandteile rationaler Ordnungspolitik.

Unter dem Begriff Insiderhandel werden Wertpapiergeschäfte zusammengefaßt, die von Personen unter der Verwendung kursrelevanter Informationen abgeschlossen werden, die einem beliebigen Marktteilnehmer nicht zur Verfügung stehen. Die Konkretisierung dieser allgemeinen Definition ist stark umstritten. In den USA, dem Land mit der längsten Tradition eines Insiderhandelsverbots, wurde die Definition des Insiderhandels nicht systematisch, sondern weitgehend durch Richterrecht gestaltet und angepaßt[14]. Durch die EG-Insiderrichtlinie vom November 1989 erfolgt die Definition des Insiderhandels in den Mitgliedstaaten der Gemeinschaft durch eine Aufzählung der relevanten Insiderpapiere, des Insiderpersonenkreises sowie der Arten und Quellen von Insiderinformationen[15].

- Handelsobjekte: Die Begrenzung des Regulierungsumfangs auf Geschäfte mit Wertpapieren, nicht aber Währungen, Immobilien oder anderen realen Gütern hat sich allgemein durchgesetzt. Diese enge Abgrenzung des relevanten Marktes ist grundsätzlich willkürlich, läßt sich jedoch teilweise aus der Entstehung von Insiderregeln aus dem US-amerikanischen Wertpapierrecht erklären. Der Securities Act of 1934, entworfen als Reaktion auf die Instabilität des amerikanischen Finanzsystems während der Weltwirtschaftskrise, und die Interpretation seiner Vorschriften durch die Securities and Exchange Commission sind Ausdruck der besonderen Bedeutung, die der Stabilisierung von Kapitalmärkten aufgrund ihrer Bedeutung für die Gesamtvolkswirtschaft zugemessen wird. Im engen Sinn fallen unter die Definition der relevanten Handelsgüter lediglich in öffentlichen Wertpapierbörsen gehandelte Aktien von Publikumsgesellschaften, im weiteren Sinn können verschiedene Arten von Wertpapieren (Schuldverschreibungen, Obligationen, junk bonds, Terminkontrakte, Optionen, Indexpapiere) und Märkten (Freiverkehr, private Handelsnetzwerke) eingeschlossen sein.
- Personen: Als Insider im engeren Sinn werden Personen bezeichnet, die „aufgrund ihrer Berufsposition Nachrichten aus Unternehmungen ... früher als die Mehrzahl der gegenwärtigen und potentiellen Anteilseigner erhalten“[16]. Im weitesten Sinn sind mit dieser allgemeinen Definition alle Personen gemeint, die nichtöffentliche Informationen besitzen. Die im amerikanischen Recht übliche Definition umfaßt „agents, directors, and affiliates of a corporate issuer“ (corporate insiders)[17]. In der EG-Insider-

[14] Langevoort (1987), Cox (1988), Goelzer/Berueffy (1988), Anabtawi (1989), Briggs (1992).

[15] Richtlinie des Rates vom 13. November 1989 zur Koordinierung der Vorschriften betreffend Insider-Geschäfte (89/592/EWG).

[16] Ballwieser (1984), 104.

[17] Als „market insiders“ werden Marktteilnehmer bezeichnet, „who regularly acqui-

richtlinie von 1989 werden Insider als Mitglieder von Verwaltungs-, Leitungs- oder Aufsichtsorganen eines Emittenten, Aktionäre oder Angestellte, Vertreter und Berater definiert, die ihnen zur Verfügung stehende Insider-Informationen für Wertpapiergeschäfte nutzen.

- Informationen: Der Begriff der kursrelevanten oder „material" Information[18], bezieht sich im weiten Sinn auf alle nichtöffentlichen Unternehmensnachrichten, im engen Sinn sind lediglich Unternehmensinformationen erfaßt, deren Veröffentlichung die Handelspreise von Wertpapieren in vorhersagbarer Weise verändern, die unter Verletzung eines Treueverhältnisse von einem Insider zum Handel verwendet werden. Probleme bei der Definition des Insiderhandels über das Kriterium der Kursrelevanz ergeben sich beispielweise, wenn unklar ist, wie sich bestimmte Informationen im Fall ihrer Veröffentlichung auf die Wertpapierpreise auswirken. Dies ist insbesondere dann der Fall, wenn Anleger heterogene Erwartungen in bezug auf die Wertrelevanz von Informationen besitzen[19].

Die Bestimmung der Definition des Insiderhandels hat international zu lebhaften akademischen Auseinandersetzungen geführt[20]. Ein Grund für diese Diskussionen ist, daß die Definition des Insiderhandels zentrales Element der Regulierungsentscheidung ist. Ein weiterer Grund ist, daß die Abgrenzung zwischen Insiderhandel und anderen zivil- oder strafrechtlich relevanten Handlungen, die Insider begehen können, häufig nicht deutlich genug erfolgt[21].

Definitionen erfordern zweckmäßige Abgrenzungen[22], deshalb wird in dieser Arbeit eine auf den Untersuchungszusammenhang abgestimmte Insiderdefinition verwendet: „Im Unternehmen" werden Insider als Personen definiert, die Unternehmensinformationen durch eine Dienstleistung erhalten, die sie für einen Emittenten von Wertpapieren erbringen: Mitglieder von Verwaltungs-, Leitungs-, und Aufsichtsorganen, Wirtschaftsprüfer, Angestellte von Intermediären, Rechtsanwälte und Zulieferer. Entscheidendes Kriteri-

---

re non-public information about an issuer from market sources outside the issuer", s. Kraakman (1991), 39.

[18] Hopt (1991c), 29–35.

[19] Schörner (1990), 11–15.

[20] Hopt/Will (1973), Ballwieser (1976), Hueck (1976), Brudney (1979), Rider/French (1979), Jenckel (1980), Carlton/Fischel (1983), Bagby (1987), Kelly/Nardinelli/Wallace (1987), Goelzer/Berueffy (1988), Vance (1990), Hopt (1991c), Oberender/Daumann (1993).

[21] Langevoort (1987), 3–4 kritisiert in diesem Zusammenhang die Zirkularität der US-amerikanischen Definitionsansätze.

[22] Albert (1964), 14.

um ist, daß das Vertragsverhältnis zwischen dem Insider und der Unternehmung dieser bestimmte privatrechtliche Durchsetzungsmechanismen in bezug auf Insideraktivitäten verleiht. „Im geschlossenen Wertpapiermarkt“ und „im offenen Wertpapiermarkt“ wird eine breitere Insiderdefinition verwendet; Insider sind auf diesen Untersuchungsebenen informierte Marktteilnehmer, die wertrelevante Nachrichten über Unternehmen oder über Angebot und Nachfrage nach Wertpapieren schneller und zu geringeren Kosten erhalten als andere Marktteilnehmer, unabhängig von einer Treuepflicht oder einem Vertragsverhältnis zu einem Emittenten. Zusätzlich wird in der vorliegenden Arbeit, wie in den meisten ökonomischen Studien, zur Vereinfachung der Modelluntersuchungen lediglich der Handel mit Aktien analysiert.

Diese Definition hat Konsequenzen: Für die vorliegende Untersuchung wird zwischen dem *Wertpapierhandel* durch Insider und betrügerischen, manipulativen oder sonstigen strafbaren Aktivitäten von Insidern unterschieden. Insiderhandel bezieht sich dabei auf Handelsaktivitäten, die nicht bereits durch andere gesetzliche Vorschriften verboten sind. Anhand eines Beispiels läßt sich erläutern, warum eine allzu breite Definition des Insiderhandels zu nicht wünschenswerten Ergebnissen führt: Das frontrunning eines Brokers, der die Information über eine große Kundenorder für profitable Eigengeschäfte nutzt, verletzt ein Treueverhältnis und kann dem Kunden einen wirtschaftlichen Schaden zufügen. Dieser Schaden ist jedoch davon abhängig, ob der Kunde sein Wertpapiergeschäft aufgrund der Aktivität des Brokers zu einem ungünstigeren Kurs abwickelt oder nicht. Ist dies nicht der Fall, so wird der Broker, falls er aufgrund einer Insidernorm verurteilt wird, für eine Aktivität bestraft, die keinen anderen Marktteilnehmer geschädigt hat. Für den Fall, daß dem Kunden ein Schaden entsteht, ist es in einem leistungsfähigen Rechtssystem möglich, den Broker aufgrund des durch ihn verursachten Schadens zu verurteilen.

In bezug auf den hier diskutierten Fall des Broker-frontrunning ist ein Insiderhandelsverbot somit nicht unbedingt eine sinnvolle ordnungspolitische Maßnahme, da eine direkt schadensbezogene Bestrafung des Brokers sinnvoller erscheint[23]. Nur wenn eine Insiderregelung wohlfahrtserhöhend wirkt oder wirken kann, wird in der vorliegenden Arbeit ein Insiderhandelsverbot unterstützt. Diese restriktive Begründung eines Insiderhandelsverbots ist sinnvoll, da sie die analytische Aufmerksamkeit und normative Beurteilung auf die Handelsaktivität von Insidern konzentriert, ohne diese mit anderen

---

[23] Cox (1988), 382: „one must be very careful to identify the public interest served when insider trading regulation appeares driven by no more than a highly impresionistic belief that certain conduct erodes the integrity of capital markets. Unfortunately, such rationales have indeed been the justification for insider trading regulation“.

betrügerischen oder manipulativen Aktivitäten zu vermischen. Zahlreiche Formen des frontrunning, ebenso wie die spektakulären Fälle betrügerischer Täuschung und Kursmanipulation während der achtziger Jahre auf dem US-Junkbondmarkt, beinhalten nämlich Verstöße gegen zahlreiche gesetzliche Vorschriften, auch ohne ein spezifisches Insiderhandelsverbot[24]. Diese Aktivitäten stehen im Zusammenhang mit Insiderwissen und Handelstransaktionen, sie sind jedoch auch ohne einen „Tatbestand Insiderhandel" strafbar. Die Beurteilung der Insiderproblematik sollte nicht durch die Annahme verwässert werden, daß das Verbot betrügerischer Aktivitäten auf Wertpapiermärkten mit einem Insiderhandelsverbot steht oder fällt.

In der vorliegenden Arbeit wird Insiderhandel demnach aufgrund seiner Wohlfahrtswirkungen beurteilt. Dabei wird anhand positiver Modellanalysen und empirischer Erkenntnisse untersucht, ob Wohlfahrtsveränderungen durch Insiderhandel oder Insiderregeln nachweisbar sind. Die pragmatisch auf Rechtsdurchsetzung bezogene Rechtfertigung eines Handelsverbotes für Insider wird in dieser Arbeit daher abgelehnt: Insiderhandel sollte nicht schon deshalb verboten werden, damit häufig mit Insiderhandel in Verbindung stehende Handlungen, die nach anderen gesetzlichen Vorschriften bereits strafbar sind, wirkungsvoller verfolgt werden können[25].

Nach dieser einleitenden Diskussion wird im folgenden Teil die hier vertretene Definition des Insiderhandels vor dem Hintergrund der relevanten juristischen und ökonomischen Theorien erläutert. Außerdem wird die Bedeutung empirischer Forschung zur Bewertung theoretischer Wirkungsanalysen von Insiderhandel und Insiderregeln dargestellt. In Teil B werden die ordnungspolitischen Rahmenbedingungen staatlicher Eingriffe in Wertpapiermärkte anhand einer Funktionsanalyse des Kapitalmarktes analysiert und die wichtigsten Zielkonflikte in bezug auf die Regulierung des Insiderhandels entwickelt. Die Teile A und B dienen somit der Konstruktion des normativen Konzeptes der vorliegenden Untersuchung. Die positive ökonomische Analyse der Wirkungen von Insiderhandel und Insiderregeln folgt in den Teilen C und D. Im letzten Teil wird die Untersuchung mit einer Zusammenfassung der Ergebnisse, einer normativen Beurteilung der europäischen Insiderrichtlinie und einer Regulierungsempfehlung abgeschlossen.

---

[24] Bereits *United States v. Chiarella* , 445 US 222 (1980), 227–228 stellt fest, daß die fiduciary-duty-Analyse der Misappropriation-Theorie unnötig ist im Fall einer aktiven „misrepresentation made for the purpose of inducing reliance upon the false statement"; vgl. Howard (1991), 291; Briggs (1992), 308.

[25] Diese Abgrenzung wird auch in anderen Studien befürwortet; s. Pfister (1981), 345, und Schörner (1991), 3.

A. Rechtswissenschaftliche und ökonomische Theorien

I. Rechtswissenschaftliche Theorien

Die Entwicklung der juristischen Doktrin bildet den Ausgangspunkt der akademischen Diskussion der Regulierung des Insiderhandels. Entstanden in den sechziger Jahren aus der Interpretation der Section 10b des US-amerikanischen Securities Act of 1934, hat die juristische Doktrin über die Einzelfallbeurteilung hinaus die Schaffung von administrativen Regeln und Gesetzen maßgeblich beeinflußt. Gegenstand der juristischen Theoriebildung ist neben der Definition des Insiderhandels die Formulierung normativer Regulierungsprinzipien.

1. Rechtsdoktrin in den USA

Die doktrinäre Grundlage der Regulierung des Insiderhandels ist bis heute das US-amerikanische Recht[26]. Bei Insiderprozessen verwendet die amerikanische Securities and Exchange Commission grundsätzlich drei Vorschriften des Securities and Exchange Act of 1934: § 10(b) mit Rule 10b-5, § 14(e) mit Rule 14e-3 und § 17(a)[27].

§ 10(b) und Rule 10b-5 verbieten die Verwendung irreführender Aussagen sowie betrügerisches oder auf Täuschung ausgerichtetes Verhalten im Zusammenhang mit dem Erwerb oder Verkauf von Wertpapieren. Ausgehend von der Annahme, daß Insiderhandel eine Form der Täuschung eines Emittenten oder Investors impliziert, werden die normativen Theorien des Insi-

---

[26] US-amerikanische Gesetzestexte und Urteile, auf die in dieser Arbeit Bezug genommen wird, sind in der hier zitierten Form in den folgenden Publikationen dokumentiert: Cox/Hillman/Langevoort (1991), Fletcher (1991), Langevoort (1991); die Materialsammlung von Langevoort (1988) wird jährlich ergänzt.

[27] Vom amerikanischen Wertpapierrecht grundsätzlich unabhängige Rechtsvorschriften, die in SEC-Insiderverfahren Verwendung finden, stellen die mail and wire frauld-Statute, 18 USC §1341, §1343 (1991), dar. Die Anwendung der Statute auf Insideraktivitäten erfolgte erstmalig 1981 im Zusammenhang mit der Misappropriation-Theorie; vgl. *United States v. Newman*, 664 F.2d 12 (1981), 464 US 863 (1983). Der Vorteil ihrer Anwendung ist, daß sie die komplexen Beschränkungen des Insiderfallrechts aus dem Urteil *Chiarella v. United States*, 445 US 222 (1980), weitgehend zu umgehen erlauben; vgl. Briggs (1992), 311.

derhandels in den USA auf der Basis dieser beiden Vorschriften entwikkelt[28].

§ 14(e) und Rule 14e-3 verbieten entsprechend § 10(b) die Verwendung irreführender, betrügerischer und manipulativer Verhaltensweisen in bezug auf Unternehmensübernahmen (tender offer)[29]. Faktisch beschränken die beiden Vorschriften sehr weitgehend die legalen Möglichkeiten, Wertpapiere aufgrund von nichtöffentlichen Übernahmeinformationen zu handeln[30]. Rule 14e-3 bietet dabei grundsätzlich die Möglichkeit, Insideraktivitäten ohne bezug auf das spezifische Insiderfallrecht anzuklagen. Die normative Rechtfertigung eines Handelsverbots für Insider läßt sich aus Rule 14e-3 nicht ableiten.

§ 17(a) verbietet in allgemeiner Form alle betrügerischen Aktivitäten in Verbindung mit dem Erwerb oder Verkauf von Wertpapieren. In zwei Aspekten geht § 17(a) über die beiden vorher diskutierten Vorschriften hinaus. Erstens, auf der Grundlage von § 17(a) kann die SEC eine Anklage vorbringen auch, wenn „willful or reckless conduct" eines Insiders nicht nachweisbar ist; zweitens, auf der Basis von § 17(a)(3) können die Aktivitäten von Tipempfängern verfolgt werden, die kein Wissen um den Charakter der Insiderinformation besitzen[31].

Die Entwicklung der normativen Theorie des Insiderhandelsverbots in den USA erfolgt durch Richterrecht, das grob in drei Theorien eingeteilt werden kann: Die Equal-Access-Theorie, die Fiduciary-Duty-Theorie und die Misappropriation-Theorie.

a) Equal-Access-Theorie

Ursprung der juristischen Theorieentwicklung in den USA ist die Definition des Insiderhandels als ein aktienrechtliches Betrugs- oder Täuschungsdelikt. Basierend auf der Regel 10b-5 der Securities and Exchange Commission (SEC) wurde Anfang der sechziger Jahre in den USA die disclose or

---

[28] *Carpenter v. United States*, 484 US 19 (1987), *McNally v. United States*, 483 US 350 (1987), *Dirks v. SEC*, 463 US 646 (1983); s. Georgakopoulos (1991) für eine ausführliche Diskussion der Rechtsentwicklung.

[29] *Schreiber v. Burlington Northern*, 472 US 1, 10–11 (1985).

[30] SEC Rule 14e-3 erweitert die folgenden Vorschriften des Securities and Exchange Act: §14e (tender offers), §16b (short-term trading), §16c (short selling).

[31] *Ernst & Ernst v. Hochfelder*, 425 US 185 (1976), und *Aaron v. S.E.C.*, 446 US, 689–695; interessanterweise ist der Wortlaut der Vorschriften § 17(a) und Rule 10b-5 identisch, ihre rechtliche Interpretation jedoch nicht.

abstain-Regel entwickelt, die Insider dazu verpflichtet, wichtige Unternehmensnachrichten entweder vorab zu veröffentlichen oder auf diesen Informationen basierenden Handel zu unterlassen. Das Ziel dieser Regel, die eine sehr breit angelegte Definition des Insiderhandels impliziert, ist eine möglichst homogene Informationsverteilung; die Regel umfaßt somit jede Art nichtöffentlicher Unternehmensnachrichten und jede Person, die in ihren Besitz gelangt[32]. In dieser allgemeinen Form garantiert die Regel einen grundsätzlichen Anspruch aller Investoren auf die Handelsrechte mit nichtöffentlichen Unternehmensinformationen, wenn diese nicht durch eigenständige Analyse öffentlich-zugänglicher Daten erworben wurden[33].

Normative Grundlagen der Equal-Access-Theorie in ihrer unqualifizierten Form sind die Auffassungen, daß erstens die Informationen, die einem Insider zur Verfügung stehen, nicht zur persönlichen Bereicherung dienen sollten und zweitens der Handel aufgrund dieser Informationen eine „inherent unfairness“ beinhalte[34]. Unfair sei diese Handlungsweise vor allem dann, wenn der vertrauliche Charakter einer Insiderinformation andere Marktteilnehmer von ihrem Erwerb ausschließe[35]. Die erste Anwendung dieser breiten Interpretation der Equal-Access-Theorie, die sich gegen fast alle Formen ungleicher Informationsverteilung richtet, erfolgte in der *Texas Gulf Sulphur*-Entscheidung von 1968[36]: Jede Person, unabhängig von der Art ihres Verhältnisses zur betroffenen Unternehmung, ist verpflichtet, alle nichtöffentlichen Informationen zu veröffentlichen oder den Handel mit den relevanten Wertpapieren zu unterlassen. Die normative Rechtfertigung dieser Regelung auf der Grundlage des Investorenschutzprinzips erfolgt in einem Verständnis, das den gleichen Zugang zu Unternehmensinformationen als Voraussetzung des Schutzes nicht-informierter Marktteilnehmer betrachtet. Diese breite Auslegung des Investorenschutzes führte 1980 zum Widerspruch des US-amerikanischen Supreme Court.

---

[32] Die Equal-Access-Theorie war die dominate juristische Doktrin in den USA zwischen 1968 und 1980; s. die klassischen Fälle *Securities & Exchange Commission v. Texas Gulf Sulphur Co*, 401 F.2d 833 (1968), 394 US 936 (1969), und *United States v. Chiarella*, 588 F.2d 1358 (1978), 445 US 222 (1980).

[33] Kraakman (1991), 41.

[34] 40 SEC 907 (1961).

[35] Brudney (1979), 346; vgl. auch Szockyj (1993).

[36] *Securities and Exchange Commission v. Texas Gulf Sulphur Co.*, 401 F.2d 833 (2d Cir 1968), 394 US 936 (1969).

b) Fiduciary-Duty-Theorie

Die Definition des Insiderhandels und mit ihr die normative Begründung seiner Regulierung wurden 1980 durch die *Chiarella*-Entscheidung des US-Supreme Court wesentlich verändert. In seinem Urteil revidierte der Gerichtshof die Verurteilung des Angestellten einer Druckerei, der auf der Basis von Informationen über einen bevorstehenden Unternehmenszusammenschluß Handelsgewinne erzielt hatte, mit der Begründung, daß eine Verurteilung nur durch ein Treueverhältnis zwischen dem Insider und dem Emittenten begründet werden könne[37]. Eine Verengung der Insiderhandelsdefinition erfolgt also in zwei Aspekten: Erstens wird der Kreis potentieller Insider auf Personen verkleinert, die in einem Treueverhältnis zum Emittenten der betreffenden Wertpapiere stehen, zweitens wird als Quelle der Insiderinformation nur noch dieses Treueverhältnis anerkannt. Die *Chiarella*-Entscheidung wurde 1983 durch ein weiteres Urteil des Supreme Court, *Dirks v. SEC*, auf Tipempfänger von Insidern ausgeweitet[38].

Durch die Entscheidungen in Sachen *Chiarella* und *Dirks* wird die normative Grundlage des Insiderhandelsverbots dem zivilrechtlichen Betrugstatbestand nachgebildet; nicht mehr ungleiche Informationsverteilung zwischen Insidern und Investoren, sondern lediglich die betrügerische Verwendung vertraulicher Informationen gelten als Basis eines Insiderhandelsverbots[39]. Zentrale Schwäche der Fiduciary-Duty-Theorie ist die rein gesellschaftsrechtlich orientierte Kondition eines Treue- oder Dienstverhältnisses als Voraussetzung eines Handelsverbots für Insider. Die Kritik an der Fiduciary-Duty-Theorie konzentriert sich auf diese Voraussetzung, die das ursprüngliche Begründungskonzept des Investorenschutzes nur noch unvollständig enthält[40]. Die enge Definition des Insiderhandels durch den Supreme Court, welche die Verurteilung von Marktinsidern wie dem Drucker im Fall *Chiarella* nicht zuläßt, führte zu Reaktionen der Securities and Exchange Commission und des amerikanischen Lower Federal Court. Die Securities and Exchange Commission weitete die Insiderdefinition durch die Regel 14e-3 aus, indem sie alle Personen, die im Besitz nichtöffentlicher Nachrichten

[37] Der Supreme Court besteht in der *Chiarella* Entscheidung auf ein „relationship of trust and confidence"; s. 445 US 222 (1980), 230.

[38] *Dirks v. SEC*, 463 US 646 (1983).

[39] Fischel (1984), Macey (1984), Langevoort (1990).

[40] Cox (1988), 396–397 kritisiert eine Insiderdefinition, welche aufgrund ihrer doktrinären Entwicklung die originären Ziele staatlicher Regulierung von Wertpapiermärkten, „integrity, efficiency, and fairness", vernachlässigt; eine ausführliche Diskussion der Kritik findet sich bei Langevoort (1987), 115–154.

über Unternehmensübernahmen sind, zur Veröffentlichung oder zum Handelsverzicht verpflichtete.

c) Misappropriation-Theorie

Um die Reichweite der Insiderregelung zu vergrößern, veränderte der amerikanische Lower Federal Court den Insiderhandelsbegriff nach den Entscheidungen *Chiarella* und *Dirks*. Die zentrale Entscheidung, die als Grundlage der Misappropriation-Theorie gilt, besagt, daß jeder Handel, basierend auf nichtöffentlichen Informationen, die durch Diebstahl oder den Bruch einer Schweigepflicht erworben wurden, eine Verletzung der Regel 10b-5 ist. Da es durch diese Rechtfertigung unbedeutend wird, ob Treueverhältnisse dem Emittenten oder einer anderen Person gegenüber bestehten, ist es nach dieser Doktrin grundsätzlich möglich, Unternehmensinsider und Marktinsider zu erfassen[41].

Durch die Misappropriation-Theorie verschiebt sich die Voraussetzung illegaler Insideraktivität von der Verletzung des Treueverhältnisses zwischen dem Insider und den Aktionären des Emittenten hin zur allgemeinen Verletzung des Treueverhältnisses zwischen dem Insider und seinem Dienstherrn. Die Verfügungsrechte über nichtöffentliche Information werden durch die Misappropriation-Doktrin ausschließlich dem Dienstherren des Insiders zugesprochen; die Anteilseigner eines Emittenten besitzen deshalb einen Klageanspruch nur in bezug auf Unternehmensinsider. Die Misappropriation-Theorie schafft somit eine neue Definition des Insiderhandels: Der Bruch eines Treue- oder Dienstverhältnisses mit dem Ziel der Nutzung nichtöffentlicher Information zum Wertpapierhandel.

Die geschilderte Entwicklung demonstriert den Wandel, den die normative Rechtfertigung eines Insiderhandelsverbots in den USA durchgemacht hat. Ausgehend von dem breiten Schutzkonzept, das die Grundlage der Equal-Access-Theorie bildete, hat sich in der Fiduciary-Duty- und der Misappropriation-Theorie graduell der Betrugstatbestand als Kern der normativen Rechtfertigung einer Insiderreglung etabliert[42]. Gleichzeitig werden durch diesen Wandel die ordnungspolitischen Schutzziele auf Wertpapiermärkten, die durch ein Insiderhandelsverbot verfolgt werden, neu interpretiert. In den neueren Theorien wird dem situationsbezogenen Schutz individueller Vertragsbeziehungen der Vorrang eingeräumt. In den Hintergrund treten die

---

[41] Vgl. *United States v. Newman*, 664 F.2d 12 (1981), 464 US 863 (1983).

[42] Kraakman (1991), 47; Phillips/Lavoie (1988), 454.

kaum konkretisierbaren Ziele „fairen" Informationszugangs und „gerechter" Verteilung von Unternehmensinformationen, deren breite Auslegung verkennt, daß Informationsdisparitäten integraler Bestandteil der Austauschprozesse auf Wertpapiermärkten sind.

Aus der gegenwärtigen Dominanz der Misappropriation-Theorie in der Rechtsprechung und der juristischen Diskussion ergibt sich jedoch eine Gefahr, denn „the misappropriation theory ... shifts the emphasis from the public arena to a purely private setting"[43]. Werden, wie im Fall der normativen Rechtfertigung der US-Insidernorm, öffentliche Regulierungsinteressen aus dem Glauben abgeleitet, daß Insideraktivitäten der Integrität von Wertpapiermärkten abträglich seien, weil sie ein privates Vertragsverhältnis verletzen, so besteht die Gefahr einer rein privatrechtlichen, nicht wohlfahrtsorientierten Regulierungsgestaltung[44].

Die juristische Theoriebildung in der Bundesrepublik hat einen von der amerikanischen Diskussion unterschiedlichen Verlauf genommen.

2. Rechtsdoktrin in Deutschland

Die Rechtsdoktrin der Regulierung des Insiderhandels wird in Deutschland seit Mitte der siebziger Jahre durch eine aktive akademische Diskussion getragen. Das Fehlen einer expliziten gesetzlichen Regelung sowie einer institutionalisierten staatlichen Börsenaufsicht haben dazu beigetragen, daß die Entwicklung der Doktrin durch Fallrecht, vergleichbar dem in den USA, gering ist. Kennzeichnend für die juristische Diskussion in Deutschland und den USA ist die Ausgangsannahme wohlfahrtsvermindernder Wirkungen des Insiderhandels. Als normativer Kern der ordnungspolitischen Zielkonzeption in bezug auf den Insiderhandel werden, basierend auf dieser Ausgangsannahme, Investorenschutz und Funktionsschutz der Börse hervorgehoben[45].

---

[43] Cox (1988), 381–397.

[44] Jensen (1988); Cox (1988); 382; und Kraakman (1991), 47: „the chief danger posed by the current mix of legal theories is the risk that purely doctrinal concerns will distract lawmakers from the real issue of how best to allocate trading rights".

[45] Ein weiterer Ansatz beschäftigt sich mit der Ableitung einer normativen Rechtfertigung eines Insiderhandelsverbots aus bestehenden Rechtsvorschriften. Im Verhältnis Insider-Anleger: § 93 I AktG, § 117 AktG, § 404 AktG, § 826 BGB, § 203 I StGB, § 263 StGB, § 17 UWG; im Verhältnis Bank-Anleger: § 123 BGB, § 826 BGB; Dingeldey (1983). Dieser Ansatz zieht sich argumentativ jedoch auf die Konzepte des Investoren- und Funktionsschutzes zurück und bedarf deshalb keiner separaten Analyse; vgl. auch Renner (1976).

a) Investorenschutz

Der Schutz einzelner Gruppen von Anlegern vor Übervorteilung ist eines der beiden normativen Hauptargumente für eine gesetzliche Regulierung des Insiderhandels[46]. Zweck einer so begründeten Insidernorm ist die Beseitigung oder Verminderung der negativen Folgen des Insiderhandels für die betroffenen Anleger. In unqualifizierter Form fordert das Prinzip des Investorenschutzes immer dann zu ordnungspolitischem Eingreifen auf, wenn ökonomisch relevante Ungleichheiten zwischen den Beteiligten an einem Austausch existieren. Das Prinzip erscheint, so verstanden, als eine sehr weitreichende Vollmacht für staatliche Interventionen in private Austauschbeziehungen.

In dieser weiten Definition tritt das Prinzip des Investorenschutzes in Widerspruch zu anderen gesellschaftlichen Basiswerten, insbesondere mit dem Recht, Ziele und Handlungen selbst zu bestimmen[47]. Zur Abwägung konfliktierender Basiswerte und Prinzipien ist es grundsätzlich erforderlich, die Bedingungen staatlicher Intervention stärker zu konkretisieren, um in bezug auf den Insiderhandel die Notwendigkeit einer Norm nachzuweisen. Nur wenn eine Insiderregelung potentiell wohlfahrtsvermindernde Wirkungen zu verhindern in der Lage ist, wird das Prinzip des Investorenschutzes in dieser Arbeit als Insider-Regelungsimperativ interpretiert.

Dieser Nachweis wird in der juristischen Literatur über mehrere verschiedene Erklärungsansätze geführt; zwei der zentralen Argumente werden an dieser Stelle beispielhaft betrachtet. Erstens: Als Quelle der Übervorteilung von Investoren wird der Informationsvorteil betrachtet, den Insider dazu nutzen, Wertpapiergeschäfte mit anderen Anlegern zu Preisen abzuschließen, die vom „wahren" Wert der betreffenden Titel abweichen (Differenzhypothese)[48]. Zweitens: Unabhängig von der Existenz einer direkten Schädigung durch Wertpapiergeschäfte mit Insidern könnte Insiderhandel die Transaktionskosten aller Marktteilnehmer erhöhen, wenn Market-Maker ihr erhöhtes Verlustrisiko beim Handel mit Insidern durch eine Spreizung ihrer An- und Verkaufsspannen zu kompensieren suchen. Nicht-informierte Investoren können so durch den Anstieg der Kosten ihrer Wertpapiergeschäfte geschädigt werden (Transaktionskostenhypothese)[49].

---

[46] Hopt / Will (1973), 46–48.

[47] Die klassische Formulierung dieses Prinzips ist die „Verfassung der Freiheit" von Hayek (1960); eine neuere Betrachtung liefern Berg / Cassel (1992), 196–197.

[48] Hopt / Will (1973), 48.

[49] Bagehot (1971).

Die Konkretisierung des Investorenschutzprinzips anhand der beiden beschriebenen Wirkungsvermutungen macht deutlich, daß gänzlich unterschiedliche Schlußfolgerungen für die Gestaltung eines Regulierungskonzeptes aus den verschiedenen Hypothesen gezogen werden können. Sollen die schädlichen Folgen des Insiderhandels vermindert werden, folgt bei Akzeptanz der Differenzhypothese, daß Wertpapiergeschäfte zwischen Insidern und nichtinformierten Anlegern verhindert werden sollten; aus der Transaktionskostenhypothese hingegen folgt, daß Geschäfte zwischen Insidern und Market-Makern im Zentrum regulatorischer Aufmerksamkeit stehen sollten. Diese schematische Darstellung soll verdeutlichen, daß das Prinzip des Investorenschutzes als Grundlage einer Regulierungsentscheidung eine genaue Analyse erfordert, auf welche Weise und in welchem Umfang andere Marktteilnehmer durch Insiderhandel beeinträchtigt werden. Als normative Regulierungsgrundlage erhält das Prinzip des Investorenschutzes deshalb nur dann eine Bedeutung, wenn es durch positive Analyse und empirische Erkenntnisse konkretisiert werden kann.

b) Funktionsschutz

In der juristischen Literatur wird zur Begründung von Insiderregeln zusätzlich das gesellschaftliche Schutzinteresse an der Funktionsfähigkeit des Kapitalmarktes im allgemeinen und organisierter Wertpapiermärkte im speziellen Sinn angeführt. Dem individuellen Schutzinteresse des einzelnen Anlegers wird somit ein kollektives Schutzinteresse der Allgemeinheit zugeordnet[50].

Um den Einfluß des Insiderhandels auf die Funktionsfähigkeit des Kapitalmarktes zu bestimmen, ist eine konkrete Wirkungsvorstellung erforderlich. Von den Argumenten der juristischen Literatur sollen an dieser Stelle wiederum nur zwei aufgegriffen werden. Erstens: Ein häufig verwendetes Argument besagt, daß Insiderhandel die Verunsicherung von Investoren verursache und somit zum Abzug von Kapital aus Wertpapiermärkten führe. Zweitens: Wenn die Existenz von Insidern eine Spreizung von An- und Verkaufspreisen verursache, dann könnten die so verursachten zusätzlichen Transaktionskosten den Abzug investiver Mittel aus Wertpapiermärkten zur Folge haben. In beiden Fällen könnte die Verminderung des Investitionskapitals die Funktionsfähigkeit von Kapital- und Wertpapiermärkten beeinträchtigen.

---

[50] Hopt/Will (1973), 49–53; Wymeersch (1991), 128: „The protection of the system is equally if not more important than the protection of the victimes of insider trading."

Die illustrierten Begründungen von Insiderregeln durch das Funktionsschutz-Prinzip und das Investorenschutz-Prinzip sind sich sehr ähnlich. Beide liefern ein erklärendes Theoriekonzept zur normativen Fundierung der Regulierungsentscheidung. Vergleichsweise kompliziert ist das Konzept des Funktionsschutzes, da es neben der Abschätzung der direkten Wirkungen des Insiderhandels auch die Beurteilung der relevanten Folgeeffekte auf verschiedenen Sekundärmärkten erforderlich macht.

Die Diskussion der Prinzipien Investorenschutz und Funktionsschutz zeigt, daß die Beurteilung von Insiderregeln ein genaues Verständnis der Funktionszusammenhänge auf Wertpapiermärkten erfordert. Der enge Bezug, den juristische Argumente auf ökonomische Theorien nehmen, ist ein zusätzlicher Hinweis darauf, daß die Gestaltung einer Insiderregulierung sinnvoll nur mit Hilfe ökonomischer Analyse erfolgen kann.

3. Rechtsdoktrin der Europäischen Gemeinschaft

Mit der Richtlinie des Rates vom 13. November 1989 zur Koordinierung der Insidervorschriften[51] hat die Europäische Gemeinschaft ihre Mitgliedstaaten dazu verpflichtet, ein Insiderhandelsverbot in die nationalen Rechtssysteme aufzunehmen. Die Richtlinie fordert ein Mindestniveau an Regulierung, über das die einzelnen Staaten jedoch innerhalb ihrer nationalen Insidergesetzgebung hinausgehen können. Den Mitgliedstaaten wird dabei ein gewisser Regulierungsspielraum in bezug auf die Definition des Insiderhandels und die Wahl der Sanktionsmechanismen belassen[52]. Im einzelnen enthält die Richtlinie folgende Vorschriften.

- Wertpapiere: Die Richtlinie wählt eine breite Definition der vom Handelsverbot erfaßten Arten von Wertpapieren; enthalten sind Aktien, festverzinsliche Wertpapiere und Derivate sowie sämtliche Zwischenformen dieser Wertpapiere, „wenn sie zum Handel auf einem Markt zugelassen sind, der von staatlich anerkannten Stellen reglementiert und überwacht wird“ und „der Öffentlichkeit direkt oder indirekt zugänglich ist“ (Artikel 1). Die Definition des Handelsplatzes ist ebenfalls breit, sie umschließt nach Meinung der Kommentatoren organisierte Wertpapierbörsen sowie geregelte und ungeregelte Freiverkehrsmärkte, die mit einer Börse in Verbindung stehen[53]. Die Regelung des Artikels 2 umfaßt zusätzlich sämtli-

[51] (89/592/EWG).

[52] Wymeersch (1991), 65–128; Hopt (1991a), 129–150.

[53] Ein Beispiel ist der ungeregelte Freiverkehr in der Bundesrepublik Deutschland; Hopt (1991a), 139.

che Transaktionen, „die unter Einschaltung eines Berufshändlers erfolgen", welches private Handelsnetzwerke von Intermediären und somit fast alle Formen des außerbörslichen Handels, mit Ausnahme direkter Investor-Investor-Geschäfte, einschließt[54]. In bezug auf die Definition relevanter Wertpapiere und Märkte bleibt den Mitgliedstaaten somit wenig Regelungsspielraum.

- Personen: Die Richtlinie unterscheidet zwei Arten von Insidern. Primärinsider werden in Artikel 2 als Mitglieder von Verwaltungs-, Leitungs- und Aufsichtsorganen, Berater und Aktionäre definiert, die durch („by virtue of") ihre berufliche Beziehung zu einem Emittenten in den Besitz von Insiderinformationen gelangen. Als Sekundärinsider gelten Personen, „die in Kenntnis der Sache über eine Insider-Information verfügen, die unmittelbar oder mittelbar nur von einer in Artikel 2 genannten Person stammen kann" (Artikel 4). Die Definition der Richtlinie läßt den Mitgliedstaaten somit ebenfalls wenig Regulierungsspielraum in bezug auf Primärinsider, während nur eine kleine Gruppe von Sekundärinsidern, nämlich Tipempfänger mit Wissen um das Vergehen des Insiders, zwingend in das Handelsverbot aufgenommen werden müssen. Für die Gruppe der market professionals, Journalisten, Analysten und Fondmanager, schreibt die Richtlinie keine Regelung vor.

- Informationen: Artikel 1 der Richtlinie definiert Insiderinformation als „nicht öffentlich bekannte präzise Information", die im Fall ihrer Veröffentlichung geeignet wäre, den Kurs eines Wertpapiers „beträchtlich zu beeinflussen". Diese Definition geht deutlich über das Kriterium der Vertraulichkeit hinaus, bietet den Mitgliedstaaten jedoch einigen Gestaltungsspielraum in bezug auf die Auslegung der Begriffe „präzise" (precise nature) und „beträchtlich" (significant effect)[55].

Das Spektrum möglicher Sanktionsmechanismen bleibt durch die Richtlinie weitgehend unbeschränkt: „Jeder Mitgliedstaat legt im einzelnen fest, wie Verstöße gegen die aufgrund dieser Richtlinie erlassenen Vorschriften zu ahnden sind" (Artikel 13). Diese Formulierung gibt den Mitgliedstaaten einen signifikanten Freiraum, der zivilrechtliche und strafrechtliche Sanktionen sowie eine Kombinationen beider zuläßt.

Die Beurteilung der Richtlinie vor dem Hintergrund der Rechtsdoktrin in den USA und Deutschland zeigt zwei Unstimmigkeiten der europäischen Regulierungskonzeption; erstens in bezug auf die normative Rechtfertigung

---

[54] Nicht von Intermediären betriebene Handelssysteme wie Instinet fallen vermutlich unter die Kategorie des Investor-Investor-Handels.

[55] Hopt (1991c), 29–35.

der Insidervorschriften und zweitens in bezug auf die Gestaltung der Durchsetzungsmechanismen. Die Formulierung der Präambel und die Definitionen der relevanten Informationen, Wertpapiere und Märkte weisen auf einen kapitalmarktrechtlich-orientierten Regelungsansatz hin, der konzeptionell der Equal-Access-Theorie entspricht. Die Definition des Insider-Personenkreises deutet hingegen auf eine gesellschaftsrechtlich-orientierte, grundsätzlich demnach auf eine Fiduciary-Duty- und Misappropriation-Theorie bezogene Regelung hin. Diese Mischung verschiedener Regulierungskonzepte scheint durch den Kompromißcharakter der Richtlinie und das Erfordernis der Anpassungsfähigkeit der Vorschriften an die diversen nationalen Rechtssysteme der Mitgliedstaaten erklärbar zu sein[56]. Insgesamt dokumentiert die Richtlinie deshalb keinen „europäischen" Regulierungsansatz[57].

Zur Durchsetzung der unterschiedlichen Insidervorschriften in der Gemeinschaft wird durch die Richtlinie eine Vereinheitlichung nationaler Rechtsvorschriften angestrebt, um die Mitgliedstaaten in die Lage zu versetzen, die „grenzüberschreitenden Insider-Geschäfte wirksamer zu bekämpfen" (Präambel). Diese Formulierung beruht auf der Erkenntnis, daß Insiderhandel eine Aktivität zunehmend internationalen Charakters ist. Die angestrebte Vereinheitlichung von Rechtsvorschriften ist jedoch weder eine notwendige noch eine hinreichende Reaktion auf die zunehmende internationale Mobilität des Wertpapierhandels.

- Die von der Richtlinie vorgeschriebene Form der Vereinheitlichung von Rechtsvorschriften ist keine notwendige Bedingung der wirksamen Reduktion von Insideraktivitäten, da andere erfolgversprechende Regulierungsansätze vernachlässigt werden. So wurde beispielsweise durch die Convention on Insider Trading[58] der Vorschlag unterbreitet, nationale Konkurrenz von Insiderregelungen zuzulassen und Informationsaustausch zum zentralen Element eines europäischen Abkommens zu machen[59]. Da die Insiderrichtlinie eine Publizitätspflicht für Insider nicht vorschreibt und diese Pflicht nicht Bestandteil der nationalen Regelungen in der Gemein-

---

[56] Wymeersch (1991), 128: „European legislators, and the EC directive have not followed one single path of reasoning, but have tried to obtain a workable mix of ingredients"; vgl. auch European Council (1989) und Hopt (1991c), 28.

[57] Die Richtlinie ist in dieser Hinsicht kein Ausnahmefall im EG-Recht, so weist beispielsweise Assmann (1993), 104–105 auf die unzureichende Verknüpfung und das „Theoriedefizit" kapitalmarkt- und gesellschaftsrechtlicher EG-Regelungen zur Integration der europäischen Kapitalmärkte hin.

[58] Council of Europe in Strasbourg: Convention on Insider Trading, European Treaty Series No. 130, April 1989; Protocol, European Treaty Series No. 133, September 1989.

[59] European Council (1989); Hondius (1992), 23–33.

schaft ist[60], wird ein auf weitgehenden Informationsaustausch zwischen den Mitgliedstaaten basierender Regulierungsansatz von der Richtlinie implizit abgelehnt. Die Möglichkeit, aus nationalen Erfahrungen mit unterschiedlichen Regulierungen zu lernen[61], wird somit durch die Richtlinie begrenzt[62].

- Die angestrebte Vereinheitlichung von Rechtsvorschriften in der Gemeinschaft ist keine hinreichende Bedingung der Verminderung von Insideraktivitäten, da sie kollektive Handlungsprobleme bei der internationalen Rechtsdurchsetzung weder antizipiert noch zu begrenzen erlaubt[63]. Wie bereits Hayek (1948) zeigt, ist der nationale Rechtssetzungsspielraum gering, wenn die von nationalen Regeln betroffenen Ressourcen frei zwischen verschiedenen Rechtsordnungen bewegt werden können[64]. Da wirtschaftspolitische Akteure erfahrungsgemäß nur selten bereit sind, ihre Handlungsmöglichkeiten durch internationale Vereinbarungen zu beschränken, können internationale Abkommen diesen Verlust nationaler Souveränität kaum verhindern[65]. Bei der Verfolgung krimineller Aktivität auf internationalen Wertpapiermärkten hat sich diese Erkenntnis in besonderem Maße bestätigt[66].

Aus normativer Sicht läßt die Insiderhandelsrichtlinie somit kein eigenständiges Begründungskonzept für Insiderregeln erkennen. Die von der Gemeinschaft gewählte Form der Vereinheitlichung der Rechtsvorschriften trifft

---

[60] Wymeersch (1991), 65–128.

[61] Grundfest (1993), 4–8, und Vanberg (1993), 385–389 diskutieren neueren Beiträge zum „federalism as intergovernmental competition".

[62] Die vorangegangene Diskussion der Richtlinie verdeutlicht, daß die Mitgliedstaaten einen geringen Regulierungsspielraum in bezug auf die Definition der relevanten Wertpapiere, Märkte und Primärinsider besitzen, während Freiheitsgrade bei der Wahl der Sanktionen und der Definition von Sekundärinsidern und Insiderinformationen existieren.

[63] Assmann (1993), 87–119 analysiert Umsetzungsprobleme bei der Harmonisierung des EG-Rechts.

[64] Hayek (1948), 255–258; in bezug auf den fiskalen Föderalismus s.a. Brennan/Buchanan (1980), 168.

[65] Berg/Cassel (1992), 236 diskutieren verschiedene beggar-my-neighbour-Praktiken, die klassische Hindernisse internationaler wirtschaftspolitischer Abkommen sind.

[66] Das Committee on Government Operations (1988), 530 nennt 93 Staaten, in denen nationale privacy- und blocking-Vorschriften internationale Ermittlungsanstrengungen der SEC in bezug auf Insiderhandel, Marktmanipulation und betrügerisches Informationsverhalten behindern. Millspaugh/Belt (1992), 388 weisen darauf hin, daß illegale Aktivitäten auf US-Wertpapiermärkten verstärkt von Staaten ausgehen, mit denen die USA keine bilateralen Vereinbarungen zur Rechtsdurchsetzung besitzen.

darüber hinaus keine Vorkehrungen gegen kollektive Handlungsprobleme zwischen den Staaten der Gemeinschaft und anderen Staaten, die bei der Durchsetzung gesetzlicher Vorschriften auf Wertpapiermärkten regelmäßig auftreten. Ein weiteres Kennzeichen der Insiderrichtlinie ist, daß sie keine Vereinbarungen über den innereuropäischen und internationalen Informationsaustausch zum Gegenstand hat. Dies ist inbesondere deshalb erstaunlich, weil die Erfahrungen der US-amerikanischen Wertpapieraufsicht zeigen, daß der Austausch ermittlungsrelevanter Informationen und die computerunterstützte Analyse konsolidierter Markttransaktions- und Insiderhandelsdaten integrale Bestandteile der dortigen Rechtsdurchsetzung sind[67].

II. Ökonomische Theorien

Nach der Analyse der rechtswissenschaftlichen Theorien des Insiderhandels werden in diesem Abschnitt die verschiedenen Arten ökonomischer Theorien betrachtet, die Grundlage einer ökonomischen Untersuchung von Insiderhandel und Insiderregeln sind. Diese Theorien werden grundsätzlich in die drei Kategorien „metrisierend", „erklärend" und „gestaltend" eingeteilt[68]. Metrisierende Theorien dienen der Entwicklung technischer Standards zur Messung wirtschaftlicher Größen, beispielsweise des Volkseinkommens oder der Güterpreisinflation. In der erklärenden oder positiven Theorie wird das Verhalten ökonomischer Akteure oder Größen unter Rationalitätsannahmen modelliert und situationslogisch zu rekonstruieren versucht. In gestaltenden oder normativen Theorien werden, basierend auf den in metrisierenden und erklärenden Theorien entwickelten Maßgrößen und Modellen, Verhaltensempfehlungen oder Gestaltungsvorschläge für Institutionen abgeleitet. Die Bedeutung dieser Theorien für die Analyse des Insiderhandels wird in den folgenden Abschnitten erläutert.

---

[67] Committee on Government Operations (1988), 389–390; Millspaugh / Belt (1992), 373–375; Chorafas (1992), 138–142 erläutert die weitgehenden Registrierungspflichten für Broker (blue sheets), die durch das stockwatch-System des NYSE ausgelöst werden können und als Ermittlungsgrundlage bei Verdacht auf kriminelle Aktivität dienen; das Automated Search and Match-System (ASAM) erlaubt auf der Basis dieser Daten computerunterstützte Analysen von Insiderhandelsdaten und detaillierten Transaktions- und Kundendaten (Namen von Kunden und Brokern, Sozialversicherungsnummern, Adressen). Diese Analysen werden für die verschiedenen Wertpapierhandelsplätze in den USA von den lokalen Stellen der Intermarket Surveillance Group oder zentral durch die SEC durchgeführt; beide Institutionen verfügen über konsolidierte Transaktionsdaten.

[68] Für diese Kategorisierung vgl. die Diskussion betriebswirtschaftlicher Theorien bei Schneider (1987), 150–194.

1. Metrisierende Theorie

Der Beitrag der metrisierenden Theorie zur Analyse des Insiderhandels liegt in der Entwicklung von Maßgrößen, anhand derer die Wirkungen von Insiderhandel und Insiderregeln konzeptionell verdeutlicht und gemessen werden können. Innerhalb eines erklärenden Modells wird dabei beispielsweise eine Beziehung zwischen dem Insiderhandelsvolumen und dem Gesamthandelsvolumen oder der Liquidität des Wertpapiermarktes hergestellt. Auf der Grundlage metrisierender Theorien können Maßgrößen für das Handelsvolumen und die Liquidität des Wertpapiermarktes entwickelt werden. Anhand dieser Maßgrößen können die Verhaltenshypothesen, die aus erklärenden Modellen abgeleitet werden, expliziert und empirisch getestet werden. Metrisierende Theorien sind demnach erforderlich, um widersprüchliche Wirkungshypothesen empirischen Tests zu unterwerfen.

Metrisierende Theorien gewinnen damit eine zentrale Bedeutung nicht lediglich für erklärende, sondern ebenfalls für gestaltende Theorien. Werden auf der Grundlage erklärender Modelle Gestaltungsempfehlungen für Normen gegeben, so wird das empirische Verhalten von Maßgrößen zum Argument und Kontrollkriterium. Beispielsweise kann eine negative Beziehung zwischen Insiderhandelsvolumen und Wertpapierpreisen vermutet werden, wobei niedrige Wertpapierpreise mit erhöhten Kapitalkosten, geringeren Realinvestitionen und einer Verminderung der gesellschaftlichen Wohlfahrt in Verbindung gebracht werden. Maßstab zur Prüfung dieser Hypothese könnte ein geeignet entworfener Aktienpreisindex sein, der die Veränderung des Wertpapierpreisniveaus nach einer Reduktion des Insiderhandels widerzuspiegeln in der Lage ist. Fehlt eine geeignete Maßgröße, bleibt das Argument rein theoretisch; eine ordnungspolitische Aktivität auf der Grundlage dieses Arguments wäre kaum zu rechtfertigen, da eine systematische Erfolgskontrolle der regulativen Norm ohne Maßgröße nicht möglich ist.

Die Auswahl einer Maßgröße zur Beurteilung von Insiderhandel und Insiderregeln steht in engem Zusammenhang mit dem verwendeten Erklärungsmodel. Dabei kann die Wahl von Maßgröße und Erklärungsmodel die Beurteilung von Insideraktivitäten erheblich beeinflussen[69], sie hat deshalb einen unvermeidbar normativen Gehalt[70].

---

[69] Hayek (1976), 186 weist darauf hin, daß die Wahl jeder Klassifikation stets die Bildung von Relationen und Sinneseindrücken beeinflußt; Wissen über Wirkungszusammenhänge beruht nach der Auffassung von Hayek stets auf Relationen, die durch Klassifikationen hergestellt werden.

[70] Modelle und Maßgrößen gehören zum „Basisbereich" der Wissenschaft, der nicht wertfrei sein kann; s. Albert (1956), 410–439; Berg/Cassel (1992), 180 und die Literaturangaben dort.

In dieser Arbeit wird Insiderhandel nach Kriterien beurteilt, die sich bei der ökonomischen Untersuchung von Regulierung als sinnvoll erwiesen haben. In ökonomischen Studien wird Regulierung häufig anhand ihrer Wirkungen auf Produktivität, Produktpreise, Produktionskosten, Produktqualität, Produktvielfalt oder die Verteilung von Einkommen und Konsumentenrenten beurteilt[71]. Zur Analyse der Wirkungen von Regeln auf Wertpapiermärkten werden häufig die Veränderungen von Handelsvolumen, Marktliquidität und Transaktionskosten verwendet. Für die vorliegende Untersuchung werden in Abhängigkeit von den verwendeten erklärenden Modellen die folgenden Maßgrößen verwendet.

Abbildung 2:

Maßgrößen zur Analyse von Insiderhandel und Insiderregeln

	Principal-Agent-Modelle	**Kapitalmarkt-Modelle**
Kapitalkosten der Unternehmen	✔	
Ertrag von Investitionsprojekten	✔	
Geschwindigkeit der Informationsverbreitung	✔	✔
An-/Verkaufsspannen		✔
Marktliquidität		✔
Ertragsvolatilität		✔

2. Erklärende Theorie

Für die ökonomische Analyse des Insiderhandels werden verschiedene erklärende Theorien verwendet, die eine Rekonstruktion des Verhaltens von Insidern, Eigentümern und Investoren ermöglichen. Anhand dieser Theorien werden Modelle gebildet, mit denen die Wirkungen von Insiderhandel und

---

[71] Breyer (1982); Kahn (1988); Joskow/Rose (1989).

Insiderregeln abgebildet werden können. Obwohl die gemeinsame Prämisse dieser Theorien, die Annahme individuellen Rationalverhaltens, grundsätzlich nicht empirisch prüfbar ist, sind die aus erklärenden Modellen ableitbaren Verhaltens- und Wirkungshypothesen empirisch testbar[72].

Abbildung 3:

Modelle zur Analyse von Insiderhandel und Insiderregeln

	Wirkungen des Insiderhandels	**Wirkungen der Insiderregeln**
Im Unternehmen	Principal-Agent-Modelle	Principal-Agent-Modelle
Im geschlossenen Wertpapiermarkt	Kapitalmarkt-Modelle	Kapitalmarkt-Modelle
Im offenen Wertpapiermarkt	Kapitalmarkt-Modelle	Kapitalmarkt-Modelle

Neben der Annahme individuellen Rationalverhaltens sind für die ökonomische Analyse einer Verhaltensweise in einem erklärenden Modell weitere Annahmen über die Organisation des modellierten Marktes erforderlich[73]. Kern dieser Annahmen sind institutionelle Rahmenbedingungen, wie die Marktform, die Charakteristika der beteiligten Akteure und die Struktur der vorhandenen Verhaltensregeln. Erklärende ökonomische Theorie besteht demnach strukturell aus einem erklärenden Verhaltensmodell und einem Satz von Annahmen. Die vorstehende *Abbildung 3* stellt die zur Erklärung der Wirkungen von Insiderhandel und Insiderregeln verwendeten Modelle dar.

In den Principal-Agent- und Kapitalmarkt-Theorien, die in den folgenden Abschnitten erläutert werden, koexistieren eine Reihe verschiedener, zum

---

[72] Auf den präempirischen und somit nicht falsifizierbaren Charakter der ökonomischen Rationalitätsannahme weist Homann (1988), 100–114 hin.

[73] Vgl. zur Begründung die Analyse erklärender Public-Choice-Theorien bei Mueller (1976), 395–433.

Teil widersprüchlicher, positiver Modelle; die Auswahl der erklärenden Modelle hat daher, ähnlich wie die Wahl der Maßgröße, zwangsläufig einen normativ Charakter[74].

a) Principal-Agent-Theorie

Erklärungsgegenstand der Principal-Agent-Theorien des Insiderhandels ist die Beziehung zwischen Insider und Eigentümer. Diese Fokussierung auf die Vertragsbeziehungen und Anreizstrukturen von Akteuren im Unternehmen verbindet die Principal-Agent-Theorien mit den gesellschaftsrechtlichen juristischen Theorien des Insiderhandels. Grundsätzlich stellen die ökonomischen Principal-Agent-Modelle des Insiderhandels einen Analyserahmen für zwei Fragen bereit: Erstens, ob die Eigentümer des Unternehmens den Anreiz und die Möglichkeit haben, Insideraktivität zu unterbinden; zweitens, welche Wirkungen ein ordnungspolitischer Eingriff auf die Beziehungen zwischen Insidern und Eigentümern hat.

Zwar ist eine Antwort auf diese Fragen zur Beurteilung der Vorteile und Nachteile von Insiderhandel und Insiderregeln von entscheidender Bedeutung, dennoch sind der Verwendung von Principal-Agent-Modellen für eine ordnungspolitisch-motivierte Analyse enge Grenzen gesetzt. Zwei Gründe werden an dieser Stelle diskutiert: Mangelnde empirische Überprüfbarkeit der Modellaussagen und fehlende Kriterien für die Beurteilung allokativer Folgen.

Erster Grund für die begrenzte Verwendbarkeit von Principal-Agent-Modellen für die Analyse der Insiderproblematik ist die Komplexität der Vertrags- und Anreizbeziehungen im Unternehmen, die eine auf strengen Vereinfachungen beruhende Modellierung erzwingt. In der positiven ökonomischen Theoriebildung ist dies durchaus kein Einzelfall und nicht grundsätzlich problematisch, insbesondere dann nicht, wenn die Aussagen einer Theorie empirischen Tests unterzogen werden können. Die Principal-Agent-Theorie ist jedoch „one of the few remaining parts of economic thought that depends entirely on the power of deductive logic" und verschließt sich weitgehend empirischer Überprüfung[75]. Unter diesen Bedingungen führen in sich kon-

---

[74] Joskow/Rose (1989), 1456: „Different theories of regulation will lead to different predictions about the nature and the magnitude of its effects, and the nature of regulatory effects will, in turn, have important implications ... for making normative judgements on whether regulation is ‚good' or ‚bad'."

[75] Easterbrook (1985), 81; Joskow (1985), 588 betont den geringen Nutzen von Principal-Agent-Modellen für die empirische Regulierungsforschung.

sistente positive Modelle, die denselben theoretischen Bezugsrahmen nutzen, aufgrund unterschiedlicher Annahmensätze häufig zu widersprechenden Aussagen. Die Modellbildung vergrößert das Verständnis der analysierten Wirkungsmechanismen nur in bezug auf die Existenz verschiedener Wirkungsvermutungen, die jedoch aufgrund der positiven Analyse weder bestätigt noch verworfen werden können.

Der zweite Grund, der die Verwendung von Principal-Agent-Theorien zur Analyse des Insiderhandels behindert, ist ihre mangelnde Verknüpfung zu anderen erklärenden Theorien. Durch diesen Mangel wird die Beurteilung der allokativen Wirkungen von Insideraktivitäten erheblich erschwert[76]. Wird beispielsweise aus einem Principal-Agent-Modell die Hypothese abgeleitet, die Möglichkeit eines Insiders, mit vertraulichen Informationen zu handeln, schaffe einen Anreiz für die Auswahl riskanterer Investitionsprojekte, so bleibt völlig unklar, ob Insiderhandel tatsächlich den Ertrag von Unternehmen vermindert. Als Bindeglied zu dieser Schlußfolgerung fehlt eine positive Theorie der optimalen Auswahl von Investitionsprojekten; zahlreiche Wissenschaftler dieser angrenzenden Forschungsrichtung vertreten nämlich die Auffassung, daß die übersteigerte Risikoaversität von Managern für Unternehmen schädlich sei und Mechanismen nützlich, welche die Bereitschaft zur Risikoübernahme von Managern erhöhen.

Die Bedeutung der Principal-Agent-Theorie für eine ordnungspolitisch motivierte positive Analyse des Insiderhandels kann somit nur in bezug auf einzelne Modelle beurteilt werden. Grundsätzlich erscheint die Annahme gerechtfertigt, daß die Modelle die Möglichkeit verschiedener Handlungen und Handlungswirkungen illustrieren können, der Mangel an empirischer Prüfbarkeit der Modellaussagen begrenzt jedoch ihre Bedeutung für die ordnungspolitische Diskussion.

b) Kapitalmarkt-Theorie

Die hier unter dem Begriff Kapitalmarkt-Theorie zusammengefaßten erklärenden Modelle werden zur Abbildung des Verhaltens von Akteuren auf Kapitalmärkten verwendet; aufgrund der Verwendung mikroökonomischer Instrumente werden diese Modelle auch als Kapitalmarkt-Mikrostruktur-Mo-

[76] Arrow (1985), 50 weist auf die Trennung von Principal-Agent-Theorie und traditioneller ökonomischer Theorie hin: „It may ultimately be one of the greatest accomplishments of principal-agent literature to provide some structure for the much-sought goal of integrating these elements with the impressive structure of economic analysis."

delle bezeichnet[77]. Der Kern von Mirkostrukturanalysen sind Gleichgewichtsmodelle, mit deren Hilfe das Verhalten von Akteuren auf Kapitalmärkten rekonstruiert wird[78]. Die Modelle tragen der Erkenntnis Rechnung, daß die Organisationsform eines Kapitalmarktes wesentlichen Einfluß auf das Verhalten der Marktteilnehmer und auf die Effizienz von Austauschprozessen ausübt. Hypothesen, die anhand dieser Modelle entwickelt werden, bilden grundsätzlich beobachtbare ökonomische Größen wie Handelsvolumen, Transaktionskosten und Kurse ab und können deshalb weitgehend empirischen Tests unterworfen werden. Die empirische Kapitalmarktforschung beschäftigt sich als eigenständiger ökonomischer Forschungszweig mit der Prüfung dieser Modelle.

Der Analyse des Insiderhandels dienen Kapitalmarktmodelle in zweifacher Hinsicht: Erstens, sie erlauben die Analyse der Mechanismen, anhand derer Insider die Austauschprozesse auf Kapitalmärkten beeinflussen; zweitens, sie ermöglichen die konzeptionelle und empirische Analyse der Wirkungen staatlicher Eingriffe in Kapitalmarktprozesse. In ihrem Analysefokus sind die Kapitalmarkt-Theorien somit den kapitalmarktrechtlichen juristischen Theorien ähnlich[79]. Für eine ordnungspolitisch-motivierte positive Analyse des Insiderhandels eignen sich Kapitalmarkt-Modelle in besonderem Maße, da sie die zentralen Schwächen der Principal-Agent-Modelle nicht aufweisen: Sie sind grundsätzlich empirisch testbar und ermöglichen konzeptionell eine Verknüpfung der Theorien von Insiderhandel und Insiderregeln mit Theorien, welche die Schätzung gesellschaftlicher Wohlfahrtseffekte ermöglichen.

3. Gestaltende Theorie

In der gestaltenden Ökonomik werden unter Verwendung ökonomischer Maßgrößen und Erklärungsmodelle individuelle Verhaltensempfehlungen oder Gestaltungsempfehlungen für Normen entwickelt. Die Ableitung dieser Empfehlungen verlangt die Integration positiver und normativer Forschung für die ökonomische Theoriebildung[80]. Diese Integration ist nicht unumstritten, da die angestrebte Normativität das positive Erklärungspotential einer Theorie

---

[77] Garman (1976), 257–275.

[78] Fama (1976), Duffie (1988), Phlips (1988), Cohen/Maler/Schwartz/Whitcomb (1986) und Merton (1990b) liefern konzeptionelle Darstellungen.

[79] Einen Überblick über diesen rechtswissenschaftlichen Theoriebereich liefert Assmann (1992).

[80] Blaug (1980) vertritt die Auffassung, daß ökonomische Theorie grundsätzlich einen normativen Charakter besitzt; in der vorliegenden Untersuchung wird diese Auffassung nicht geteilt.

vermindern kann (Gegensatzthese)[81]. Positive ökonomische Modelle erklären individuelle Verhaltensänderungen durch rationale Kostenerwägungen. Gelingt die ökonomische Erklärung einer Verhaltensweise auf diese Art nicht, so können normative Empfehlungen aufgrund der Nichterklärbarkeit der Verhaltensweise gegeben werden. „Anstatt empirisch feststellbare Handlungen aufgrund neuer Kostenüberlegungen aus der situativen Anreizstruktur angemessen zu erklären, wird allzuleicht an Individuen appelliert, jene Handlungen zu ändern, die sich nicht ohne weiteres als situativ notwendig erklären lassen."[82] Becker lehnt aus diesem Grund gestaltende ökonomische Theoriebildung grundsätzlich ab.

Die in der Gegenthese ausgedrückte Befürchtung, daß die Entwicklung normativer Handlungsanweisungen die positive Erklärungskraft des ökonomischen Ansatzes schwächt, kann jedoch durch die Anwendung der Normativität auf die institutionellen Randbedingungen weitgehend entkräftet werden. So betont Hayek (1976), daß Werturteile auf der individuellen Wahlhandlungsebene abzulehnen sind, während Wertabstinenz in bezug auf die Handelsordnung eine unangemessene Abstraktion beinhalte[83]. Diese Anwendung gestaltender Theorie auf Ordnungsregeln statt auf Marktergebnisse ergänzt den Einsatz positiver Analyse zur institutionenvergleichenden Forschung: „Fruchtbare Sozialwissenschaft muß sehr weitgehend ein Studium dessen sein, was nicht ist: eine Konstruktion hypothetischer Modelle von möglichen Welten."[84]

Werden individuelle Handlungen in erklärenden ökonomischen Modellen abgebildet, so können empirisch prüfbare Hypothesen über das Verhalten von Akteuren unter den gegebenen institutionellen Randbedingungen abgeleitet werden. Die Anwendung dieser Methodik auf die Analyse von Gesetzes- und Regulierungsalternativen, ist in besonderem Maße vielversprechend. Für ein solches Vorgehen ist es nicht erforderlich, gesamtgesellschaftliche Kosten- und Nutzenschätzungen abzugeben. Die Integration positiver und normativer ökonomischer Theorie erscheint unter diesen Voraussetzungen möglich und sinnvoll[85]. Fraglich bleibt, welche Maßstäbe zur Ableitung von Handlungs- und Gestaltungsempfehlungen verwendet werden sollen.

---

[81] Becker (1976), 3–14; der Werturteilsstreit Max Webers und Werner Sombarts ist die Grundlage dieser modernen Auseinandersetzung.

[82] Pies (1991), 87.

[83] Hayek (1969), 161–198; entsprechend Pies (1991), 88: „Beziehen sich hypothetische Ratschläge auf die Veränderung solcher Institutionen, so ist wissenschaftliche Normativität nicht nur mit erfolgreichen ökonomischen Erklärungen vereinbar, sondern kann sogar durch solche Erklärungen unterstützt und verbessert werden."

[84] Hayek (1986), 33; vgl. auch Albert (1957), 60–76.

[85] Eggertsson (1990), 24–25; Schneider (1987), 515, 537.

a) Wohlfahrtsökonomik

Eine der zentralen Erkenntnisse der klassischen Ökonomik ist, daß eigennützige Individuen in einem Wettbewerbssystem zum gemeinsamen Nutzen aller streben können. Die neuere Formulierung dieser Einsicht wird im modern invisible hand-Theorem erfaßt: Wenn sich Produzenten und Konsumenten auf vollständigen Märkten unter vollkommener Konkurrenz als Preisnehmer verhalten, erreicht jede Wettbewerbswirtschaft eine Pareto-optimale Ressourcenverteilung[86]. Dieses Effizienzideal ist das Referenzkriterium der modernen Wohlfahrtsökonomik, deren Gegenstand die vergleichende Beurteilung von Handlungsweisen und Institutionen ist. Die bekannte Problematik, die sich bei Verwendung des Pareto-Kriteriums ergibt, wird von Demsetz (1969a) als nirwana fallacy bezeichnet[87]: Das Vorgehen birgt die Gefahr, ideale institutionelle Bedingungen zu vergleichen, nicht reale Gestaltungsalternativen.

Diese Kritik führt bei einigen Autoren zur Ablehnung wohlfahrtstheoretischer Analysekonzepte für die gestaltende Theoriebildung[88]. So können die im Rahmen der institutionellen Mikroökonomik entwickelten Konzepte, Property-Rights-Theorie und Principal-Agent-Theorie als eine Reaktion auf die Schwächen der Wohlfahrtsökonomik angesehen werden[89]. Andere Autoren lehnen die Verwendung mikroökonomischer Marktgleichgewichtsmodelle zur Analyse einer Wettbewerbswirtschaft generell ab und schlagen deren Substitution durch dynamische Markt- und Wettbewerbskonzepte vor[90]. Auch der Ansatz der Constitutional Economics stellt einen Versuch dar, die beschriebenen Schwächen der Wohlfahrtstheorie zu überwinden.

---

[86] Dieses Modellergebnis wird auch als erster Hauptsatz der Wohlfahrtsökonomik bezeichnet; die klassische Untersuchung findet sich bei Arrow/Debreu (1954), 265-290.

[87] Arrow (1963) erarbeitet in seinem „Social Choice and Individual Values" die theoretische Grundlegung für dieses Argument.

[88] Sen (1982) präsentiert eine umfangreiche Kritik traditioneller wohlfahtstheoretischer Ansätze; vgl. auch Hayek (1976), 70, und Coase (1984), 229-231.

[89] Klassischer Ausgangspunkt dieser Konzepte sind die Arbeiten von Coase (1937) und 1960); Eggertsson (1990), 28-32; Schneider (1987), 463.

[90] Schneider (1987), 459-517; in bezug auf den Insiderhandel auch Schörner (1991), 96.

b) Constitutional Economics

Der Ansatz der Constitutional Economics verzichtet auf die Konstruktion einer sozialen Wohlfahrtsfunktion und weicht damit der Kritik aus, die an der Beurteilung institutioneller Gestaltungsalternativen nach dem wohlfahrtstheoretischen Pareto-Kriterium geübt wird. Statt dessen verwendet der Constitutional Economics-Ansatz zur Beurteilung alternativer Institutionen lediglich den Grad ihrer demokratischen Akzeptanz[91]. Das entscheidende Kriterium der Paretosuperiorität bezieht sich dabei in der Auslegung der Constitutional Economics nicht auf das Ansteigen einer theoretischen Wohlfahrtsmaßgröße, sondern auf die Erhöhung der demokratischen Zustimmung zu einer Norm, letztendlich also auf Wählerstimmen.

Obwohl der Ansatz konzeptionell einige Schwächen der Wohlfahrtstheorie überwindet, gewinnt er hauptsächlich bei der Abwägung gesellschaftlicher Basiswerte an Bedeutung. Für die Analyse und Beurteilung vieler ordnungspolitischer Entscheidungen bleibt er von begrenzter Bedeutung. Das Paretosuperioritätskriterium der Constitutional Economics scheint die verstärkte öffentliche Direktabstimmung über ordnungspolitische Eingriffe in Marktprozesse zu fordern, ein solches Vorgehen stößt jedoch auf erhebliche durchführungs-bezogene Hindernisse, von denen nur zwei an dieser Stelle genannt werden: Erstens, zahlreiche ordnungspolitische Entscheidungen sind komplex und der abstimmenden Öffentlichkeit nur schwierig in angemessener Weise zu vermitteln; zweitens, eine hohe Frequenz öffentlicher Abstimmungen über zahlreiche administrative Einzelentscheidungen ist aus Kostengründen undurchführbar.

Für eine Beurteilung des Insiderhandels und die gesetzliche Gestaltung von Insiderregeln scheint das Paretosuperioritätskriterium der Constitutional Economics aus gerade diesen Gründen wenig geeignet. Nur auf sehr abstrakter Ebene können sinnvolle Anhaltspunkte für eine Beurteilung des Insiderhandels durch das Kriterium gefunden werden: Die Regulierungslösung sollte in einem hypothetischen Sinn demokratisch zustimmungsfähig sein, was lediglich besagt, daß die Regulierung im öffentlichen Interesse erfolgen sollte. Ein Rückgriff auf wohlfahrtstheoretische Beurteilungskriterien scheint daher unvermeidlich[92].

---

[91] Eine Charakterisierung des Ansatzes bieten die Beiträge in Buchanan (1973) und Buchanan / Tollison (1984).

[92] Einen pragmatischen Ansatz zur Verknüpfung des wohlfahrtstheoretischen Kosten-Nutzen-Kriteriums und des „Zustimmungs-Kriteriums" der Constitutional Economics für die Gestaltung von Institutionen schlagen Stockey / Zeckhauser (1978), 285, vor: „the further removed the outputs and inputs of a policy are from goods traded in markets, the more important the process of choice seems".

c) Wettbewerbskonzepte

Alternativ zu den normativen Forschungsansätzen der Wohlfahrtstheorie und der Constitutional Economics werden gelegentlich (dynamische) Wettbewerbskonzepte als Beurteilungsrahmen gestaltender Theorie vorgeschlagen[93]. Ein Ausgangspunkt dieses Ansatzes ist der grundlegende Zweifel am Erkenntnisanspruch ökonomischer Marktgleichgewichtsmodelle. Ein solcher Anspruch, so wird mit bezug auf Hayek (1976) argumentiert, könne nicht bestehen, falls nicht in realen Märkten „eine Tendenz zum Marktgleichgewicht als empirische Gesetzmäßigkeit existiere"[94]. Unabhängig davon, ob eine solche Tendenz in Kapitalmärkten tatsächlich existiert oder nicht, bleibt festzustellen, wie stark diese Argumentation der Auffassung des kritischen Rationalismus verpflichtet ist, in der die „Suche nach Wahrheit" als richtungsgebendes Prinzip wissenschaftlicher Forschung angesehen wird.

Im Gegensatz zu dieser Auffassung steht das neoklassische Forschungsprogramm, das auf der Annahme beruht, daß Marktgleichgewichte eine zwar vereinfachte, aber nützliche Erklärung der Wirklichkeit ermöglichen. Die Neoklassik nimmt somit bezug auf ein Wissenschaftsbild, das der „predictive adequacy" und „applicability" einer Theorie einen hohen Stellenwert einräumt[95]. Zur ökonomischen Analyse der institutionellen Rahmenordnung einer Wettbewerbsordnung erscheint die neoklassische Forschungsperspektive auch Kritikern als nützlich und dies nicht lediglich zur Beschreibung der Institutionenbildung[96], sondern auch zur Abschätzung der Wirkungen von Institutionenveränderungen[97].

Dem neoklassischen Forschungsprogramm, dessen Gegenstand die Entwicklung testbarer Hypothesen ist, kann grundsätzlich nicht der Vorwurf des Modellplatonismus gemacht werden. Vielmehr identifiziert beispielsweise

---

[93] Normative Grundlage der Konzepte sind die klassischen Arbeiten von Hayek (1945), 519–530, (1966), 249–265, und (1976) sowie Hoppmann (1967), 77–94.

[94] Schneider (1987), 181, in bezug auf Hayek (1952), 49–77, und (1976), 122–140.

[95] Eine klassische Darstellung dieser Position vertritt Friedman (1953a), 3–43.

[96] Schneider (1987), 537: „Die Suche nach dem gemeinsamen Vorteil (Arbitragegewinn) von Marktpartnern ist methodisch grundlegend für eine ökonomische Analyse des Rechts, wobei sich für das Erkennen solcher Ursachen neuer Institutionenbildungen ein Rückgriff auf einen ‚Nullpunkt von Wettbewerb', wie ihn die Modelle des Konkurrenzgleichgewichts definieren, als nützlich erweist."

[97] Schneider (1987), 515 räumt ein, daß die Separationstheoreme, die aus den Modellen des Konkurrenzgleichgewichts folgen, eine „Reduktion von Komplexität" erlauben, die „insbesondere für eine (wohlfahrts-)ökonomische Analyse des Rechts fruchtbar sein kann".

Schneider (1987) die Probleme der neoklassischen Mikroökonomik „auf der Ebene, wann 'empirische Methoden' (insbesondere statistische Techniken) Modellergebnisse stützen oder in Frage stellen“[98]. Die Aufmerksamkeit für die Problematik der Strukturierung und Auswertung auf Gleichgewichtsmodellen basierender Testergebnisse ist jedoch auch bei Forschern des neoklassischen Ansatzes hoch[99].

Die empirische Testbarkeit einer Theorie ist häufig Voraussetzung dafür, methodische Fehler der Erklärung einer Verhaltensweise zu erkennen und diese durch Modellrevision zu beseitigen. Die Konzepte des Ordoliberalismus, die Wettbewerbskonzepte Hayeks sowie zahlreiche Property-Rights- und Principal-Agent-Modelle entziehen sich jedoch weitgehend diesem Verbesserungsprozeß[100]. Allgemeine Wettbewerbskonzepte werden deshalb in dieser Arbeit nicht zur Ableitung institutioneller Gestaltungsempfehlungen verwendet. Statt dessen wird der empirischen Forschung für die Analyse ökonomischer Verhaltensmodelle Priorität gegeben. In bezug auf die ökonomische Analyse des Insiderhandels besteht der zentrale Beitrag der Empirie in der Plausibilitätsprüfung der verschiedenen, zum Teil widersprüchlichen, erklärenden Modelle und Hypothesen.

III. Empirische Forschung

Der Beitrag empirischer Forschung für die sozialwissenschaftliche und somit auch für die ökonomische Theoriebildung wird aus wissenschaftstheoretischen und methodologischen Gründen unterschiedlich beurteilt. Aus wissenschaftstheoretischer Perspektive besteht Uneinigkeit darüber, ob die potentielle Falsifizierbarkeit einer Theorie anhand von beobachtetem Verhalten als Voraussetzung für die Wissenschaftlichkeit einer Theorie gelten solle[101], aus methodologischer Sicht ist umstritten, welche Forschungstechniken für die Prüfung einer Theorie angemessen sind.

Die wissenschaftstheoretische Auseinandersetzung um Falsifizierbarkeit als Trennkriterium für die Wissenschaftlichkeit einer Theorie geht auf Popper

---

[98] Schneider (1987), 183.

[99] Vgl. die Kritik klassischer Nullhypothesentests bei DeLong/Lang (1992) und die Diskussion des joint-hypothesis-Problems der empirischen Kapitalmarktforschung; Fama (1991), 1603–1607.

[100] Hayek (1966), 250 betont, „daß die Gültigkeit der Theorie des Wettbewerbs für jene Fälle, in denen sie interessant ist, nie empirisch nachgeprüft werden kann“.

[101] Dieses Verständnis empirischer Forschung basiert auf Karl Popper, der Falsifizierbarkeit als Demarkationskriterium zur Unterscheidung von „science“ und „nonscience“ einführt; s. Popper (1959); Albert (1956) und (1957); Meyer (1973).

(1959) zurück, der die Bedeutung der Durchführbarkeit und Spezifizierung empirischer Tests hervorhebt. Poppers radikaler Anti-Induktionismus findet seinen Ausdruck in der Auffassung, daß lediglich die Falsifikation, niemals die Bestätigung, einer Theorie durch empirische Forschung möglich sei. Demgemäß dienen nur falsifizierende empirische Tests dem wissenschaftlichen Fortschritt. Diese Extremposition Poppers findet in der wissenschaftstheoretischen Diskussion weitverbreiteten Widerspruch. Nicht nur die in den Arbeiten von Fleck (1935) und Kuhn (1962) ausgedrückte Kritik an präskriptiven Konzepten wissenschaftlichen Fortschritts, sondern auch die Arbeiten von Lakatos (1970) heben die Bedeutung bestätigender empirischer Forschung hervor[102]. Für eine Analyse des Rechts erscheint die Verwendung eines strengen Falsifikaktionskriteriums in besonderem Maße ungeeignet[103].

Als Popper entgegengesetzte Position kann die Auffassung von Friedman (1953a) gelten, die auch als eine Variante des Instrumentalismus bezeichnet wird[104]. Theorien sind nach dieser Auffassung Instrumente, die danach beurteilt werden, wie gut sie Wissenschaftlern helfen, ein bestimmtes Ziel zu erreichen. Friedman (1953a) betont als zentrale Beurteilungskriterien für Theorien die Genauigkeit ihrer Vorhersagen („predictive adequacy") und ihre Einfachheit („simplicity"). Die wissenschaftstheoretische Kontroverse zwischen Popper und Friedman wird häufig auf die Frage reduziert, ob der Suche nach der Wahrheit einer Theorie (Popper) oder der Instrumentalität einer Theorie (Friedman) als regulativem Prinzip der Theoriebildung der Vorrang einzuräumen ist. Auch für die Gestaltung des Forschungskonzeptes der vorliegenden Arbeit ist eine methodologische Entscheidung notwendig. Es erscheint jedoch nicht erforderlich, eine der beiden beschriebenen Extrempositionen einzunehmen: Erstens, einige der erklärenden Modelle des Insiderhandels entziehen sich weitgehend der empirischen Prüfung, diese Modelle kön-

---

[102] Kuhn (1962) betont – in Anlehnung an Fleck (1935) – die Nichtlinearität wissenschaftlichen Fortschritts. Fleck (1935), 35 entwirft das wissenschaftstheoretische Postulat vom Maximum an Erfahrung: „Ein Denkprinzip, das mehr Einzelheiten und mehr zwangsmäßige Koppelungen wahrzunehmen erlaubt, verdient ... den Vorzug". Lakatos (1970) hebt in Übereinstimmung hiermit die Bedeutung der Kernannahmen (hard cores) und der Schutzannahmen (protective belt) eines Forschungsprogramms hervor; findet empirische Forschung innerhalb des protective belt statt, so erhöht sich die Bedeutung bestätigender empirischer Forschung gegenüber falsifizierender.

[103] Posner (1993), 68: „the objectivity and certainty of the scientific method were greatly exaggerated by previous generations of philosophers of science ... Observing that science is successful despite the lack of epistemological foundations as solid as once believed, we might conclude that law could be successful even if its foundations are likewise less solid than once believed."

[104] Eine detaillierte wissenschaftstheoretische Darstellung und Kritik des Instrumentalismus bietet beispielsweise Homann (1980), 68–101.

nen nur auf der Basis ihrer logisch-deduktiven Struktur beurteilt werden. Zweitens, die empirische Vorhersagekraft ist ein wichtiges Kriterium der Beurteilung einer Theorie; sie im Sinn von Friedman zum einzigen sachlichen Kriterium zu erheben ist nicht sinnvoll, da Empirie immer historisch und somit nur begrenzt in der Lage ist, prospektive Aussagen über dynamische Institutionensysteme zu ermöglichen. Die vorliegende Analyse des Insiderhandels verwendet zur Analyse ökonomischer Modelle des Insiderhandels sowohl das Kriterium der „Wahrheit", also der logisch-deduktiven Stimmigkeit, als auch das Kriterium der „predictive adequacy", der empirisch prüfbaren Aussagefähigkeit.

Zur methodologischen Auseinandersetzung um die Rolle der empirischen Forschung trägt die Kontroverse zwischen Popper und Friedman wenig bei, beide teilen die Auffassung, daß wissenschaftliche Theorien in der einen oder anderen Form mit empirischen Daten konfrontiert werden sollten[105]. Der erste Teil des methodologischen Konflikts betrifft das neoklassische Verständnis empirischer Forschung. In einem engen neoklassischen Verständnis ist die Überprüfung einer Theorie anhand realer, durch Beobachtung gewonnener Daten einzig anerkanntes Vorgehen empirischer Forschung. Innerhalb anderer Forschungsprogramme werden konfliktierende Auffassungen vertreten; beispielsweise werden in der evolutorischen Ökonomik auch Simulationsrechnungen, die nicht auf realen Beobachtungen basieren, als empirische Datenbasis anerkannt[106], in der angewandten betriebswirtschaftlichen Forschung werden darüber hinaus Fallstudien und Umfragen als Methoden empirischer Forschung akzeptiert.

Ein weiteres Element der methodologischen Auseinandersetzung betrifft die Struktur empirischer Untersuchungen. Das wichtigste Instrument empirischer Forschung ist der Hypothesentest, aufgrund dessen eine Nullhypothese entweder „zurückgewiesen" oder „nicht-zurückgewiesen" wird, wenn eine bestimmte Variable einen kritischen Wert übersteigt. Die Auffassungen darüber, welche Aussagekraft der Signifikanztest einer Nullhypothese besitzt, variieren. In der neoklassischen Kapitalmarktforschung beispielsweise ist der Nullhypothesentest eine häufig verwendete und anerkannte Forschungsmethodik[107], andere Forschungsrichtungen lehnen den Ansatz mit der schlichten

---

[105] Diese Auffassung vertreten beispielsweise auch Albert (1957), Giersch (1961), Ott (1972), Simonis (1980), Wiegers (1987) und Streit (1991), die für die Anwendung empirischer Forschung zur Erfolgskontrolle von Ordnungspolitik argumentieren.

[106] Nelson/Winter (1982) verfolgen eine Theoriebildungsstrategie, welche die Überprüfung positiver Theorien anhand realer Daten durch Tests mit Hilfe von Simulationsmodellen ersetzt. Grund für ihr Vorgehen ist die mangelnde Beobachtbarkeit zahlreicher Modellvariablen.

[107] Fama (1970), 383–417, und (1991), 1575–1617.

Begründung ab: „explicit testing of hypothesis convinces no one“[108]. Eine Mittelposition nehmen McCloskey (1985) und DeLong / Lang (1992) ein, ihrer Auffassung nach sind Hypothesentests nur dann sinnvoll, wenn die Werte der Koeffizienten für verschiedene Konfidenzintervalle und Variablenausprägungen analysiert werden, einfache Signifikanztests hingegen besitzen einen geringen Aussagegehalt. Eine breitere Definition empirischer Forschung erlaubt es, neben Hypothesentests verschiedene Arten empirischer Regularitäten in einer „persuasive collage of evidence“ zusammenzufassen. Zwar eröffnet dieses Verständnis empirischer Forschung einen breiten Spielraum für nicht-formalisierte Datenanalysen, jedoch wird in dieser Arbeit die Auffassung vertreten, daß der Aussagegehalt diverser empirischer Erkenntnisse, Hypothesentests eingeschlossen, höher ist als der, den die exklusive Verwendung technisch rigoroser Hypothesentests verspricht.

Bei einer Untersuchung des Insiderhandels gewinnt dieses methodologisch breite Verständnis empirischer Forschung besondere Bedeutung, da lediglich ein kleiner Teil der relevanten empirischen Erkenntnisse direkt auf den Insiderhandel bezogen ist und die Form von Hypothesentests annimmt. Die folgenden drei Gruppen empirischer Erkenntnisse werden unterschieden: Erstens, empirische Studien der Funktionsweise von Wertpapiermärkten sind zum Verständnis des Insiderhandels wichtig, da sie die Konstruktion eines Referenzmodells des Kapitalmarktes ermöglichen, auf dessen Basis eine Analyse der Wirkungen des Insiderhandels erst möglich ist[109]. Diese Studien beschäftigen sich nicht, oder nur am Rande, mit Insideraktivitäten. Zweitens, empirische Studien der Kapitalmarkteffizienz beschäftigen sich häufig mit Insiderhandel, da die Analyse von Insideraktivitäten Rückschlüsse auf die Informationseffizienz von Wertpapierpreisen, die Anpassungsgeschwindigkeit der Preise an neue Informationen sowie das Anlageverhalten von Investoren und Intermediären erlaubt. Diese Untersuchungen des Insiderhandels dienen der Erforschung schlecht-verstandener Phänomene auf Wertpapiermärkten[110]. Drittens, empirische Studien, die Insiderhandel und Insiderregeln mit dem direkten Interesse an Wirkungsmessungen von Insideraktivitäten analysieren, sind selten; sie nehmen die Form formaler Hypothesentests an, umschließen jedoch auch Umfragen und Fallstudien[111].

---

[108] DeLong / Lang (1992), 1271 beschreiben diese Extremposition, ohne sie selbst einzunehmen.

[109] Schwartz (1991) liefert eine aktuelle Studie des Erkenntnisstandes dieser Kapitalmarktforschung.

[110] Jaffe (1974) und Seyhun (1986) sind die wichtigsten frühen Studien dieses Forschungsprogramms; Fama (1991), 1603 – 1604 bietet eine Zusammenfassung und Einordnung der wichtigsten Ergebnisse.

[111] Kabir (1990) und Seyhun (1992) sind Beispiele solcher Forschung.

Für die Beurteilung der Angemessenheit einer empirischen Forschungsmethodik gibt es keine allgemeinen Regeln. Werden diverse empirische Untersuchungsmethoden und -ergebnisse zugelassen, so wird es erforderlich einzuschätzen, welche Methodik für die Bewertung einer Theorie im Einzelfall für den Untersuchungszweck angemessen erscheint[112].

Die unterschiedlichen Untersuchungsmethoden, die in bezug auf die empirische Analyse der Wirkungen von Insiderhandel und Insiderregeln relevant sind, umfassen: Zeitreihenanalysen, Vergleiche verschiedener Regulierungsintensitäten, Laborexperimente, strukturelle Simulationen, Fallstudien und Umfragen[113].

- Zeitreihen- und cross-sectional-Vergleiche dienen der Gegenüberstellung regulierter und unregulierter Firmen und Märkte. Diese Tests werden grundsätzlich so strukuriert, daß Verhaltenshypothesen mit realen Daten ökonometrisch verglichen werden: Eine erklärende abhängige Variable wird als eine Funktion verschiedener unabhängiger Variablen modelliert; gelingt mit Hilfe des Modells die Beschreibung der abhängigen Variablen, so hat das Modell den empirischen Test bestanden[114].

- Vergleiche unterschiedlicher Regulierungsintensitäten werden verwendet, wenn eine ausreichende räumliche oder zeitliche Varianz meßbarer Daten nicht existiert, jedoch in einem Modell dennoch spezifische Wirkungen von Regulierungsunterschieden erklärt werden können[115].

- Kontrollierte Umweltexperimente in Form von Feld- oder Laborexperimenten werden verwendet, wenn die gegebene Datenbasis für einen Test von Regulierungswirkungen keine ausreichende Grundlage bietet, experimentell generierte Daten dienen dabei als Datenbasis für Hypothesentests[116].

---

[112] Binder (1985), 167–182.

[113] Joskow/Rose (1989), 1457 unterscheiden „four basic empirical methodologies" zur Analyse der Wirkungen von Regulierung: „(1) Comparing regulated and unregulated firms and markets. (2) Using variation in the intensity of regulatatory constraints. (3) Controlled environmental experiments. (4) Structural estimation/simulation models of regulated firms or markets"; die Autoren betrachten daher Fallstudien, Umfragen und Interviews nicht als sinnvolle empirische Forschungsmethoden. Für Anwendungsbeispiele der ersten vier Methodologien s. die dort angegebenen Studien.

[114] Kabir (1990) führt eine Zeitreihenanalyse des Wertpapierhandels an der Amsterdamer Effektenbörse vor und nach der Einführung von Insiderregeln durch.

[115] Benston/Hagerman (1974), Glosten (1987) und Glosten/Harris (1988) sind Beispiele dieses empirischen Vorgehens beim Vergleich der bid-ask spreads des New York Stock Exchange und des over-the-counter-Marktes.

[116] Plott/Sunder (1982) und Forsythe/Palfrey/Plott (1982) testen verschiedene

- Simulationsansätze werden in Verbindung mit strukturellen Verhaltensmodellen zur empirischen Forschung eingesetzt, wenn die zur Verfügung stehende reale Datenbasis unzureichend ist und kontrollierte Umweltexperimente aus technischen Gründen nicht durchführbar sind; die Testdaten werden dabei aus einem ökonomischen Modell oder durch das Zufallsprinzip gewonnen und als Substitut für reale Daten verwendet[117].
- Fallstudien werden häufig als ergänzende empirische Forschungsmethodologie verwendet, wenn detaillierte Daten über das studierte Verhaltensphänomen existieren. Fallstudien kommt dann methodische Bedeutung zu, wenn eine breitere empirische Untersuchung auf ähnlichem Detaillierungsniveau nicht durchführbar ist und Grund zur Annahme besteht, daß das beobachtete Verhalten kein singuläres Ereignis ist[118].
- Umfragen und Interviews stellen das schwächste Element empirischer Forschungsmethoden dar. Die Problematik ihres Einsatzes zum Testen von Verhaltensmodellen liegt darin, daß die Adäquanz von Fragestellungen, Befragten und Ergebnissen grundsätzlich schwer zu beurteilen ist. Als häufig einzige Quelle empirischer Indizien zur Prüfung von Hypothesen bezüglich bestimmter komplexer Verhaltensweisen besitzen sie dennoch einen Stellenwert in der empirischen Forschung[119].

Zusammenfassend erscheint es für die wissenschaftliche Untersuchung von Insiderhandel und Insiderregeln sinnvoll, Theorien nach dem Grad ihrer theoretischen Stimmigkeit und ihrer Erklärungskraft zu beurteilen. Die Aufzählung empirischer Untersuchungsmethoden zeigt, daß für die Analyse des Insiderhandels ein breites Verständnisses empirischer Forschung fruchtbar ist.

IV. Grenzen der Theorien des Insiderhandels

Rechtswissenschaftliche und ökonomische Theorien des Insiderhandels leisten sehr unterschiedliche Beiträge zur Regulierungsdiskussion. Die Entwicklung der rechtswissenschaftlichen Doktrin in den USA und Deutschland zeigt, daß ein wichtiger Beitrag der juristischen Theorien in der Explizierung

---

Kapitalmarktmodelle mit inhomogenen Informationsverteilungen anhand von Laborexperimenten.

[117] Leland (1992) verwendet ein Simulationsmodell für Analyse der Wohlfahrtseffekte des Insiderhandels.

[118] Cornell / Sirri (1992) führen eine Insiderhandel-Fallstudie durch.

[119] Umfragen von Arthur Anderson (1993), Euromoney (1992) und Schulman (1992) dienen als empirische Indizien zur Prüfung von Hypothesen über das Verhalten institutioneller Investoren.

der verschiedenen normativen Prinzipien zur Beurteilung des Insiderhandels liegt. Zusätzlich bietet das juristische Insiderfallrecht wertvolle Einsichten bezüglich der Durchsetzbarkeit bestehender Insiderregeln und liefert damit Hinweise auf die Möglichkeiten und Grenzen ihrer Gestaltung. Die Analyse zeigte folgende Begrenzungen der beschriebenen rechtswissenschaftlichen Ansätze:

- Die Diskussion der US-amerikanischen Rechtsdoktrin demonstriert die Schwächen einer Insiderregelung auf der Basis einer Generalklausel (Rule 10b-5), die durch Richterrecht fortgebildet wird. Erstens, Rechtsunsicherheit: Die an allgemeinen Gerechtigkeitsprinzipien orientierte Rechtfertigung eines Insiderhandelsverbots (Equal-Access-Theorie) wurde schrittweise zurückgedrängt und durch eine dem Gesellschaftsrecht verwandte Schutzregelung der Vertrauenssphäre der Unternehmung (Fiduciary-Duty / Misappropriation-Theorie) ersetzt. Diese Entwicklung verursachte erhebliche Rechtsunsicherheit nach zahlreichen Fallentscheidungen. Zweitens, gesellschaftsrechtliche Orientierung: Die Dominanz gesellschaftsrechtlicher Regelungsprinzipien birgt die Gefahr, daß sich die Rechtsentwicklung hauptsächlich an doktrinären Fragen orientiert, während die allokativen Folgen der Regulierungsentscheidung in den Hintergrund treten. Die allokativen Folgen einer Norm sind jedoch von zentraler Bedeutung für die Gestaltung von Ordnungspolitik im öffentlichen Interesse; diese erfordert eine an allokativen, nicht doktrinären Wirkungen einer Norm orientierte Regulierung.

- Die auf den Grundprinzipien des Investoren- und Funktionsschutzes basierende rechtswissenschaftliche Diskussion in Deutschland ist konzeptionell systematischer und grundsätzlich stärker auf die allokativen Folgen des Insiderhandels fokussiert. Die Schwäche der deutschen Theorieentwicklung liegt auf der Ebene der positiven Wirkungsbeurteilung des Insiderhandels. Die in juristischen Studien verwendeten Referenzmodelle von Kapitalmärkten, auf deren Basis Gestaltungsvorschläge für Insiderregeln entwikkelt werden, sind in den seltensten Fällen in der Lage, die Funktionszusammenhänge moderner Kapitalmärkte angemessen abzubilden. Werden Regulierungsentscheidungen mit Hilfe vereinfachter Referenzmodelle getroffen, die deutlich hinter dem wissenschaftlichen Erkenntnisstand zurückbleiben, so ist das Risiko unnötig hoch, daß die gewählten Maßnahmen nicht zu den gewünschten allokativen Effekten führen.

- Rechtsdogmatisch stellt die Insiderhandelsrichtlinie der Europäischen Gemeinschaft einen Kompromiß zwischen einer kapitalmarktrechtlich- und einer gesellschaftsrechtlich-orientierten Regelung dar. Normativ steht die Regulierungskonzeption damit auf einem gleichermaßen schwachen Fundament wie die US-amerikanischen und deutschen Ansätze. Die Formulierung der Richtlinie räumt den Mitgliedstaaten jedoch einige Wahlrechte in bezug auf die Definition des Insiderhandels und die Wahl der Durchsetzungsmechanismen ein. Diese durch den Minimalkonsens der Direktive erzwungene Flexibilität eröffnet den Mitgliedstaaten begrenzte Möglichkeiten, das normative Vakuum der Direktive durch positive Analyse und experimentelle Regulierungsgestaltung (trial and error) zu reduzieren. Zentrale Schwäche der Richtlinie ist jedoch das Versäumnis, den auf die Verfolgung krimineller Handelsaktivitäten bezogenen Informationsaustausch innerhalb der Gemeinschaft und zwischen der Gemeinschaft und anderen Staaten zu erleichtern. Durch die Vermeidung einer weitgehenden Erfassung und Konsolidierung von Transaktionsdaten sowie einer Publizitätspflicht für Insider bleiben wichtige Instrumente der US-amerikanischen Wertpapieraufsicht auf europäischen Wertpapiermärkten ungenutzt.

Ökonomische Theorien leisten grundsätzlich drei Beiträge zur Analyse des Insiderhandels: Die Konstruktion von Referenzmodellen und Maßgrößen zur Abbildung und Beurteilung der Wirkungen von Insideraktivitäten; die Bildung positiver Modelle und Hypothesen, die die Wirkungen von Insiderhandel und Insiderregeln abbilden können; und den Entwurf von Gestaltungsvorschlägen für ordnungspolitische Eingriffe zur Veränderung institutioneller Regeln. Im einzelnen wurde auf folgende Beschränkungen ökonomischer Theorien hingewiesen:

- Eine Reihe ökonomischer Untersuchungen verdecken Normativität durch die Wahl von wohlfahrtstheoretischen Pareto-Optimaliktätskriterien oder allgemeinen Wettbewerbskonzepten zur Beurteilung von Insiderhandel. Die Auswahl von Maßgrößen und Bezugsmodellen zur Beurteilung der Wirkungen von Insiderhandel und Insiderregeln ist grundsätzlich ein normatives Unterfangen, jedoch sollte in einer ökonomischen Analyse weitestgehend versucht werden, Aussagen aus analytischen und empirischen Erkenntnissen, nicht aus axiomatischen Grundkonzepten abzuleiten.

- Positive ökonomische Modelle des Insiderhandels nehmen grundsätzlich die Form von Principal-Agent- oder Kapitalmarkt-Modellen an. Mit Hilfe der Principal-Agent-Modelle wird die Beziehung zwischen Insidern und Eigentümern analysiert. In ihrem Untersuchungsfokus entsprechen diese Modelle den gesellschaftrechtlichen juristischen Theorien und weisen ähnliche konzeptionelle Schwächen auf: Sie vermitteln ein situationslogisches Verständnis der Insiderproblematik, lassen jedoch die Beurteilung ihrer Wirkungen auf die gesellschaftliche Wohlfahrt nicht zu. Die Kapitalmarkt-Modelle des Insiderhandels sind mikroökonomische Theorieansätze, die wie die kapitalmarktrechtlichen Ansätze Wirkungen von Insideraktivitäten und Insiderregeln auf die Funktionsfähigkeit des Kapitalmarktes analysieren. Das Hauptproblem dieser Theorieansätze ist, daß die Komplexität der Funktionsweise moderner Kapitalmärkte häufig Modellvereinfachungen erfordern, die nur begrenzt objektivierbar sind und einen erheblichen Einfluß auf die Untersuchungsergebnisse ausüben können. Der Auswahl und Prüfung von Referenzmodellen, innerhalb derer Insiderhandel analysiert wird, kommt daher eine hohe Bedeutung zu. In der vorliegenden Arbeit wird aus diesem Grund die Analyse der Wirkungen des Insiderhandels auf die gesellschaftliche Wohlfahrt anhand empirisch prüfbarer Kapitalmarkt-Modelle durchgeführt.

- Einige normative ökonomische Theorien des Insiderhandels untersuchen die Frage, ob Insiderhandel in einem Kapitalmarkt unter Marktgleichgewichts-bedingungen nach einem wohlfahrtstheoretischen Pareto-Kriterium positiv oder negativ zu beurteilen ist. Ein solcher Untersuchungsansatz wird in der vorliegenden Untersuchung als nicht sinnvoll betrachtet, da er die Leistungsfähigkeit ökonomischer Modellbildungsansätze überfordert. Neben der Modellierung des Insiderhandels werden in diesen Modellen nämlich Annahmen über eine hypothetische soziale Wohlfahrtsfunktion erforderlich. Die Abbildung der Wohlfahrtswirkungen des Insiderhandels kann in diesen Modellen nur über komplexe Wirkungsketten erfolgen, die sich einer empirischen Prüfung weitgehend entziehen. Dieser Ansatz setzt sich somit der Kritik aus, gänzlich irrelevante Paradiesvergleiche hervorzubringen, da er nicht reale institutionelle Alternativen, sondern theoretische Idealzustände miteinander vergleicht. Ein Untersuchungsansatz, der entsprechend der Constitutional Economics-Schule versucht, normative Empfehlungen aufgrund der direkten demokratischen Zustimmung aller Beteiligten abzuleiten, erscheint ebenfalls ungeeignet. Abstimmungen über viele distributiv und allokativ relevante Regulierungsfragen auf Kapitalmärkten sind aus Kostengründen nicht durchführbar, für sie bleibt eine Entscheidung durch politische Vertreter und demokratisch legitimierte Institutionen erforderlich.

Die Grundlage jeder ordnungspolitischen Entscheidung sollte das Verständnis ihrer Wirkungen auf die gesellschaftliche Wohlfahrt sein; diesem Verständnis sind im Rahmen theoretischer Analyse Grenzen gesetzt. Wenn unterschiedliche, jedoch in sich konsistente, theoretische Modelle zu abweichenden Schlußfolgerungen über die beste Gestaltung von Regulierung führen, dann kann nur anhand empirischer Beobachtungen bestimmt werden, welche ordnungspolitische Entscheidung im öffentlichen Interesse liegt. Empirische Forschung ist deshalb als Randbedingung theoretischer Modellanalysen ein wichtiges Hilfsmittel zur Gestaltung und Erfolgskontrolle ordnungspolitischer Maßnahmen.

B. Ordnungspolitische Rahmenbedingungen

Im vorigen Teil wurde argumentiert, daß positive ökonomische Theorie und empirische Forschung wichtige Hilfsmittel zur Identifizierung und Messung der Wirkungen von Insiderhandel und Insiderregeln sind. Es wurde außerdem die Auffassung vertreten, Regulierung im öffentlichen Interesse erfordere demokratische Abstimmungen über gesellschaftliche Basiswerte und eine systematische Erfolgskontrolle regulatorischer Maßnahmen. Direkte demokratische Abstimmungen über das „Ob" und „Wie" einer Beschränkung des Insiderhandels erscheinen wenig sinnvoll; in diesem Teil werden deshalb die ordnungspolitischen Rahmenbedingungen von Insiderregeln entwickelt. Die Analyse soll eine normative Rechtfertigung für Insiderregeln konkretisieren helfen und die Grenzen der Gestaltung dieser Regeln verdeutlichen. Zwei Fragen werden demnach in diesem Teil analysiert: Erstens, können Insiderregeln ein sinnvoller Bestandteil staatlicher Ordnungspolitik auf Wertpapiermärkten sein? Zweitens, anhand welcher Kriterien kann der Erfolg oder Mißerfolg von Insiderregeln beurteilt werden?

Ordnungspolitische Eingriffe in Marktprozesse werden traditionell durch „ineffiziente Marktergebnisse" begründet. Die Bestimmung der Bedingungen, unter denen angenommen wird, daß Märkte ineffiziente Ergebnisse erzeugen und staatliche Intervention wohlfahrtssteigernd wirkt, ist ein grundsätzlich normatives Unterfangen, das durch theoretische Analyse und empirische Forschung nur begrenzt objektiviert werden kann[120]. Ausgehend von einer allgemeinen Darstellung der Grundlagen staatlicher Eingriffe in Kapital- und Wertpapiermärkte, werden nach der Analyse spezifischer ordnungspolitischer Maßnahmen die wichtigsten Zielkonflikte der Regulierung von Insideraktivitäten entwickelt.

Von zentraler Bedeutung für die Analyse ist, daß das Wissen um die Leistungsfähigkeit des regulatorischen Instrumentariums Voraussetzung und Bestandteil der Beurteilung von staatlichen Eingriffen ist: Der Erfolg oder Mißerfolg von Ordnungspolitik kann nämlich nur in bezug auf Einzelmaßnahmen (Mittel) oder konkrete Unterziele (Ziele mit Mittelcharakter) festgestellt werden: Ziele und Mittel sind in diesem Sinn untrennbar miteinander

---

[120] Noll (1989), 1254 identifiziert drei Ansätze ökonomischer Analyse von Regulierung: „market failures and government's corretive actions", „effects of regulatory policies", „political causes of regulation"; vgl. Wilson (1980).

verbunden und können nur gemeinsam beurteilt werden[121]. Aus diesem Grund werden anhand von konkreten Beispielen regulatorischer Eingriffe auf Wertpapiermärkten die Möglichkeiten und Grenzen staatlicher Insiderregelungen umrissen[122]. Zunächst erfolgt jedoch die Definition einiger wichtiger Begriffe.

I. Begriffliche Abgrenzungen

1. Ordnungspolitik

Die Gesamtheit staatlicher Eingriffe in den Kapitalmarkt wird unter dem Oberbegriff der Kapitalmarktpolitik gefaßt; sie bezeichnet alle Aktivitäten des Staates, die die Wettbewerbsprozesse auf Kapitalmärkten beeinflussen[123]. Im Rahmen der Kapitalmarktpolitik ist die rechtlich-gestaltende Ordnungspolitik von der Ablaufpolitik zu unterscheiden. Ablaufpolitik umfaßt alle operativen Aktivitäten des Staates, die, mit Rücksicht auf aktuelle Kapitalmarktbedingungen und kurzfristige administrative Ziele, Einfluß auf das Verhalten von Marktteilnehmern ausüben. Die Maßnahmen der Ablaufpolitik nutzen somit administrative Handlungsspielräume im Rahmen der bestehenden rechtlichen Kapitalmarktordnung. Im Gegensatz hierzu bezeichnet Ordnungspolitik die Aktivitäten der Legislative, die der langfristigen Beeinflussung des Kapitalmarktes durch die Gestaltung der rechtlichen Rahmenordnung dienen. Als weiteres Systematisierungskriterium staatlicher Kapitalmarktpolitik hat sich die Reichweite der Maßnahmen durchgesetzt[124].

Die langfristige gesetzliche Regelung spezifischer Verhaltensweisen auf Kapitalmärkten wird als Mikro-Ordnungspolitik bezeichnet, sie umfaßt Normen des Gesellschafts- und Kapitalmarktrechtes und bildet den rechtlichen Rahmen einer gesetzlichen Regelung des Insiderhandels. Neben ordnungspolitischen Regeln existieren auf dem Kapitalmarkt eine Reihe privater Selbstregulierungen, die komplementär zu den gesetzlichen Regelungen das Verhalten von Marktteilnehmern und die Marktorganisation beeinflussen.

---

[121] Homann (1980).

[122] Anhand der Analyse konkreter Regulierungsmaßnahmen können irrelevante Paradiesvergleiche vermieden werden; vgl. Demsetz (1969a), 1 – 22.

[123] Für eine Einordnung der Kapitalmarktpolitik im übergeordneten Rechtssystem vgl. den klassischen Beitrag von Hayek (1969), 161 – 198.

[124] Eine umfassendere Strukturierung ordnungspolitischer Politikbereiche und Maßnahmen entwickelt Berg (1992), 299; s.a. Tuchtfeld (1957) und (1978), Eucken (1990), Berg / Cassel (1992); die folgende Abbildung entspricht weitgehend Wiegers (1987), 41.

Private Regulierungen sind in vielen Teilmärkten des Kapitalmarktes, wie beispielsweise an organisierten Wertpapierbörsen, Grund für das verhältnismäßig niedrige Niveau ordnungspolitischer Eingriffe. Diese duale Struktur der Aufsichtsorgane kann zu einer verstärkten Berücksichtigung der Interessen der von der Regulierung betroffenen Marktteilnehmer bei der Regulierungsgestaltung führen, verursacht jedoch unter Umständen Unklarheit über die Verteilung der Regulierungsverantwortung[125].

Der Begriff „Regulierung“ umfaßt in dieser Arbeit alle Institutionen, die das Verhalten der Beteiligten an einem marktbezogenen Austausch reglementieren, unabhängig davon, ob sie legislativen (staatliche Ordnungspolitik) oder privaten (Selbstregulierung) Ursprungs sind[126]. Diese weite Begriffsdefinition erscheint zweckmäßig, da in Kapitalmärkten eine derart enge Verknüpfung dieser beiden Regulierungsformen besteht, daß sie häufig kaum differenzierbar sind: Private Regulierung substituiert staatliche, während die Überwachung privater Regulierung Bestandteil staatlicher Ordnungspolitik ist[127].

2. Kapitalmarkt

Die Definition des Begriffs „Kapitalmarkt“ besitzt eine lange, durch akademische Kontroversen gekennzeichnete Tradition[128]. Auch die heute vorliegenden Definitionsvorschläge unterscheiden sich weitgehend in bezug auf ihre institutionelle und funktionale Reichweite. Terminologische Einigkeit besteht lediglich über die funktionale Abgrenzung zwischen Realkapital (tangible assets) und Geldkapital (financial assets), wobei dem Kapitalmarkt die Funktion der Allokation von Geldkapital zugewiesen wird[129]. Umstritten bleiben hingegen zwei Aspekte: Erstens, welche Institutionen (Intermediäre,

---

[125] Lipton (1985), 397–423.

[126] Kahn (1970), 20 verwendet eine engere Definition von Regulierung: „the essence of regulation is the explicit replacement of competition with governmental orders as the principal institutional device for ensuring good performance“; zur Unschärfe des Begriffs staatlicher Regulierung Eggertsson (1990), 147: „Any specification by the state of the structure of property rights is, in a sense, regulation“; die Verknüpfung öffentlicher und privater Interessen bei der Regulierungsgestaltung betonen Stigler (1971), 3–21, und Baron (1989), 1349: „Regulation involves governent intervention in markets in response to some normative objective and private interests reflected through politics.“

[127] Für diese Aufgabenzuweisung vgl. General Accounting Office (1983); verschiedene Theorien der Regulierung diskutiert Posner (1974), s.a. die Literaturangaben dort.

[128] Böhm-Bawerk (1921), 16.

[129] Eucken (1954), 124–131.

Abbildung 4:

Ordnungspolitik als Bestandteil der Kapitalmarktpolitik

BEISPIELE

• Aktiengesetz • Börsengesetz • Kreditwesen-gesetz • Gesetz gegen Wettbewerbs-beschränkungen	• Bundesbank-gesetz • Stabilitäts- und Wachstums-gesetz	• Staatliche Emissions- und Dividenen-kontrolle (§§ 795, 808a BGB)	• Offenmarkt-politik der Bundesbank • Kontrolle des Auslandskapi-talverkehrs

Normen, Zahlungs- und Informationssysteme) in die Kapitalmarktdefinitionen eingeschlossen werden[130]; und zweitens, anhand welcher Kriterien die Unterscheidung zwischen Geldmärkten einerseits und Kapitalmärkten andererseits erfolgt[131]. Aufgrund der Vielfalt und Widersprüchlichkeit der existierenden Kapitalmarktbegriffe ist es erforderlich, eine für die vorliegende Untersuchung zweckmäßige Definition zu wählen[132].

Für die ökonomische Analyse von Insiderhandel und Insiderregeln können verschiedene Teilmärkte des Kapitalmarktes untersucht werden. Die Definition des Kapitalmarktes sollte daher in bezug auf deren Relevanz für Insideraktivitäten gewählt werden. Zunächst wird der Kapitalmarkt deshalb nach dem Kriterium der Fristigkeit als Markt für längerfristige Finanzierungsmittel

---

[130] Merton (1992) definiert den Kapitalmarktbegriff relativ eng und schlägt als institutionell umfassenden Begriff „Finanzsystem“ (financial system) vor.

[131] Dannemann (1959), 9.

[132] Albert (1964), 14 hebt die Notwendigkeit der Problemorientierung der Begriffsbestimmung hervor.

und deren Derivate definiert und damit vom Markt für kurzfristige Finanzinstrumente, dem Geldmarkt, abgegrenzt[133]. Zusätzlich sind zwei institutionelle Unterscheidungen erforderlich: Erstens, anhand der Art der gehandelten Finanzmittel, da Insidervorteile in vielen Teilmärkten existieren, jedoch nur in einigen ordnungspolitische Aufmerksamkeit auf sich gezogen haben[134]; zweitens, anhand des Organisationsgrades der Austauschbeziehungen. Als Teilmärkte werden deshalb die Märkte für Aktien, Renten, Derivate, Investmentzertifikate, Kredite, Unternehmensbeteiligungen und steuerbegünstigte Kapitalanlagen unterschieden. Weiterhin können diese Märkte in organisierte und nicht-organisierte Märkte aufgeteilt werden, entsprechend dem Umfang zu dem Kapitalaufbringung und Kapitalverwendung durch staatliche oder privatrechtliche Institutionen geregelt sind. Beispiele für organisierte Teilmärkte sind öffentliche Wertpapierbörsen, Handelsnetzwerke von Banken und Brokerfirmen und regulierte Freiverkehrsmärkte (over-the-counter). Die beschriebenen institutionellen Aspekte üben einen erheblichen Einfluß auf die Risiken der Marktteilnehmer und somit potentiell auch auf ordnungspolitische Aktivitäten in diesen Teilmärkten aus. Eine zusätzliche Unterscheidung kann in funktionaler Sicht erfolgen, indem zwischen Primärmärkten für Neuemissionen und Sekundärmärkten für bereits zirkulierende Wertpapiere unterschieden wird.

3. Aktienmarkt

Der für eine ökonomische Analyse des Insiderhandels wichtigste Teil des Kapitalmarktes ist der sekundäre Aktienmarkt[135]. Die Definition des Aktienmarktes ist terminologisch deutlich weniger umstritten als die des Kapi-

---

[133] Tuchtfeld (1978) und Eucken (1990) systematisieren die Teilmärkte des Kapitalmarktes nach ähnlichen Kriterien. Eine umfangreiche institutionelle Beschreibung des deutschen Kapitalmarktes bieten Kloten / Stein (1993), 1206 – 1282.

[134] Hopt / Will (1973), 51.

[135] Auch andere Märkte bieten grundsätzlich Möglichkeiten für Insideraktivitäten. Märkte für festverzinsliche Wertpapiere: Der Economist (1991), 92 argumentiert, daß Insiderhandel in diesen Märkten aufgrund institutioneller Bedingungen von geringer Bedeutung ist: „If there is one thing murkier than how insider-trading law applies to debt securities, it is the market for those securities. Trading involves only a handful of traders who make the markets and a relatively closed universe of institutional investors"; s.a. Hedlund / Rothe (1991), 17 – 19. Futures Märkte: Grossman (1986), 129 – 145 untersucht Insider Trading auf Futures Märkten und erachtet ein Insiderhandelsverbot auf diesen Märkten für unnötig; s.a. Dinehart (1986). Options-Märkte: Cleeton / Reeder (1987) und Wang (1988) weisen nach, daß Insiderhandel in Optionen potentiell profitabel ist und die Umgehung zahlreicher Insiderhandelsbeschränkungen ermöglicht. Erste empirische Hinweise auf Insideraktivitäten deutschen Terminmärkten bietet Hecker (1993).

talmarktes. Es existieren jedoch unterschiedliche Auffassungen darüber, ob lediglich organisierte Wertpapierbörsen und Freiverkehrsmärkte oder auch Handelsnetzwerke von Finanzintermediären und private Handelssysteme in die Definition eingeschlossen werden sollen. Um Insiderhandel auf Aktienmärkten möglichst weitgehend zu erfassen, erscheint es analytisch zweckmäßig, eine möglichst weite Definition des Aktienmarktes zu wählen . Der Aktienmarkt wird deshalb als die Gesamtheit aller Institutionen definiert, die den Handel mit Anteilsrechten von Aktiengesellschaften unterstützen[136]. Die folgende Analyse der ordnungspolitischen Rahmenbedingungen von Insiderregeln beschränkt sich auf den sekundären Aktienmarkt[137].

II. Ordnungspolitik und Kapitalmarkt

Die Regulierung des Insiderhandels ist ein ordungspolitischer Eingriff in den Kapitalmarkt. Da ein einheitliches Verständnis der Aufgaben staatlicher Ordnungspolitik nicht willkürfrei aus gesellschaftlichen Basiswerten abgeleitet werden kann[138], erfordert die Suche nach Beurteilungskriterien einer Insiderregelung eine Betrachtung der allgemeinen Grundlagen von Kapitalmarkt-Ordnungspolitik. Diese Grundlagen werden zunächst anhand einer funktionsbezogenen Analyse des Kapitalmarktes dargestellt[139].

1. Funktionen des Kapitalmarktes

Die zentrale ökonomische Funktion des Finanzsystems ist die Allokation finanzieller Ressourcen zwischen verschiedenen Akteuren und Zeitperioden unter Bedingungen der Unsicherheit. Zur Erfüllung dieser Funktion ist ein

---

[136] Diese Definition umfaßt: organisierte Wertpapierbörsen, geregelte und ungeregelte Freiverkehrsmärkte, Handelsorganisationen von Intermediären sowie private Handelssysteme.

[137] Zur Vereinfachung der Modellbildung erfolgt die Analyse von Insiderhandel und Insiderregeln in zwei Schritten, zunächst auf einem zentralen („geschlossenen") Wertpapiermarkt und anschließend auf einem fragmentierten („offenen") Markt.

[138] Berg/Cassel (1992), 198–199.

[139] Merton (1992), 3: „In contrast to the institutional perspective, this functional perspective does not posit that existing institutions, whether operating or regulatory, will necessarily be preserved. Instead, its structure rests on two basic premises: 1. financial functions are more stable than financial institutions - that is, functions change less over time and vary less across geographical boundaries; and 2. competition will cause changes in institutional structure to evolve toward greater efficiency in the performance of the financial system"; zur Methodik des funktionalen Analyseansatzes vgl. Merton (1990b).

Zahlungssystem erforderlich und ein Mechanismus, der die Abstimmung der Kapitalkreisläufe von Haushalten und Unternehmen erlaubt[140]. Der Kapitalmarkt ist ein solcher Mechanismus. Durch den Austausch von Vermögensinstrumenten verschiedener Liquidität und Risikoausstattung wird auf dem Kapitalmarkt, direkt oder vermittelt durch Finanzintermediäre, die Übertragung finanzieller Ressourcen von Überschußeinheiten zu Defiziteinheiten ermöglicht (Transformation). Die Preise, die sich auf dem Kapitalmarkt für den Tausch von Geldkapital gegen unsichere zukünftige Zahlungsströme bildet, sind Signale für die relative Knappheit des Kapitals und die von Investoren geforderte Risikoprämie für die Kapitalüberlassung. Preise sind die zentralen Größen, anhand derer Haushalte und Unternehmen ihre einzelwirtschaftlichen Pläne abstimmen (Koordination)[141].

Die Transformation finanzieller Ressourcen und die Koordination einzelwirtschaftlicher Pläne sind Voraussetzungen effizienter Spezialisierung ökonomischer Aktivität nach dem Prinzip des komparativen Vorteils. Die Transformation von Geldkapital erfolgt dabei in dreifacher Hinsicht, in bezug auf Fristigkeit, Losgröße und Risiko.

- Fristigkeitstransformation: Einerseits erfordern zahlreiche Realinvestitionen eine langfristige Kapitalbindung, die den gewünschen Überlassungszeitraum zahlreicher Anleger übersteigt, andererseits kann der gewünschte Überlassungshorizont, beispielsweise beim Rentensparen, größer sein als die reale Investitionsdauer. In beiden Fällen kann durch Intermediäre oder durch auf Märkten gehandelte Finanzinstrumente eine Abstimmung der Fristigkeitspläne erfolgen.
- Losgrößentransformation: Die Unteilbarkeit zahlreicher Realinvestitionen macht regelmäßig die Bündelung (pooling) verschiedener Kapitalquellen erforderlich. Diese Bündelung ermöglicht eine direkte oder durch Finanzintermediäre vermittelte Beteiligung von Haushalten an großen unteilbaren Investitionsprojekten.
- Risikotransformation: Reale Investitionsprojekte sind stets risikobehaftet, während zahlreiche Anleger nur begrenzt bereit sind, finanzielle Risiken einzugehen. Es ist demnach sinnvoll, Finanzierungsinstrumente zu schaffen, die eine Risikoteilung großer Realinvestitionen ermöglichen (risc pooling) und Anlegern die Möglichkeit eröffnen, das Risiko einer Investition untereinander zu teilen (risc sharing). Anlegern wird durch die Schaffung verschiedener Finanzierungsinstrumente außerdem die Möglichkeit

---

140 Merton (1990a), 263.

141 Kloten/Stein (1993), 1206 erläutern die Transformationsfunktion des Kapitalmarktes; s.a. Stiglitz (1981), 244 zur den Funktionen von Kapitalmarktpreisen.

eröffnet, durch Diversifikation das spezifische Risiko von Investitionsprojekten weitgehend zu vermeiden.

Die Koordination der Einzelpläne von Unternehmen und Haushalten erfolgt grundsätzlich über zwei Mechanismen. Erstens, Preise informieren die Marktteilnehmer über die relativen Knappheitsbedingungen des Marktes; zweitens, die Übertragung von Eigentumsrechten an risikoreichen Investitionsprojekten ermöglicht eine Kontrolle des Risikos, das mit der Überlassung von Geldkapital verbunden ist.

- Informationsverbreitung: Als zentrales Problem eines Wirtschaftssystems erkannte bereits Hayek (1945) die Nutzung des Wissens, das keinem einzelnen Marktteilnehmer in seiner Ganzheit zugänglich ist. In einer Marktwirtschaft kann das Preissystem (Wertpapierkurse, Zinsstruktur) als die zentrale Informationsquelle betrachtet werden, welche die Abstimmung einzelwirtschaftlicher Pläne anhand von Knappheitssignalen ermöglicht[142].
- Risikokontrolle: Die ungleichmäßige Verteilung spezifischen Wissens zwischen Anleger (Principal) und Realinvestor (Agent) in bezug auf zukünftige Zahlungsströme aus Investitionsprojekten sind ursächlich für einen Teil des Anlagerisikos. Durch die Übertragung von Kontrollrechten können Investoren die Handlungen ihrer Agenten beeinflussen und die aus Informationsasymmetrien resultierenden Risiken begrenzen[143].

2. Grundlagen der Ordnungspolitik

Die Beurteilung staatlicher Kapitalmarkt-Ordnungspolitik ist ein in öffentlichen und akademischen Diskussionen heftig umstrittenes Thema[144]. Dies ist nicht verwunderlich, da viele ordnungspolitische Maßnahmen neben allokativen auch distributive Konsequenzen haben und somit die Wohlfahrt verschiedener Interessengruppen auf unterschiedliche Weise beeinflussen. Da

---

[142] Fama/Laffer (1971); Stiglitz (1982).

[143] Hayek (1945) nennt spezifisches Wissen „knowledge of praticular circumstances". Auf die Interessendivergenzen zwischen Eigentümern von Investitionsprojekten und Managern weisen bereits Berle/Means (1932) und später Cyert/March (1963) hin; formale Analysen der aus Interessenasymmetrien resultierenden Kosten liefern Jensen/Meckling (1976), 305–360; Fama (1980), 288–307; Demsetz (1983), 375–393; Fama/Jensen (1985), 101–119.

[144] Eine Studie staatlicher Aufgaben auf Real- und Kapitalmärkten bietet Stiglitz (1989a); s.a. die Diskussionsbeiträge dort; vgl. Behrens (1963), Schwartz/Wild (1982).

Ordnungspolitik, wie bereits in Teil B festgestellt, nicht anhand von allgemeinen gesellschaftlichen Basiswerten konkretisiert werden kann, muß sie im politischen Prozeß gestaltet werden. Zum Zweck der Politikberatung ist es dabei sinnvoll und notwendig, Entscheidungshilfen aufgrund theoretischer Modellüberlegungen und empirischer Erkenntnisse zu entwickeln[145].

Die Funktionsfähigkeit des Kapitalmarktes ist wegen ihrer zentralen Bedeutung für die Investitionsfinanzierung und die gesellschaftliche Wohlfahrt der Bezugspunkt einer normativen Beurteilung staatlicher Ordnungspolitik. In der folgenden Diskussion wird deshalb, in Übereinstimmung mit dem Schrifttum, die Förderung und der Schutz der Funktionsfähigkeit des Kapitalmarktes als Anlaß staatlicher Kapitalmarktpolitik betrachtet[146]. Neben der Sicherung der Funktionsfähigkeit werden der Investorenschutz und allgemeine wirtschafts- und sozialpolitische Ziele als Grundlagen der Kapitalmarkt-Ordnungspolitik diskutiert[147]. Die Untersuchung allgemeiner Ziele der Kapitalmarkt-Ordnungspolitik erfolgt anhand von konkreten Unterzielen, die praktisch Mittelcharakter besitzen.

Förderung und der Schutz der Funktionsfähigkeit des Kapitalmarktes

Das erste Oberziel staatlicher Ordnungspolitik ist die Förderung und der Schutz der Funktionsfähigkeit des Kapitalmarktes. Diese Ziel kann anhand der Begründungen rekonstruiert werden, die traditionell für staatliche Interventionen auf Gütermärkten angeführt werden[148]: Erhalt des Wettbewerbs, Vermeidung von Marktversagen und Sicherung der Marktstabilität.

Erhalt des Wettbewerbs: Eine klassische Begründung staatlicher Interventionen auf Märkten ist der Schutz des Wettbewerbs, da dessen Beeinträchti-

---

[145] Giersch (1961), 234–236; Lompe (1972), 134–136; Homann (1988), 262–271; Streit (1991), 314–316.

[146] Die Funktionsfähigkeit des Kapitalmarktes steht im Mittelpunkt zahlreicher präskriptiver Konzepte rechtswissenschaftlicher und ökonomischer Herkunft; s. Giersch (1961), 22; Tuchtfeld (1978), 432–439; Kahn (1979), 1–13; Fischel (1982); Buxbaum/Hopt (1988), 218; Wiegers (1987), 40; Berg (1992), 260.

[147] Den engen Zusammenhang zwischen Funktionsschutz- und Individualschutzzielen erläutert Berg (1992), 260, der verdeutlicht, daß „Wettbewerbspolitik gleichermaßen Sorge dafür zu tragen hat, daß der Wettbewerb als marktwirtschaftliches Anreiz-, Lenkungs- und Kontrollverfahren funktionsfähig bleibt (Institutionsschutz) und daß die individuelle Handlungs- und Entschließungsfreiheit der Marktbeteiligten nicht unangemessen eingeschränkt wird"; vgl. auch Hayek (1960).

[148] Eine Beschreibung dieser Begründungen bieten beispielsweise Breyer (1982), 15–35; Kahn (1988), 2–19; Noll (1989); Behrens (1986); s.a. Berg (1992), 239–300.

Abbildung 5:

Grundlagen staatlicher Kapitalmarkt-Ordnungspolitik

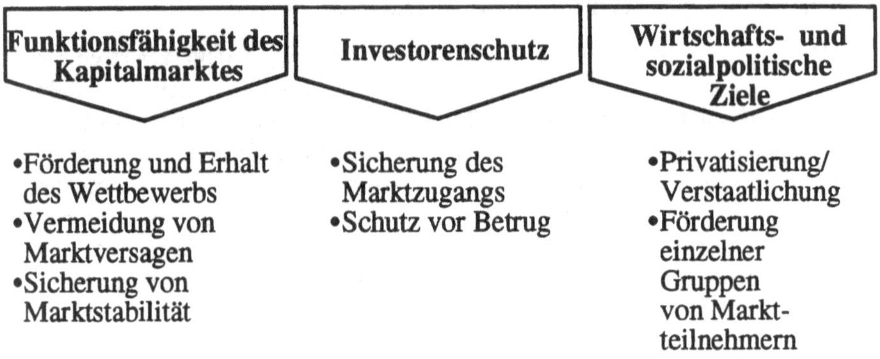

gung zu Angebotsverknappungen, überhöhten Preisen und somit zu gesamtwirtschaftlichen Wohlfahrtsverlusten führen kann[149]. Auf Kapitalmärkten nehmen Wettbewerbsbeeinträchtigungen grundsätzlich drei Formen an: Professionelle Vereinigungen und Verbände, Kartelle und marktbeherrschende Unternehmen.

- Der Zweck professioneller Vereinigungen und Verbände ist die Förderung der Interessen ihrer Mitglieder[150]. Die Gründe für die Organisation von Interessengruppen auf Kapitalmärkten umfassen die Bestimmung einheitlicher Verhaltensregeln, die Förderung und rechtliche Vertretung von Berufsgruppen oder Branchen, Ausbildung oder die gemeinschaftliche Finanzierung von Investitionsprojekten. Neben diesen Aktivitäten können Vereinigungen jedoch auch der Abschöpfung monopolistischer Renten dienen. Beispiele professioneller Vereinigungen auf Wertpapiermärkten sind die Mitgliedsorganisationen öffentlicher Wertpapierbörsen und Händlerverbände.

- Kartelle sind für die Durchführung bestimmter wirtschaftlicher Aktivitäten gegründete Organisationen, die häufig nur eine beschränkte Lebensdauer haben[151]. Sie dienen der gemeinschaftlichen Durchführung kapitalintensiver und risikoreicher Projekte, beispielsweise der Erstplazierung von Wert-

---

[149] Ökonomische Analysen staatlicher Wettbewerbspolitik liefern Posner (1976), Herdizina (1988) und Berg (1992); s.a. die Literaturangaben dort.

[150] Olson (1971), 5.

[151] Für eine detaillierte Typisierung von Kartellen s. Berg (1992), 263–264.

papieren. Ähnlich wie Verbände und Vereinigungen können auch Kartelle zur Monopolisierung von Märkten und Marktsegmenten führen.

- Marktbeherrschende Unternehmen[152] können durch Angebotsverknappung den Marktpreis eines Gutes oder einer Dienstleistung auf ein Niveau bringen, welches das eines kompetitiven Marktes übersteigt. Monopolistische Preise verursachen gesamtwirtschaftliche Wohlfahrtsverluste, wenn die Nachfrage eine negative Funktion des Preises ist.

Zum Erhalt des Wettbewerbs kann Ordnungspolitik darauf ausgerichtet sein, Wettbewerbsbeschränkungen zu vermeiden oder zu reduzieren. Beispiele solcher ordnungspolitischen Eingriffe auf Kapitalmärkten sind das Verbot von Kommissionskartellen auf Wertpapiermärkten, Publizitätspflichten für Unternehmen und Beschränkungen von Unternehmenszusammenschlüssen[153]. Ordnungspolitische Eingriffe dieser Art basieren in Güter- und Kapitalmärkten auf ähnlichen Begründungen.

Vermeidung von Marktversagen: Die Theorie des Marktversagens analysiert die Bedingungen, unter denen kompetitive Märkte eine Pareto-inferiore Ressourcenallokation erzeugen können[154]. Innerhalb der Theorie des Marktversagens werden natürliche Monopole, Externalitäten und unvollständige Information als Gründe Pareto-inferiorer Marktergebnisse betrachtet[155]. Falls diese Bedingungen auf Kapitalmärkten nachweisbar sind, könnte staatliche Ordnungspolitik zur Vermeidung von Marktversagen normativ gerechtfertigt werden[156].

- Natürliche Monopole können in Märkten existieren, die positive Skaleneffekte bei der Produktion von Gütern und Dienstleistungen aufweisen. Diese Skaleneffekte treten klassischerweise in Industrien auf, deren Produktionsprozeß hohe reale Kapitalinvestitionen erfordert, beispielsweise bei der Strom- und Gasversorgung. Diese Skaleneffekte bewirken, daß die

---

[152] Eine mögliche Definition ist die der §§ 22–24b GWB.

[153] Campbell (1982), 373 diskutiert die Aktivitäten der SEC zum Erhalt des Wettbewerbs auf dem US-amerikanischen Kapitalmarkt.

[154] Der klassische Beitrag von Coase (1960) besagt: „The market will only perform rearrangements of rights when the increase in value of production consequent upon the rearrangement is greater than the cost … the legal system may bring about arrangements that would be too costly to be brought about by the market.“

[155] Noll (1989) identifiziert diese drei unterschiedlichen Begründungen für Regulierung aufgrund von Marktversagen.

[156] Entscheidend für die Beantwortung der Frage, ob staatliche Ordnungspolitik tatsächlich in der Lage ist, Marktversagen zu verhindern und die gesellschaftliche Wohlfahrt zu erhöhen, kann nur der Vergleich realer institutioneller Gestaltungsalternativen dienen; Demsetz (1969a), 1–22.

durchschnittlichen Produktionskosten bei steigendem Produktionsvolumen fallen. Der durch diesen Kosteneffekt geschaffene Wettbewerbsvorteil für Produzenten kann zur Monopolisierung einer Industrie führen. Die auf Kapitalmärkten gehandelten Produkte sind jedoch üblicherweise verbriefte oder unverbriefte Anrechte auf zukünftige Zahlungsströme, deren Produktion oder Handel selten hohe Investitionen in reale Produktionsfaktoren erforderlich machen. Kapitalmärkte gelten deshalb als grundsätzlich frei von natürlichen Monopolen[157].

- Externalitäten sind Wirkungen ökonomischer Aktivität, die unvollständig in den privaten Kosten- und Nutzenrechnungen enthalten sind und somit nicht durch das Preissystem des Marktes koordiniert werden. Externalitäten bewirken, daß die gesamtgesellschaftlichen und die einzelwirtschaftlichen Interessen zur Produktion bestimmter Güter systematisch voneinander abweichen. Übersteigt der soziale Nutzen einer ökonomischen Aktivität den privaten Nutzen des Produzenten (positive Externalität), so bedeutet dies häufig, daß die betreffende Leistung unter Wettbewerbsbedingungen unterversorgt wird; ein oft verwendetes Beispiel ist die Bereitstellung von Landesverteidigung (Problematik öffentlicher Güter)[158]. Negative Externalitäten sind üblicherweise durch Produktionsprozesse gekennzeichnet, die schädliche Nebenprodukte oder Risiken erzeugen, deren negative externe Wirkungen nicht in die privaten Kostenrechnungen eingeschlossen sind. Keine dieser Bedingungen gewinnt besondere Relevanz in bezug auf Kapitalmärkte, negative externe Effekte entstehen auf diesen Märkten hauptsächlich aus Marktinstabilitäten. Die Begründung staatlicher Ordnungspolitik durch negative Externalitäten ist daher auf Kapitalmärkten von nachrangiger Bedeutung.
- Probleme unvollständiger Information können auf realen Gütermärkten eine Unterversorgung bestimmter Güter bewirken. Dieses als lemons-Problem bekannte Phänomen tritt insbesondere bei Produkten auf, die große Qualitätsunterschiede aufweisen, die für Käufer nicht, oder nur unter hohen Kosten, vor dem Kauf identifiziert werden können[159]. Käufer, die

---

[157] Campbell (1982), 370; dies bedeutet nicht, daß es in Kapitalmärkten nicht zu Monopolisierungen kommt, natürliche Monopole können jedoch häufig nicht als Ursache monopolistischer Konzentration in Kapitalmärkten angesehen werden. Die klassische Monopolstellung, die nationale Wertpapierbörsen historisch besessen haben, ist durch die Fragmentierung des Wertpapierhandels in modernen Wertpapiermärkten weitgehend verschwunden; vgl. Huang / Stoll (1991).

[158] Mueller (1989), 9–25 präsentiert eine formale Darstellung der Problematik öffentlicher Güter.

[159] Die Bezeichnung „lemons problem" geht auf Akerlof (1970) zurück; vgl. auch Hellwig (1987), 319–325.

die Produktqualität nicht prüfen können, werden lediglich bereit sein, einen Durchschnittspreis für ein bestimmtes Produkt zu zahlen, der die verschiedenen vorhandenen Qualitätsniveaus reflektiert. Die Anbieter von qualitativ hochwertigen Produkten können nicht bereit sein, zu diesem Durchschnittspreis anzubieten, woraufhin der Markt für Qualitätsprodukte zusammenbrechen kann; ein häufig verwendetes Beispiel eines lemons-Marktes ist der Gebrauchtwagenmarkt. Im Gegensatz zu den vorangegangenen Gründen von Marktversagen sind unvollständige oder asymmetrische Informationen, die eine Voraussetzung für die lemons-Problematik sind, nicht nur existent in Kapitalmärkten, sie sind ein Charakteristikum dieser Märkte. Asymmetrische Informationen verursachen jedoch nicht zwangsläufig die beschriebene Unterversorgungsproblematik. Eine weitere Voraussetzung ist, daß ein Markt nicht in ausreichendem Maße Mechanismen hervorbringen kann, die es den Marktteilnehmern ermöglichen, die erforderlichen Qualitätsprüfungen zu niedrigen Kosten durchzuführen. Eine funktionale Betrachtung des Finanzsystems zeigt, daß Kapitalmärkte über zahlreiche Institutionen verfügen, die die Informationskosten der Marktteilnehmer reduzieren[160]. Kapitalmärkte sind nicht frei von lemons-Problemen, aber Informationsasymmetrien können nicht grundsätzlich als Begründung staatlicher Ordnungspolitik betrachtet werden[161].

Ein Mandat für staatliche Kapitalmarkt-Ordnungspolitik kann aus der Theorie des Marktversagens abgeleitet werden, wenn die beschriebenen Institutionen nicht in gewünschter Weise funktionieren und reale institutionelle Gestaltungsalternativen existieren, deren Realisierung zu einer gesellschaftlichen Wohlfahrtssteigerung führen kann[162].

Sicherung der Marktstabilität: Abrupte Störungen des Kapitalmarktes, wie beispielsweise die Krise des US-Aktienmarktes im Oktober 1987, sind extreme Formen des Marktversagens, die erhebliche gesamtwirtschaftliche Kosten verursachen können. Die Begrenzung solcher Störungen, oder die Verminderung ihrer negativen Wirkungen, wird häufig als ein Grund für staatliche Ordnungspolitik angeführt[163].

---

[160] Merton (1992) sieht eine wichtige Aufgabe von Finanzintermediären in der Bereitstellung von Qualitätsinformationen; Kreditbewertungsdienste wie Moodys und die Kreditwürdigkeitsprüfungen von Banken sind Beispiele.

[161] Leland/Pyle (1977), 371–381, und Gennotte/Leland (1990), 999–1021 diskutieren einige regulatorische Maßnahmen, die geeignet sind, Informationsasymmetrien in Kapitalmärkten zu reduzieren.

[162] Deregulierungskommission (1991).

[163] Presidential Task Force on Market Mechanisms (1988), 59–68.

Das erste Oberziel staatlicher Kapitalmarkt-Ordnungspolitik, Schutz der Funktionsfähigkeit, konnte anhand der Theorie des Marktversagens rekonstruiert und konkretisiert werden, obwohl zahlreiche klassische Begründungen interventionistischer Maßnahmen auf Kapitalmärkten von geringer Bedeutung sind. Als Ansatzpunkte potentiell wohlfahrtssteigernder Ordnungspolitik wurden die Vermeidung monopolistischer Marktstrukturen, die Verminderung unvollständiger Informationsverteilungen und die Stabilisierung der Austauschprozesse auf Kapitalmärkten identifiziert.

Investorenschutz

Die zweite Grundlage staatlicher Ordnungspolitik auf Kapitalmärkten ist der Investorenschutz[164]. Die Konkretisierung dieses Schutzprinzips erfordert normative Basiswertentscheidungen bezüglich des Ausmaßes staatlicher Eingriffe in private ökonomische Aktivität. Eine enge Definition des Schutzprinzips auf Wertpapiermärkten umfaßt lediglich staatliche Aktivitäten zur Durchsetzung der gesetzlichen Rahmenbedingungen, die die privaten Austauschbeziehungen auf Gütermärkten regeln; eine weite Definition kann paternalistische Eingriffe umfassen, die bestimmte Gruppen von Marktteilnehmern vor den Folgen ihrer eigenen Handlungen zu schützen versuchen[165]. Im Rahmen dieser Arbeit wird das Investorenschutzprinzip auf zwei Elemente begrenzt: Die Sicherung des Marktzugangs und der Schutz vor Betrug.

Sicherung des Marktzugangs: Der Zugang zum Kapitalmarkt ist die Voraussetzung dafür, daß individuelle Marktteilnehmer von der wohlfahrtssteigernden Transformationsfunktion des Finanzsystems profitieren können. Grundsätzlich soll dabei kein Marktteilnehmer aus Gründen wie ethnischer oder sozio-ökonomischer Gruppenzugehörigkeit von der Marktteilnahme ausgeschlossen werden.

---

[164] Hopt/Will (1973), 46, 123; Schmidt (1970); Schwark (1979); Campbell (1982), 371; General Accounting Office (1983); Buxbaum/Hopt (1988), 280; Berg (1992), 260–261.

[165] Eine anderes Verständnis des Schutzprinzips könnte sein, Investoren auf Wertpapiermärkten vor systematischen Handelsverlusten zu schützen. In der vorliegenden Arbeit wird eine solche Definition als zu umfassend abgelehnt. So untersucht beispielsweise Hartzmark (1991) die Profitabilität privater und professioneller Händler auf neun US-amerikanischen Futures-Märkten zwischen Juli 1977 und Dezember 1981; das Ergebnis seiner Studie „lends little support for the hypothesis that futures traders possess the ability or skill to consistently earn positive profits..." Eine zu weite Definition des Schutzprinzips könnte demnach Anlaß zum Verbot organisierter Futures-Märkten geben, welches sicherlich kaum wünschenswert wäre. Vgl. dazu auch Grossman (1977), 432–499.

Schutz vor Betrug: Der Schutz vor Betrug ist das zweite Element des Investorenschutzprinzips, es gewinnt besondere Bedeutung, wenn Marktteilnehmer über sehr unterschiedliche Kenntnisse und Informationen verfügen. Märkte besitzen eine Reihe von Mechanismen, um die Risiken, die aus asymmetrischen Informationsverteilungen resultieren, zu kontrollieren. Die wichtigsten Mechanismen sind ex-ante-Preisbildung, Verträge und die zivilrechtliche Klage.

- Ex-ante Preisbildung: Das Risiko der Übervorteilung kann grundsätzlich über den Preismechanismus bewältigt werden, dabei reduziert das finanzielle Risiko der Übervorteilung den Preis eines Gutes, so daß rationale Marktteilnehmer beim Erwerb des Gutes keinen wirtschaftlichen Schaden erleiden (ex-ante pricing). Die Voraussetzung einer derart antizipativen Preissetzung ist jedoch, daß die Marktteilnehmer in der Lage sind, die finanziellen Folgen der Übervorteilung vorab schätzen zu können. Diese Voraussetzung ist nicht in allen Segmenten des Kapitalmarktes in gleicher Weise gegeben, insbesondere dort nicht, wo große Unterschiede im Kenntnisstand der Marktteilnehmer existieren.
- Verträge: Der zweite Marktmechanismus, der zur Bewältigung von Übervorteilung in Kapitalmärkten geeignet ist, besteht aus vertraglichen Vereinbarungen, welche die Handlungsfreiheit der Vertragsparteien einschränken, um das Übervorteilungsrisiko zu minimieren (covenants)[166]. Diese Form von Sicherungsverträgen verursacht jedoch Kosten für Entwurf, Kontrolle und Neuverhandlung, die ihre Verwendung beschränken[167].
- Klage: Die zivilrechtliche Klage ist ein weiterer Mechanismus, der Übervorteilungsgefahren reduziert, wenn die geschädigten Parteien Schadenersatz erlangen können[168]. Die offensichtliche Schwäche des (ex-post) Gerichtsverfahrens sind dessen hohe Kosten und die Unsicherheit einer dem entstandenen Schaden angemessenen Kompensation.

Potentielle Diskriminierungsrisiken und die Schwächen der vorhandenen institutionellen Mechanismen zeigen, daß Wettbewerbsprozesse nicht zwangsläufig zu Investorenschutz auf einem erwünschten Niveau führen. Die Sicherung des Zuganges zum Kapitalmarkt und der Schutz von Investoren vor

[166] Grossman (1981a) untersucht die Rolle von Garantien (warranties); Hauch (1987), 115–137 analysiert Probleme der privaten Vertragsgestaltung zur Verminderung von Insiderhandel durch Intermediäre.

[167] Klein/Leffer (1981).

[168] Haßling (1978) und Block/Barton/Babich (1987), 299–317 untersuchen zivilrechtliche Ansprüche im Zusammenhang mit Insideraktivitäten.

Übervorteilung können somit als Grundlage ordnungspolitischer Eingriffe betrachtet werden[169].

Wirtschafts- und sozialpolitische Ziele

Eine weitere Grundlage staatlicher Ordnungspolitik sind die den Kapitalmarkt betreffenden Ziele der Wirtschafts- und Sozialpolitik. Diese Ziele stehen häufig im Zusammenhang mit der Produktion öffentlicher Dienstleistungen (Privatisierung / Verstaatlichung) sowie der Steuer- und Subventionspolitik (Förderung des Investmentsparens, Kreditgarantien, Subventionen). Die detaillierte Rekonstruktion dieser Ziele verschließt sich der vorliegenden Untersuchung[170], grundsätzlich muß das Gewicht der einzelnen wirtschafts- und sozialpolitischen Ziele in einer demokratisch verfaßten Marktwirtschaft durch direkte Wahlentscheidung oder den politischen Prozeß bestimmt werden.

Die diskutierten Grundlagen staatlicher Kapitalmarkt-Ordnungspolitik, Funktionsschutz, Investorenschutz und allgemeine wirtschafts- und sozialpolitische Ziele, stehen in enger Verknüpfung zueinander. Der Förderung der Funktionsfähigkeit des Kapitalmarktes kommt dabei eine besondere Bedeutung zu[171], da ordnungspolitische Maßnahmen nur anhand ihrer Wirkungen auf die Funktionsfähigkeit des Kapitalmarktes sinnvoll beurteilt werden können[172]. Im folgenden Abschnitt werden deshalb einige allgemeine Kriterien für die Beurteilung der Wirkung ordnungspolitischer Maßnahmen auf Kapitalmärkten erörtert.

3. Regelungsmechanismen und Beurteilungskriterien

In Übereinstimmung mit der bisherigen Analyse wird in der ökonomischen Literatur zur Erfolgsbeurteilung der Kapitalmarktpolitik häufig ihr Beitrag zur

---

[169] Easterbrook / Fischel (1991), 315 – 352 diskutieren die Problematik der Bestimmung von „optimal damage".

[170] Eine allgemeine Übersicht bietet Berg (1992), 299; Wiegers (1987), 57 - – 113 beschreibt die kapitalmarktpolitischen Initiativen zur Besserstellung der privaten Kleinanleger in der Bundesrepublik Deutschland zwischen 1950 und 1980.

[171] Giersch (1961), Tuchtfeld (1978), OECD (1988), 21.

[172] Eggertsson (1990), 143 – 149 bietet eine Vielzahl von Beispielen für „unexpected side effects [of] well-intended regulations"; s.a. die Literaturangaben dort.

Förderung der Funktionsfähigkeit des Kapitalmarktes vorgeschlagen[173]. Ähnlich wie für die Beurteilung von Wirtschaftspolitik stehen auch für die Beurteilung der Kapitalmarkt-Politik kaum konkrete Erfolgsmaßstäbe zur Verfügung[174]. Folgende allgemeine Kriterien und Maßstäbe werden in der Literatur vorgeschlagen:

- Büschgen (1971) schlägt die Kongruenz der geplanten Kapitalnachfrage und des geplanten Kapitalangebots „hinsichtlich ihrer quantitativen und qualitativen Komponenten" als Maßstab der Funktionsfähigkeit vor.
- Schmidt (1977) verweist zur Messung der operativen Effizienz von Wertpapiermärkten auf die Zinsspanne zwischen „borrowers' cost of capital and investors' yields"[175].
- Die OECD schlägt in einer Kapitalmarktstudie zur Beurteilung der Leistungsfähigkeit des Kapitalmarktes die Maßgrößen Kapazität, Flexibilität, Stabilität und Kosten vor. „Kapazität" bezieht sich dabei auf das Volumen der gehandelten Kapitalmarktinstrumente und Finanzdienstleistungen; „Flexibilität" bezeichnet die Breite des Angebots; „Stabilität" bezeichnet sowohl die Kontinuität des Angebotes als auch dessen Preisvolatilität; „Kosten" umfassen die des Erwerbs, der Haltung und der Veräußerung von Finanzinstrumenten[176].

Als Kriterien zur Beurteilung der Funktionsfähigkeit des Kapitalmarktes lassen sich demnach lediglich konzeptionelle Maßgrößen identifizieren. Der Vorschlag der OECD deutet jedoch an, daß die Beurteilung der Leistungs- und Funktionsfähigkeit des Kapitalmarktes nicht anhand einzelner Maßgrößen erfolgen kann. Die Verwendung absoluter Maßgrößen für die ordnungspolitische Erfolgskontrolle ist dem entsprechend nicht sinnvoll, da keine der vorgeschlagenen Größen die Funktionsfähigkeit des Kapitalmarktes zufriedenstellend operativ beschreibt[177]. Der absolute Beitrag einer regulatorischen Maßnahme auf eine der genannten Maßgrößen ist nur in Ausnahmefällen bestimmbar. Es scheint daher erforderlich zu sein, Ordnungspolitik in bezug

---

[173] Büschgen (1971); Schimmöller (1975); Schmidt (1977); Wiegers (1987), 40; Tuchtfeld (1978), 436; Schneider (1986) schlägt Ausweichhandlungen vor Regulierungen als Beurteilungskriterium vor.

[174] Die zur Beurteilung von Wirtschaftspolitik vorgeschlagenen Maßkriterien umfassen das Sozialprodukt, das Produktionspotential und den Preisindex; vgl. Ott (1972); Simonis (1980); Berg/Cassel (1992).

[175] Schmidt (1977), 3.

[176] OECD (1967), 217.

[177] Auch Picot/Dietl (1993), 4 lehnen absolute Effizienzkriterien zur Beurteilung der Rahmenbedingungen des Kapitalmarktes ab.

auf die relativen Kosten-Nutzen-Effekte spezifischer Regeln in einem wohldefinierten Teilmarkt zu analysieren[178]. Zur Bestimmung der ordnungspolitischen Rahmenbedingungen von Insiderregeln konzentriert sich die folgende Betrachtung deshalb auf den Wertpapierhandel.

III. Ordnungspolitik und Wertpapierhandel

Staatliche Aufsicht über den Wertpapiermarkt ist ein weithin anerkannter Bestandteil der Kapitalmarkt-Ordnungspolitik; diese Aufsicht umfaßt primäre und sekundäre Märkte[179]. Neue Wertpapiere werden auf primären Wertpapiermärkten plaziert, die Regulierung dieser Märkte umfaßt die öffentliche Emissionskontrolle, Solvenzanforderungen und Publizitätsvorschriften für Emittenten und Intermediäre. Der Handel mit umlaufenden Wertpapieren findet auf sekundären Wertpapiermärkten statt, seine Regulierung erfolgt im Rahmen allgemeiner gesetzlicher Vorschriften weitgehend durch private Institutionen. Private und öffentliche Regulierung umfassen formale Anforderungen für die Marktteilnahme und Verhaltensregeln für Anleger, Realinvestoren und Finanzintermediäre, die Bedingungen der Zulassung von Wertpapieren zum Handel, die Regeln des Handels und der Abwicklung von Transaktionen und die Regeln der Wertpapierverwahrung.

In der Regulierung des Wertpapierhandels sind die ordnungspolitischen Motive des Funktions- und Investorenschutzes eng miteinander verknüpft. Sekundäre Wertpapiermärkte überwiegen primäre in bezug auf ihr Handelsvolumen und ihre Bedeutung für die gesamtwirtschaftliche Aktivität. Sekundäre Aktienmärkte stehen daher im Mittelpunkt der folgenden Analyse, die zunächst die ökonomischen Funktionen des Wertpapierhandels entwickelt und im Anschluß daran die Beurteilungskriterien für staatliche Ordnungspolitik auf Wertpapiermärkten konzeptionalisiert. Nach dieser mikroökonomischen Betrachtung werden die Möglichkeiten und Grenzen der Regulierung des Wertpapierhandels anhand der theoretischen und empirischen Untersuchung realer Regulierungsmaßnahmen analysiert[180].

---

[178] Die Grenzen einer wirtschaftstheoretischen Fundierung staatlicher Eingriffe in Wettbewerbsprozesse analysiert Herdizina (1988), 179–195.

[179] OECD (1988), 21: „In all OECD countries it is viewed as a legitimate function of government to exercise some degree of surveillance over securities-related activities as part of the duty of government to create an environment in which productive economic activities can take place."

[180] Dieses Vorgehen verhindert weitestgehend die Gefahr irrelevanter Paradiesvergleiche anhand theoretischer Modellstudien; Demsetz (1969a), 1–22.

1. Funktionen des Wertpapierhandels

Der Handel mit Wertpapieren ist Bestandteil der Implementierung einer Investitionsentscheidung in Aktien, festverzinslichen Wertpapieren oder Investmentfondanteilen. Auf Wertpapiermärkten erfolgt die Bewertung und Übertragung von Eigentumsrechten an unsicheren zukünftigen Zahlungsströmen und, in vielen Fällen, unmittelbaren oder kontingenten Verfügungsrechten über reale Investitionsprojekte[181]. Im Modell rationaler Erwartungen entspricht der auf einem idealen Wertpapiermarkt ermittelte Kurs eines Wertpapiers dem erwarteten monetären Nutzen, den Anleger durch den Erwerb von Eigentums- und Verfügungsrechten erhalten.

Mikroökonomisch erfüllt der Wertpapierhandel die Funktion der Ermittlung des Preises eines Wertpapiers, zu dem Angebot und Nachfrage ausgeglichen sind[182]. Die linke Seite der *Abbildung 6* zeigt die Verkaufs- und die Ankaufsbereitschaft von Investoren in Abhängigkeit vom Preis des Wertpapiers. In diesem einfachen Modell ist die individuelle Investitionsentscheidung trivial, da der Preis alle Informationen über Veränderungen des Investitionsertrags enthält. Bei steigendem Marktpreis (P_M) erhöht sich die Bereitschaft, das risikobehaftete Wertpapier zu verkaufen, bei fallendem Marktpreis vermindert sich die Verkaufsbereitschaft. Angebot und Nachfrage sind ausgeglichen, wenn der Preis ermittelt ist, zu dem alle umlaufenden risikobehafteten Wertpapiere von Investoren gehalten werden[183].

Mit Hilfe dieses einfachen Modells läßt sich zeigen, daß der Preis eines risikobehafteten Wertpapiers nicht einfach aufgrund eines intrinsischen Wertes, wie beispielsweise dem Barwert der erwarteten Zahlungsströme, gebildet wird: Selbst auf friktionslosen Märkten mit rationalen Erwartungen beeinflussen Angebot und Nachfrage die Preise risikobehafteter Investitionen[184].

---

[181] Baumol (1965), 36: „the price of securities in accord with earnings prospects is precisely what is required for an efficient allocation of capital resources. For if the prices of securities of an operating company did not correspond to its earnings, funds would not flow more readily to firms best able to utilize them."

[182] Diese Funktion kann unter den Bedingungen eines friktionslosen Kapitalmarktes leicht analytisch dargestellt werden: Verfügen risikoaverse und budgetbeschränkte Investoren über gleiche Vermögen, Präferenzen und Informationen, dann werden sie auf einem friktionslosen Markt lediglich einen Teil ihres Vermögens in risikobehafteten Wertpapieren halten, wenn sie zwischen risikofreien und riskobehafteten Anlagen wählen können. Die Nachfragefunktion eines repräsentativen Investors kann analytisch aus seiner Nutzenfunktion abgeleitet werden; s. Ho / Schwartz / Whitcomb (1985) für die Ableitung einer Investor-Nachfragekurve unter Transaktionspreisunsicherheit.

[183] Schwartz (1988), 246.

[184] Sholes (1972), 179–211; Shleifer (1986), 579–590.

Abbildung 6:

Preisermittlung in friktionslosen Wertpapiermärkten

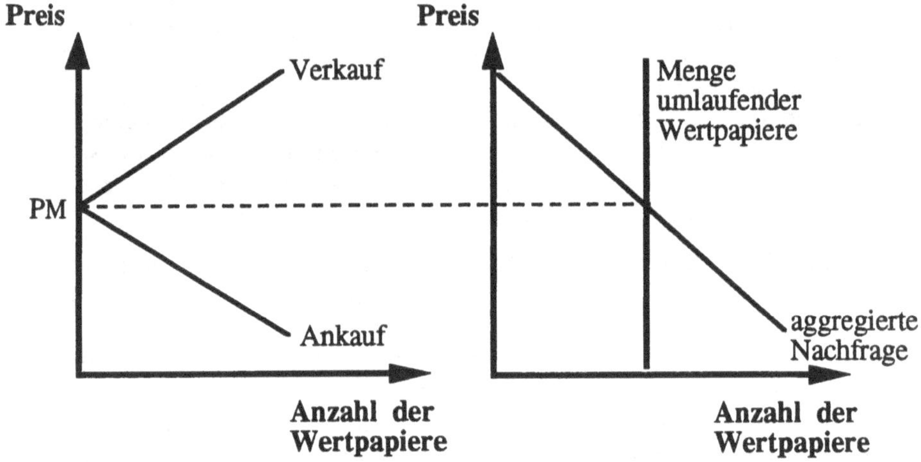

Wertpapierhandel ist auf idealen Märkten jedoch keine ökonomisch von der Investitionsentscheidung separierbare Aktivität, er harmonisiert die verschiedenen Investitionsentscheidungen, ohne Einfluß auf sie auszuüben[185]. Da die ökonomische Signifikanz des Wertpapierhandels erst aus den Friktionen realer Wertpapiermärkte entsteht, lassen sich die Funktionen des Wertpapierhandels auf realen Märkten analog zu denen des Kapitalmarktes darstellen; sie bestehen in der Unterstützung der Abstimmung einzelwirtschaftlicher Pläne (Informationsfunktion) und in der Übertragung von Eigentums- und Verfügungsrechten zur Begrenzung von Investitionsrisiken (Risikokontrollfunktion).

Informationsfunktion: Wertpapierpreise signalisieren Knappheitsbedingungen und ermöglichen dadurch die Abstimmung der individuellen Pläne von Haushalten und Unternehmen.

- Private Haushalte entscheiden aufgrund ihrer Renditeerwartungen, welchen Anteil ihres Vermögens sie in risikobehafteten Anlagen halten. Das Niveau und die Schwankungen der Wertpapierpreise sind zwei der zentralen Größen, die Renditeerwartungen und somit Investitionsentscheidungen rationaler Investoren beeinflussen. Knappe finanzielle Ressourcen werden

[185] Dies gilt auch, wenn die zugrundeliegenden Erwartungen heterogener Natur sind; eine mikroökonomische Analyse des Preisentdeckungsprozesses auf Wertpapiermärkten liefern Schreiber/Schwartz (1985), 19–39.

so durch den Preismechanismus ihrer effizientesten Verwendung zugeführt.

- Die Investitions- und Finanzierungsentscheidungen von Unternehmen werden durch die Preise auf sekundären Wertpapiermärkten beeinflußt; folgende Mechanismen sind dabei von zentraler Bedeutung: Erstens, die sekundären Wertpapierpreise eines Emittenten sind eine wichtige Determinante der Kosten, zu denen der Emittent neues Kapital auf primären Wertpapiermärkten erhalten kann. Grundsätzlich gilt, je mehr die Wertpapierpreise in sekundären Märkten wachsen, desto umfangreicher und kostengünstiger kann Kapital für Neuinvestitionen auf primären Märkten aufgebracht werden[186]. Zweitens, Unternehmen können nur begrenzt Kapital auf Kreditmärkten aufnehmen. Bei Aktiengesellschaften stehen die Begrenzungen der Kreditaufnahme, sowohl in Märkten für festverzinsliche Titel als auch bei Kreditinstituten, in einem engen Zusammenhang mit dem Wert der Aktien auf sekundären Märkten[187]. Drittens, Aktienpreisindices sind Basis zahlreicher Unternehmensentscheidungen, sie bieten eine bessere Grundlage für Prognosen von Konjunkturzyklen, Kapitalkosten und Realinvestitionen als andere ökonomische Größen, einschließlich des Realzinsniveaus[188].

Zur Messung der Qualität, mit der Wertpapierpreise die Informationsfunktion des Kapitalmarktes unterstützen, sind in der empirischen Kapitalmarktforschung verschiedene Tests der Markteffizienz entwickelt worden. Gegenstand dieser Tests ist die Prüfung der Geschwindigkeit und Adäquanz, mit

---

[186] Der negative Preiseffekt von Wertpapieremissionen auf die alten Wertpapiere ist dabei der zentrale den Emissionsumfang beschränkende Faktor; s. Asquith / Mullins (1986), 61–89, Mikkelson / Partch (1986), 31–60 und Mauer / Senbet (1992), 55–79 für empirische Untersuchungen der Relation von Wertpapierpreisen in primären und sekundären Märkten. Fama (1978), 272–284 analysiert in diesem Zusammenhang die Auswirkungen der Finanzierungsentscheidungen von Unternehmen auf den Wohlstand der (alten) Aktionäre.

[187] Zur Verminderung der Principal-Agent-Probleme bei der Kreditvergabe erheben Kreditinstitute häufig Mindestanforderungen an die Eigenkapital / Fremdkapital-Relation. Den Einfluß der Principal-Agent-Probleme auf Finanzierungsentscheidungen von Unternehmen analysieren Meyers (1977); Leland / Pyle (1977); Taggart (1980); Fama (1980); Stiglitz / Weiss (1981); Williamson (1983) und (1985); Mayers / Majluf (1984); Brennan / Kraus (1986) und Dammen / Senbet (1988); s.a. die Literaturangaben dort.

[188] Chen / Roll / Ross (1986); Fischer / Merton (1984), 60: „The stock market is the single most important market in finance. Although firms finance a significant proportion of their investments by debt, stock prices provide the key price signal to managers regarding corporate investment choices"; den Beitrag aggregierter Insiderhandelsdaten zur Prognose realer ökonomischer Aktivität analysieren Glass (1966); Seyhun (1988b) und (1992b).

der neue Informationen in Wertpapierpreisen reflektiert werden. Ausgehend von der Nullhypothese strenger Kapitalmarkteffizienz, unter der alle wertrelevanten Informationen stets in Wertpapierkursen reflektiert werden, wird die Informationseffizienz realer Wertpapierpreise durch Abweichungen zwischen realen und in strengem Sinn effizienten Preisen gemessen[189]. Analytisch kann gezeigt werden, daß in nicht-friktionslosen Wertpapiermärkten die Organisation des Wertpapierhandels den Preisanpassungsprozeß beeinflußt[190].

Risikokontrollfunktion: Durch Eigentums- und Verfügungsrechte können Investoren die Risiken realer Investitionsprojekte begrenzen. Neue Informationen bezüglich der Risiko- und Ertragseigenschaften von Wertpapieren, die sich in Wertpapierkursen ausdrücken, induzieren Erwartungs- und Verhaltensänderungen von Investoren.

- Auf allen Wertpapiermärkten können Investoren auf neue Informationen durch die Veränderung ihrer Portfoliozusammensetzung reagieren. Dabei ist der Verkauf eines Wertpapiers oder die Absicherung gegen weitere Kursverluste eine mögliche Strategie zur Risikobegrenzung (passive Risikokontrolle).
- Die zweite Strategie zur Begrenzung des Investitionsrisikos für Anleger ist die Ausübung der Stimmrechte, um die Investitions- und Finanzierungsentscheidungen von Unternehmen zu beeinflussen (aktive Risikokontrolle). Aktien verfügen häufig über ein unmittelbares Stimmrecht, festverzinsliche Wertpapiere enthalten oftmals ein kontingentes Stimmrecht, das an den Marktwert eines Investitionsprojektes gebunden ist. Sinkt dieser Marktwert so weit, daß das gesamte Eigenkapital aufgezehrt ist, gehen die Eigentums- und Verfügungsrechte auf die Kreditoren über.

Die Organisation des Wertpapierhandels beeinflußt die Kosten, zu denen Investoren ihr Risiko begrenzen können. Grundlage aktiver und passiver Strategien der Risikokontrolle sind die durch Wertpapierpreise verbreiteten Signale der Wertentwicklung realer Investitionsprojekte. Unter den in Wertpapiermärkten vorherrschenden Bedingungen asymmetrischer Informationsverteilung zwischen Investoren (Principals) und Unternehmensführungen (Agents) sind informationseffiziente Wertpapierpreise deshalb für Investoren eine wichtige Kondition der Risikobegrenzung und Leistungsbeeinflus-

---

[189] Fama (1970), 383–417, und (1976); einen Überblick über die neueren empirischen Forschungsergebnisse bieten Black/Jensen/Scholes (1972), Fama (1991), 1575–1617, und LeRoy (1991), 157–168.

[190] Amihud/Mendelson (1987), 533–553, und Schwartz (1988), 249–269, empirische und theoretische Analysen verschiedener Handelssysteme.

sung[191]. Die Grundlagen ordnungspolitischer Eingriffe in den Wertpapierhandel werden deshalb im folgenden Abschnitt in bezug auf ihre Wirkungen auf die Friktionen des Wertpapiermarktes untersucht.

2. Grundlagen der Ordnungspolitik

Die Grundlagen staatlicher Ordnungspolitik auf Kapitalmärkten gelten auch in bezug auf den Wertpapierhandel, der die Funktionen des Kapitalmarktes unterstützt. Der Funktionsschutz des Kapitalmarktes und der Investorenschutz lassen sich als Grundlagen der Ordnungspolitik des Wertpapierhandels jedoch sehr viel stärker konkretisieren als auf dem aggregierten Niveau des Kapitalmarktes. Andere wirtschafts- und sozialpolitische Ziele treten bei der Regulierung des Wertpapierhandels in den Hintergrund[192].

Auf idealen (friktionslosen) Märkten bilden Investoren rationale Erwartungen, so daß Wertpapierpreise zu jeder Zeit alle bewertungsrelevanten Informationen reflektieren. Der Wertpapierhandel hat auf solchen Märkten keinen Einfluß auf die individuellen Investitionsentscheidungen. Die Informations- und Risikokontroll-funktionen des Preissystems sind unter diesen idealen Bedingungen maximal. Reale Wertpapiermärkte sind jedoch weder ideal noch friktionslos. Die wichtigsten Friktionen realer Wertpapiermärkte resultieren aus Transaktionskosten. Direkte Transaktionskosten umfassen die Kosten von Informationsbeschaffung, Kontrahierung, Abwicklung und Wertpapierverwahrung[193]. Indirekte Kosten entstehen durch angebots- und nachfragebedingte Preisveränderungen bei großen Wertpapiertransaktionen[194]; sie sind

---

[191] Wihlborg (1990), 363 betont die Bedeutung informationseffizienter Wertpapierpreisen in bezug auf die kontinuierliche Bewertung nicht-beobachtbarer Vermögenswerte von Unternehmen: „Information about other factors like the value of of intangible assets in a firm and the ability of a firm to remain technologically and managerially competitive over time can be costly to obtain for outsiders and require continuous monitoring"; zum Konzept des „latenten Kapitals" vgl. Brennan (1990), 709–730, und Brennan/Kraus (1986), 1225–1243.

[192] Dennoch existieren zahlreiche konfliktierende präskripive Konzepte für staatliche Eingriffe auf Wertpapiermärkten: Schwartz/Wilde (1979), 630–632 akzeptieren unvollständige Information als Grundlage staatlicher Intervention, wenn Investoren durch den Mangel an Informationen keine optimalen Investitionsentscheidungen treffen können. In Anlehnung an Hirshleifer (1971) vertritt Stout (1988) die widersprechende Auffassung, daß staatliche Aktivität eine Reduktion der Informationsgewinnung auf Wertpapiermärkten herbeiführen sollte.

[193] Kommunikationskosten, Informationskosten, Kommissionen, An-/Verkaufsspannen, Steuern, Depotgebühren.

[194] Shleifer (1986), 579–590; Holthauseen/Leftwich/Mayers (1987) und Kumar/

abhängig vom Umfang und Ausführungszeitpunkt einer Order. Die Höhe indirekter Transaktionskosten ist bei der Orderplazierung unbekannt, sie ist abhängig von der Liquidität des Wertpapiermarktes[195]. Nur Marktteilnehmer, die große Transaktionen aktiv veranlassen, tragen diese liquiditätsbedingten Kosten, passive Marktteilnehmer profitieren von den volumeninduzierten Preisveränderungen.

Bereits unter vereinfachten Modellbedingungen kann daher gezeigt werden, daß Transaktionskosten die Möglichkeiten einer risiko-optimalen Portfoliodiversifikation beschränken, Anleger zur Abgabe diskreter Orders zwingen, das Volumen des Wertpapierhandels reduzieren und die Informationseffizienz der Preise auf Wertpapiermärkten vermindern[196]. Eine Reihe weiterer Friktionen realer Wertpapiermärkte werden im folgenden diskutiert.

- In nicht-friktionslosen Märkten verursacht Transaktionspreisunsicherheit Opportunitätsverluste für Anleger[197]. Das Entscheidungsproblem eines Anlegers, der seine Order spezifizieren muß (Orderpreis, Ordervolumen), ohne zu wissen, zu welchem Preis die Order tatsächlich ausgeführt wird (Transaktionspreis), kann in einem einfachen mikroökonomischen Modell beschrieben werden. Die folgende *Abbildung 7* illustriert den Verlust an Konsumentenrente durch Transaktionspreisunsicherheit[198].

Sarin / Shastr (1992) untersuchen Kursveränderungen am NYSE vor und nach Blocktransaktionen.

[195] Diese Kosten werden als Liquiditätskosten (cost of immediacy) bezeichnet. Die Liquidität eines Marktes wird anhand von drei Aspekten definiert: Erstens, „Tiefe" (depth) beschreibt die Orderdichte nahe dem gegenwärtigen Marktpreis; zweitens, „Breite" (bredth) bezeichnet den Umfang der transaktionskosten-optimalen Ordergröße; drittens, „Elastizität" (resilience) bezieht sich auf die Geschwindigkeit, mit welcher kurzfristig angebots- und nachfragebedingte Preisschwankungen ausgeglichen werden. Mit steigender Tiefe, Breite und Elastizität nimmt die Liquidität eines Marktes zu; vgl. Cohen / Maler / Schwartz / Whitcomb (1979) und (1986), Grossman / Miller (1988); Schwartz (1991), 127.

[196] Für die klassische Modellierung von Transaktionskosten auf Wertpapiermärkten s. Demsetz (1968), 33–53, und Alchian (1969), 109–127; vgl. Schwartz (1988), 247–250, für ein mikroökonomische Analyse der Wirkungen variabler Transaktionskosten; empirische Untersuchungen direkter Transaktionskosten finden sich beispielsweise bei Glosten / Milgrom (1985), 71–100, und Glosten (1987), 1293–1308.

[197] In friktionslosen Märkten mit rationalen Erwartungen existieren keine Opportunitätsverluste, da die Marktteilnehmer kontinuierliche An- und Verkaufsfunktionen als Orders an den Markt geben können, ex-ante Informationen über den Marktpreis sind demgemäß wertlos.

[198] Schwartz (1988), 254.

Abbildung 7:

Verlust von Konsumentenrente durch Transaktionspreisunsicherheit

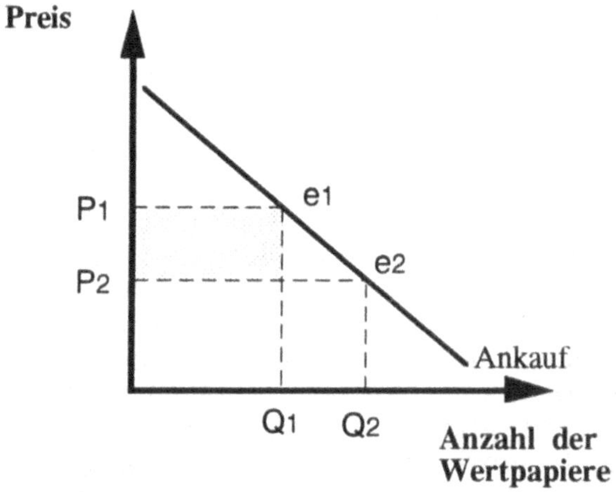

Ein Anleger, der aufgrund von Transaktionskosten nur eine diskrete Anzahl von Limitaufträgen geben kann und unsicher über den Transaktionspreis ist, hat verschiedene Möglichkeiten der Ordergestaltung. Gibt er die beiden Aufträgen $e_1(P_1,Q_1)$ und $e_3(P_2,Q_2-Q_1)$ ab und werden beide zu den Preisen P_1 und P_2 ausgeführt, so verursacht die Order $e_1(P_1,Q_1)$ einen Verlust an Konsumentenrente in Höhe der schraffierten Fläche von $(P_2-P_1)Q_1$. Jede Differenz von Order- und Transaktionspreis verursacht grundsätzlich einen Opportunitätsverlust, dessen Höhe vom Grad der Unsicherheit des Anlegers über den Transaktionspreis und somit der Organisation des Wertpapierhandels abhängig ist[199]. Der Wertpapierhandel unter Unsicherheit impliziert deshalb strategische Anlageentscheidungen; je höher Transaktionskosten und Transaktionspreisunsicherheit sind, desto höher ist der Nutzenentgang des Anlegers.

- Informationsasymmetrien zwischen Marktteilnehmern sind eine weitere Quelle von Friktionen realer Wertpapiermärkte, sie beeinflussen Transaktionskosten und die Bildung von Erwartungen über Transaktionspreise[200]. Asymmetrische Informationen können nur in Märkten existieren,

[199] Bei einem Transaktionspreis von P_2 ist die Einzelorder e_2 (P_2, Q_2) optimal; bei einem Transaktionspreis von P_1 führt die Einzelorder e_2 (P_2, Q_2) zum Verlust der Konsumentenrente (aP_1e_1); s. Schwarz (1988), 249–269 für eine mikroökonomische Analyse der Opportunitätsverluste in verschiedenen Handelsystemen.

[200] Rothschild (1973); Grossman (1976), (1978) und (1981b); George (1988).

in denen bewertungsrelevante Informationen nicht unverzüglich und vollständig in den Preisen risikobehafteter Anlagen reflektiert werden[201]. Informationsunterschiede entstehen grundsätzlich durch Marktteilnehmer, die Ressourcen aufwenden, um neue Informationen vor anderen zu erhalten, oder durch Unterschiede im Zugang zu kursrelevanten Informationen. Diese Informationsasymmetrien können die allgemeinen Transaktionskosten erhöhen, wenn Marktteilnehmer Liquiditätsdienstleistungen (liquidity services) von Handelsintermediären (broker, dealer) in Anspruch nehmen, die Handelsverluste bei Geschäften mit besser informierten Investoren durch höhere Kommissionen und An- / Verkaufsspannen (bid-ask spreads) auffangen[202]. Unterschiede in der Informationsausstattung von Marktteilnehmern beeinflussen außerdem die Bildung rationaler Erwartungen über Transaktionspreise und die Werthaltigkeit finanzieller Anlagen im allgemeinen. Wenn Wertpapierpreise neue Informationen nur zu einem Teil reflektieren, müssen die Marktteilnehmer einschätzen, ob Preisveränderungen „nachhaltig wertbestimmt" oder „kurzfristig angebots- und nachfragebedingt" sind. Die Organisation des Wertpapierhandels hat entscheidenden Einfluß darauf, welche Informationen den nicht-informierten Marktteilnehmern für diese Erwartungsbildung zur Verfügung stehen[203].

- Störungen der Preisbildung auf Wertpapiermärkten (noisy prices) verursachen eine weitere Form von Marktfriktionen, sie sind konzeptionell durch eine Reihe von Theorien rekonstruierbar[204]. Zu den Erklärungsansätzen, die an der Annahme eines rationalen Investorenverhaltens festhalten, zählen ideosynkratische Liquiditätsbedürfnisse von Investoren durch Konsum- und Steuerausgaben sowie Veränderung der Vermögens- und Risikostruk-

[201] Wertpapiermärkte, deren Preise alle neuen Informationen unverzüglich reflektieren, werden als im „strengen Sinn" effizient bezeichnet; zum Konzept der „strong-form efficiency" s. Fama (1970), 383–417. Einen Überblick über die empirischen Tests der Preiseffizienz auf Wertpapiermärkten bietet Fama (1991), 1575–1617; Lang / Litzenberger / Madrigal (1992), 317–348 testen verschiedene Modelle zur Abbildung der Wirkungen asymmetrischer Informationen.

[202] Modellierungen von An- / Verkaufsspannen (bid-ask spread) in Abhängigkeit vom Risiko der Finanzintermediäre liefern Demsetz (1968); Barnea / Logue (1975); Copeland / Gali (1983); Roll (1984); Glosten / Milgrom (1985); empirische Tests: Tinic (1972a) und (1972b); Tinic / West (1974); Benston / Hagerman (1974); Stoll (1978); Amihud / Mendelsohn (1986); Seyhun (1986).

[203] Gennotte / Leland (1990), 999–1021 analysieren anhand der US-Finanzkrise im Oktober 1987, wie sich der beschränkte Zugang zu Handelsdaten auf die Erwartungsbildung von Marktteilnehmern auswirkt; Netter / Mitchel (1989) und Seyhun (1990) untersuchen Insiderhandel im Zusammenhang mit dem Oktober 1987.

[204] Eine frühe Studie des Anpassungsprozesses von Wertpapierpreisen an neue Informationen liefern Fama / Fischer / Jensen / Roll (1969), 1–21.

tur[205]. Unter der Annahme nicht-rationalen Anlegerverhaltens haben sich „bubbles“ und „noise trading“ als Erklärungskonzepte herausgebildet. Bubbles werden als spekulative Überreaktionen bezeichnet, deren Auftreten und Ausmaß nur begrenzt antizipierbar sind. Noise trading wird durch die Existenz nicht-rationaler Handelsstrategien erklärt, die häufig im Zusammenhang mit Fehleinschätzungen der Werthaltigkeit von Anlagen durch Marktteilnehmer stehen[206].

Als mikroökonomische Funktion des Wertpapierhandels wurde der Ausgleich von Angebot und Nachfrage risikobehafteter Anlagen über das Preissystem betrachtet. Die Friktionen realer Wertpapiermärkte sind ursächlich dafür, daß die Organisation des Wertpapierhandels die allokative Effizienz des Kapitalmarktes beeinflußt. Die Reduzierung der adversen Wirkungen der Marktfriktionen auf die Wohlfahrt der Marktteilnehmer und die allokative Effizienz des Kapitalmarktes sind deshalb ein sinnvoller Fokus ordnungspolitischer Maßnahmen auf Wertpapiermärkten[207]. Im folgenden Abschnitt werden empirische Analysen der wichtigsten ordnungspolitischen Regulierungen des Wertpapierhandels diskutiert. Die Studien verwenden eine Vielzahl unterschiedlicher Untersuchungsmethoden und Beurteilungskriterien.

3. Regelungsmechanismen und Beurteilungskriterien

Die Organisation des Wertpapierhandels weist international große Unterschiede auf; ein Teil dieser Unterschiede kann anhand traditioneller nationa-

---

[205] Im Modell rationaler Erwartungen bewirkt die Verminderung der Vermögensposition eines Entscheidungsträgers ein Ansteigen des Koeffizienten seiner absoluten Risikoaversion, die Steigung seiner Nachfragekurve erhöht sich und er hält auf jedem Preisniveau weniger risikobehaftete Wertpapiere; Grossman / Stiglitz (1976) verwenden dieses Modell; zu den dogmatischen Gründen der exklusiven Verwendung von Rationalmodellen: Friedman (1953b); Fama (1965), 34 – 105; Becker (1976), 3 – 14.

[206] Die Bestimmung des relativen Erklärungsgehaltes der verschiedenen Ansätze ist der empirischen Analyse bislang nicht gelungen; irrationale Verhaltensphänomene in Kapitalmärkten analysieren Shiller (1984), 457 – 498; Bondt / Thaler (1985), 793 – 805; Black (1986), 529 – 543; Shiller (1989), 49 – 68; Shleifer / Summers (1990), 19 – 33; DeLong / Shleifer / Summers / Waldmann (1990), 703 – 738, und (1991), 1 – 19; Zeckhauser / Patel / Hendricks (1991), 257 – 287; zusammenfassende Studien empirischer Untersuchungen liefern LeRoy (1991), 157 – 168, und Fama (1991), 1575 – 1617; s.a. die Literaturangaben dort.

[207] Studien, die die Wirkungen der Konkurrenz zwischen informierten Händlern analysieren, umfassen Admati / Pfleiderer (1988a); Amihud / Mendelson (1989), 59 – 85; Gammill (1989) betont die Bedeutung der Marktorganisation für die Höhe der durch asymmetrische Informationen verursachten Kosten.

ler Marktstrukturen erklärt werden[208], ein anderer Teil beruht auf Unterschieden der nationalen Regulierungspräferenzen[209]. Unterschiedliche Regulierungsgestaltung auf Kapitalmärkten und Änderungen von Regulierungen ermöglichen empirische Vergleiche alternativer Institutionensysteme. Da die vorangegangene Analyse der Grundlagen staatlicher Eingriffe auf Wertpapiermärkten keinen Einblick in die Leistungsfähigkeit des ordnungspolitischen Instrumentariums ermöglicht, liefern die folgenden Abschnitte detaillierte Analysen konkreter regulatorischer Maßnahmen.

Etwa seit Mitte der sechziger Jahre ist Ordnungspolitik auf Wertpapiermärkten Gegenstand empirischer Forschung. Die empirischen Untersuchungen verwenden verschiedene Analysemethoden und Beurteilungskriterien und demonstrieren somit die Vielfalt der fruchtbaren Ansätze zur Wirkungsanalyse von Ordnungspolitik. Die empirischen Studien umfassen eine Auswahl der wichtigsten Maßnahmen staatlicher und privater Regulierungen des Wertpapierhandels.

a) Publizitätspflichten

Ein großer Teil der existierenden Regulierungen in Wertpapiermärkten sind Publizitätspflichten für Unternehmen. Das Ziel gesetzlicher Publizitätspflichten ist es, wertrelevante Unternehmensnachrichten schneller einem möglichst breiten Investorenkreis zugänglich zu machen. Die Publizitätspflicht soll durch eine Erhöhung der Preiseffizienz dem Investorenschutz und dem Funktionsschutz gleichermaßen dienen[210]. Unklar ist, ob Publizitätspflichen Investoren tatsächlich wertvolle Informationen verschaffen oder ob sie private Anreize zur Informationsgewinnung vermindern und von anderen Medien erfaßte Informationen replizieren[211]. Empirische Studien in verschiedenen Ländern haben versucht, die Wirkungen von Publizitätspflichten zu klären.

- Eine frühe Studie der Publizitätsvorschriften des US-amerikanischen Securities Act von 1933 liefert Stigler (1964). Der Securities Act von 1933

---

[208] Buxbaum / Hopt (1988), 218.

[209] Whitcomb (1985) und Huang / Stoll (1991) untersuchen internationale Unterschiede der Organisation und Regulierung von Wertpapiermärkten.

[210] Die klassische ökonomische Konzeptionalisierung von Informationskosten liefert Stigler (1961), 213–225; Easterbrook / Fischel (1991), 255–257, und Assmann (1992) heben die Bedeutung von Publizitätspflichen für die Informationskosten von Aktionäre hervor.

[211] Marshall (1974), 373–390.

verpflichtet Unternehmen, vor jeder Plazierung von Wertpapieren auf primären Märkten eine Emissionsnotiz und einen Prospekt zu veröffentlichen. Stigler (1964) untersucht die Renditen junger Industrieaktien vor der Publizitätspflicht, zwischen 1923 und 1928, und nach der Publizitätspflicht, zwischen 1949 und 1955. Seine Zeitreihenanalyse zeigt, daß nach einer Korrektur der Renditen um die Marktschwankungen innerhalb der beiden Perioden keine signifikanten Unterschiede in der Wertentwicklung zwischen dem Emissionszeitpunkt und den fünf nachfolgenden Jahren nachweisbar sind. Stiglers Schlußfolgerung, daß die Publizitätspflicht die Qualität der Emissionen nicht erhöht hat, wurde in einer Reihe nachfolgender Studien kritisiert[212]. Neuere Untersuchungen haben seine Ergebnisse jedoch weitgehend bestätigt, lediglich eine Reduktion der Ertragsvarianzen, für die eine breitere Verfügbarkeit wertrelevanter Informationen vor der Emission ursächlich sein könnte, wird von Simon (1989) nachgewiesen[213].

- Die periodischen Publizitätsvorschriften des US-Securities Exchange Act von 1934 werden in zwei Studien von Ball/Brown (1968) und Benston (1969) untersucht. Der Securities Exchange Act verpflichtet Unternehmen, deren Wertpapiere auf sekundären Märkten gehandelt werden, zur Abgabe von jährlichen, halbjährlichen und monatlichen Berichten, die neben Jahresabschlußdaten sämtliche bewertungsrelevanten Unternehmensnachrichten enthalten müssen. Ball/Brown (1968) untersuchen nach der event-study-Methodik die Jahresabschlußberichte einer Stichprobe von Unternehmen, die zwischen 1957 und 1965 am New York Stock Exchange (NYSE) gehandelt wurden. Benston (1969) verwendet ein ökonometrisches Modell, um Wertpapierkursveränderungen von NYSE-Unternehmen zu analysieren, die im Jahr 1965 Berichte aufgrund des Securities Exchange Act abgegeben hatten. Beide Studien kommen zu dem Ergebnis, daß die Berichte zwar einen hohen Informationsgehalt aufwiesen, ihre Veröffentlichung dennoch keinen signifikanten Einfluß auf Wertpapierkurse ausübte, da die neuen Informationen zum Veröffentlichungszeitpunkt bereits in den Kursen berücksichtigt waren[214].

---

[212] Friend/Herman (1964), 382–405; Robbins/Werner (1964), 406–413; s.a. Friend/Westerfield (1975), 467–472; Simon (1989), 295–318.

[213] Jarrell (1981) bestätigt Stiglers Ergebnisse.

[214] Benston (1969) weist lediglich geringe statistische Korrellationen der Veränderungsrate der veröffentlichen Daten und der Veränderungsrate der Aktienkurse nach; Benston (1973) zeigt ähnlich insignifikante Wirkungen der Veröffentlichungspflichten des Securities Exchange Acts von 1934 in bezug auf historische Umsatzdaten von NYSE-Unternehmen; siehe auch Beaver (1968), 67–92.

- Hawawini/Michel (1987) untersuchen die Wirkungen des belgischen Publizitätsgesetzes von 1976[215], das zusätzliche Veröffentlichungs- und Bewertungsregeln für Aktiengesellschaften enthält. Gegenstand der Studie ist die Analyse der Wirkungen verschiedener Regulierungsintensitäten. Aus einer Stichprobe von 100 Unternehmen werden zwei Gruppen von Gesellschaften unterschieden, solche, die bereits vor Inkrafttreten des Gesetzes die geforderten Daten freiwillig publizierten, und solche, die die Daten erstmalig nach Inkrafttreten des Gesetzes veröffentlichten. Der Vergleich der Durchschnittserträge, der Ertragsvariabilität und des systematischen Risikos zeigt keine statistisch signifikanten Unterschiede zwischen den beiden Gruppen von Gesellschaften. Hawawini/Michel (1987) weisen außerdem nach, daß die Preiskorrekturen infolge unerwartet negativer Unternehmensergebnisse vollständig vor dem durch das Publizitätsgesetz geforderten Veröffentlichungszeitpunkt erfolgten. Beide Ergebnisse zeigen, daß das Publizitätsgesetz von 1976 keinen wesentlichen Einfluß auf die Infomationseffizienz der belgischen Aktienkurse ausübt.

Die empirischen Studien verwenden verschiedene indirekte Kriterien, häufig Kurs- und Ertragsvarianzen, zur Beurteilung des Nutzens von Publizitätsvorschriften. Die verminderte Variabilität der Aktienerträge, die Simon (1989) feststellt, ist einer der wenigen empirischen Hinweise auf die erwünschte Erhöhung der Preiseffizienz durch gesetzliche Publizitätsvorschriften. Der überwiegende Teil der empirischen Untersuchungen gibt Anlaß zur Annahme, daß Publizitätsvorschriften wenig zur Verminderung von Kurs- und Ertragsvarianzen beitragen. Als Kriterien zur Beurteilung von Publizitätsvorschriften sind diese Varianzen jedoch nur begrenzt geeignet. Unklar bleibt, welchen Einfluß die Vorschriften auf die Qualität und die Kosten der Informationen haben, die Investoren aus anderen Medien beziehen. Ein positiver Beitrag der Publizitätsvorschriften zur Förderung der ordnungspolitischen Funktions- und Investorenschutzziele könnte trotz schwacher empirischer Evidenz existieren. So argumentieren beispielsweise Gilson/Kraakman (1984) und Healy/Palepu (1991), daß der Einfluß gesetzlicher Publizitätsvorschriften auf die Effizienz der verschiedenen Informationsmechanismen auf Kapitalmärkten zwar schwierig empirisch nachweisbar, aber dennoch von erheblicher Bedeutung sei[216].

---

[215] Royal Decree on Accounting Standards and Financial Reporting.

[216] Manne (1966); Friend/Westerfield (1975), 467–472; Easterbrook/Fischel (1984), 714; Herzel/Shepro (1988), 179–195.

b) Spekulationssteuern

Die Besteuerung von Handelstransaktionen auf Wertpapiermärkten zur Verminderung destabilisierender Spekulation ist, ähnlich wie Handelsunterbrechungen und Margen-Regulierungen, stark umstritten[217]. Summers (1991) befürwortet eine Transaktionssteuer, da sie ein Steueraufkommen erzeugen, destabilisierende Spekulation verringern und langfristige Wertpapierinvestitionen fördern könnte. Scholes (1991), Vishny (1991) und Stein (1991) stellen die positiven Wirkungen einer Transaktionssteuer in Zweifel, da diese die Kapitalkosten der Unternehmen erhöhen, die Liquidität und das Preisniveau von Wertpapieren senken und die Informationseffizienz der Wertpapiermärkte senken könnte. Systematische empirische Untersuchungen von Transaktionssteuern existieren nicht, empirische Argumente für und gegen die Besteuerung basieren auf Wirkungsvergleichen mit ähnlichen Steuerarten.

- Summers (1991) führt Vergleiche mit anderen Industriestaaten an, in denen Transaktionssteuern in unterschiedlicher Form existieren, um die Akzeptanz der Steuerart hervorzuheben. Die negativen Wirkungen der Steuer auf die Kosten der Unternehmensfinanzierung könnten, so Summers, durch eine der Zusatzbelastung entsprechende Reduktion der Ertagssteuern begrenzt werden.
- Scholes (1991) und Vishny (1991) argumentieren, daß die Steuer als Transaktionskostenbestandteil die Friktionen des Wertpapiermarktes erhöhen würde. Scholes (1991) beruft sich dabei auf empirische Untersuchungen von Amihud/Mendelson (1987), die eine negative Beziehung zwischen Marktliquidität und Transaktionskosten nachweisen.

Die Untersuchungen der Wirksamkeit einer Transaktionssteuer zur Verminderung destabilisierender Spekulation illustrieren wenig mehr als die Komplexität eines derartigen Steuermechanismus[218]. Hinweise für die Gestaltung einer Ordnungspolitik im öffentlichen Interesse sind aus ihnen bisher nicht ableitbar, da eine systematische theoretische Modellierung und empirische Prüfungen der Regulierungswirkungen bisher fehlen. Die Erfolgsbeurteilung einer Transaktionssteuer ist deshalb derzeit kaum möglich. Da ihre Wirkungen auf zahlreiche relevante ökonomische Größen unbeobachtbar sind,

---

[217] Stein (1987); Stiglitz (1989b), 101–115; Ross (1989), 117–120; Summers (1991), 138–149; Scholes (1991), 150–157; Stein (1991), 167–169; eine umfangreiche theoretische Analyse der Wirkungen von Spekulation auf Güterpreise und Währungskurse bietet Steinmann (1970), 32–67.

[218] Constantinides (1984), 65–89 analysiert den Einfluß von Steuern auf individuelle Handelsentscheidungen auf Wertpapiermärkten.

ist auch die Möglichkeit einer evolutorischen Verbesserung der Steuergestaltung anhand von Feedbackinformationen begrenzt (trial and error)[219].

c) Handelsunterbrechungen

Die Suspendierung des Handels bestimmter Wertpapiere für einen begrenzten Zeitraum ist ein in organisierten Wertpapiermärkten häufig verwendetes Instrument, um die Verbreitung wertrelevanter Informationen von besonderer Bedeutung zu ermöglichen und eine durch kurzfristige Informationsunterschiede verzerrte Preisbildung zu unterbinden. Während der Handelsunterbrechung sollen Informationsdifferenzen zwischen Marktteilnehmern ausgeglichen werden, um die Gefahren der Preismanipulation und eines Marktzusammenbruchs zu vermindern[220]. Eine Reihe empirischer Studien hat die Wirkungen von Handelsunterbrechungen untersucht.

- Die Wirksamkeit von Handelsunterbrechungen auf dem kanadischen Aktienmarkt analysiert Kryzanowski (1978). Die statistische Analyse einer Stichprobe von 34 Aktienwerten, deren Handel aufgrund vermuteter Preismanipulationen zwischen 1967 und 1973 ausgesetzt wurde, zeigt, daß ein großer Teil der Kursveränderungen vor der Unterbrechung des Handels erfolgte. Nach Wiederaufnahme des Handels konnte eine Glättung der Kurse nachgewiesen werden. Das Ergebnis deutet darauf hin, daß die Handelsunterbrechungen anormales Preisverhalten unter Umständen vermindern, nicht aber vermeiden konnten.
- Eine Untersuchung von Handelsunterbrechungen zwischen 1959 und 1979 auf dem US-Wertpapiermarkt liefern Howe/Schlarbaum (1986). Ihre Studie von 49 Aktienwerten zeigt, daß starke Preisveränderungen nicht nur vor, sondern auch nach Handelsunterbrechungen nachweisbar sind. Dieses Ergebnis zeigt, daß die Handelsunterbrechungen nicht nur mit Verspätung einsetzen, sondern den Informationsanpassungsprozeß nicht vollständig zu erfassen vermögen.
- Handelsunterbrechungen am London Stock Exchange (LSE) und an der Amsterdamse Effektenbeurs (AEB) untersucht Kabir (1990). Am LSE werden Handelsunterbrechungen von 364 Aktienwerten zwischen 1971 und 1988 analysiert, an der AEB werden 112 Aktienwerte zwischen 1983 und 1988 betrachtet. Ähnlich wie die vorangegangenen Studien zeigt auch

---

[219] Stigler (1964), 117–142.

[220] Vgl. die Untersuchungsergebnisse der Presidential Task Force on Market Mechanisms (1988), 66–67; Hopewell/Schwartz (1987), 1355–1373; Harris (1990), 35–40.

Kabir (1990), daß ein großer Teil der Preisveränderungen an beiden Börsen vor Handelssupendierungen erfolgt. Zusätzlich lassen sich am LSE noch Monate nach den Handelsunterbrechungen anormale Aktienerträge nachweisen. Die Ergebnisse bieten weitere Hinweise dafür, daß die Handelsunterbrechungen nicht rechtzeitig erfolgen und darüber hinaus die Informationsverbreitung während der Suspendierung unvollständig bleibt.

Die empirischen Untersuchungen des Preisanpassungsprozesses zeigen, daß Handelsunterbrechungen nicht geeignet sind, anormales Preisverhalten zu unterbinden. Die Frage, ob die administrativen Handelssuspendierungen zu einer effizienteren Preisbildung führen, kann aufgrund der existierenden empirischen Erkenntnisse nicht abschließend beurteilt werden. Die Ergebnisse demonstrieren lediglich den begrenzten Einfluß der Handelsunterbrechungen auf die Aktienkursbildung. Die Wirksamkeit von Handelssuspendierungen für eine Verbesserung der Preisanpassung bleibt dabei umstritten[221]. Durch die Untersuchungsmethodik bedingt bleibt jedoch unklar, ob die Preisanpassungen unter bestimmten Bedingungen schneller ohne Suspendierung oder mit anderen Suspendierungsperioden erfolgen könnten[222].

d) Margen-Regulierungen

In zahlreichen Kapitalmärkten ist der Erwerb von Wertpapieren durch Margenanforderungen beschränkt. Diese Regulierung beschränkt die Fähigkeit von Finanzintermediären, ihren Kunden Kredite zum Kauf von Wertpapieren nach eigenem Ermessen einzuräumen. Ein bestimmter Anteil der durch den Intermediär erworbenen Wertpapiere muß demnach mit Barmitteln erworben werden, dieser Teil dient als Sicherheit für den kreditfinanzierten Teil der Transaktionen. Ziel der Margen-Regulierung ist, das Kreditvolumen für Wertpapierkäufe zu beschränken, Marktteilnehmer von übermäßiger Verschuldung und Risikoübernahme abzuhalten und die Volatilität von Wertpapierkursen zu reduzieren[223]. Die folgenden empirischen Untersuchungen

---

[221] Greenwald / Stein (1991), 443 – 462.

[222] Hopewell / Schwartz (1978), 1355 – 1373, und Gerety / Mulherin (1992), 1765 – 1784 bezweifeln den Nutzen von Handelsunterbrechungen für die effiziente Preisbildung; Greenwald / Stein (1991), 443 – 462 betonen mögliche Vorteile von circuit-breaker-Mechanismen, wenn sie richtig entworfen und implementiert werden können; vgl. auch die Literaturangaben dort. Für eine klassische Diskussion der Probleme der Gestaltung und Implementierung regulativer Mechanismen s. Stigler (1964), 117 – 142.

[223] Presidential Task Force on Market Mechanisms (1988), 64 – 66; Kabir (1990), 23; Hsieh / Miller (1990), 3 – 29.

vergleichen die Entwicklung des Preisverhaltens und des Handelsvolumens vor und nach veränderten Margen-Regulierungen.

- Largay / West (1973) untersuchen mit Hilfe der event-study-Methodik die Änderungen von Margen-Regulierungen in den USA zwischen 1933 und 1966. Sie stellen keine statistisch signifikante Veränderung des Aktienkursverhaltens in den auf die Margenänderung folgenden Perioden fest. Ihre Schlußfolgerung ist daher, daß Margen-Regulierungen keinen meßbaren Einfluß auf Investorverhalten und Preisbildung haben[224].

- Salinger (1989) analysiert US-Margen-Regulierungen zwischen 1926 und 1987; seine Untersuchung ergibt, daß eine Reduktion von Kursvolatilität durch Margen-Regulierungen empirisch nicht nachweisbar ist[225].

- Zwei spätere empirische Untersuchungen haben zu abweichenden Ergebnissen geführt. Hardouvelis (1990) weist auf der Basis von US-Daten der vergangenen 60 Jahre eine statistisch signifikante Beziehung zwischen Erhöhungen der Margenanforderungen und verminderter jährlicher Aktienkursvolatilität nach. Die Handelsunterbrechungen an der Börse in Tokyo zwischen 1951 und 1987 untersuchen Hardouvelis / Peristiani (1992). Ihre Ergebnisse zeigen eine negative Beziehung zwischen Margenhöhe einerseits und dem Gesamthandelsvolumen, dem Margen-Kreditvolumen und dem margenfinanzierten Handelsvolumen andererseits. In Japan, so das Ergebnis der Studie, werden Margen-Regulierungen wirksam verwendet, um die Kreditvergabe und das Handelsvolumen zu vermindern.

Die Studien verwenden Veränderungen der Aktienkursvolatilität und des Handelsvolumens als Maßgrößen zur Beurteilung der Wirksamkeit von Margen-Regulierungen. Die Mehrzahl der Untersuchungen zeigt, daß Margen-Regulierungen auf US-Wertpapiermärkten einen geringen Einfluß auf die Volatilität der Wertpapierpreise und das Investorenverhalten ausüben. Auf dem japanischen Aktienmarkt hingegen wurde eine höhere Wirksamkeit von Margen-Regulierungen nachgewiesen. Aktienkursvolatilität und Handelsvolumenveränderungen bleiben jedoch schwache Maßgrößen für die Wirkungsbeurteilung von Margen-Regulierungen, da unklar bleibt, welchen Einfluß die Regulierung auf die Struktur des Wertpapierhandels hat. Keine der empirischen Studien konnte bisher nachweisen, ob Margen-Regulierungen hauptsächlich trendverstärkend-spekulativen Handel oder lediglich das Gesamt-

---

[224] Die Ergebnisse von Grube / Joy / Panton (1979), Roll (1989) und Hsieh / Miller (1990) unterstützen die Hypothese, daß Margen-Regulierungen keine nachweisbaren Auswirkungen auf die Preisbildung haben.

[225] Roll (1989) bestätigt dieses Ergebnis: „trading halts caused by limits seem to have no impact on true volatility."

handelsvolumen vermindern. Diese Differenzierung ist jedoch von zentraler Bedeutung für die Bewertung des Nutzens von Margen-Regulierungen[226].

e) Marktstruktur-Regeln

Publizitätspflichten, Spekulationssteuern, Margen-Regulierungen und Handelsunterbrechungen sind vier der wichtigsten Aktivitäten staatlicher Ordnungspolitik auf Wertpapiermärkten[227]. Die Regulierungsmechanismen des Wertpapierhandels umfassen eine Anzahl weiterer Regeln, deren Gestaltung und Durchsetzung, nationalen Regulierungspräferenzen entsprechend, entweder öffentlichen oder privatrechtlichen Organisationen überlassen ist[228]. Die wichtigsten Regeln dieser Gruppe betreffen die Marktstruktur: Die Konzentration des Handels in einem zentralen Markt, die Organisation des Handels als Auktions- oder Händlermarkt, kontinuierliche oder periodische Gestaltung der Auktion und die Veröffentlichung der Transaktionsdaten.

- Angebot und Nachfrage sind zwei der wichtigsten, die operative Effizienz von Wertpapiermärkten bestimmenden Faktoren. Verteilen sich Angebot und Nachfrage auf verschiedene Märkte, kann der Liquiditätsverlust in den Einzelmärkten die Transaktionskosten aller Marktteilnehmer erhöhen. Die Vermeidung der negativen Wirkungen der Fragmentierung von Angebot und Nachfrage ist daher ein zentrales regulatorisches Interesse auf Wertpapiermärkten[229]. Marktfragmentierung entsteht aus der Konkurrenz verschiedener Handelsplätze (organisierte Wertpapierbörsen, Freiverkehr, Handelsnetzwerke internationaler Broker) und Produkte (Cash-Produkte, Derivate). Grundsätzlich lassen sich vier Regulierungsalternativen für fragmentierte Märkte unterscheiden[230]: Erstens, Handelsverpflichtung im zentralen Markt; zweitens, dezentraler Handel mit institutionalisierten

---

[226] Zum Begriff der preisstabilisierenden Spekulation s. Steinmann (1970), 32–36; Hardouvelis/Peristiani (1992), 1369 hypothetisieren, daß Margen-Regulierungen destabilisierende Spekulation auf Wertpapiermärkten reduzieren.

[227] Analysen dieser regulatorischen Aktivitäten der SEC finden sich bei Campbell (1982), 387–409; General Accountig Office (1983); Schwartz (1988), 478–511; vgl. auch die Literaturangaben dort.

[228] Vergleiche der Handels- und Regulierungsstruktur internationaler Wertpapiermärkte liefern Schmidt (1977), 46–302; Whitcomb (1985), 237–255; Cohen/Maler/Schwartz/Whitcomb (1986); Pagano/Roell (1990a); Huang/Stoll (1991); Schwartz (1991), 22–116; Stoll (1992), 75–107.

[229] Schmidt (1977), 303–407 analysiert die Wirkungen der Fragmentierung sekundärer Wertpapiermärkte.

[230] Whitcomb (1985), 237–255; Stoll (1992), 75–107.

Marktverknüpfungen; drittens, dezentraler Handel mit zentraler Meldepflicht; und viertens, unbeschränkt-dezentraler Handel. Inwieweit diese Regulierungsalternativen überhaupt durchführbar sind, ist von dem Einfluß abhängig, den private und öffentliche Regulierung auf den Wertpapierhandel nehmen kann. Die Begrenzung der Fragmentierung von Wertpapiermärkten durch Ordnungspolitik ist von mehreren Faktoren abhängig; von zentraler Bedeutung sind Automatisierung, Institutionalisierung und Internationalisierung. Systematische empirische Studien des Einflusses dieser Faktoren auf staatliche Ordnungspolitik existieren nicht, dennoch lassen sich die folgenden empirischen Erkenntnisse festgehalten:

- Mit der Automatisierung des Handels steigt die Fragmentierung der Wertpapiermärkte, da die klassischen Konkurrenzvorteile zentraler Märkte erodieren: Erstens sind Handelsinformationen auf allen Märkten nahezu zeitgleich verfügbar; zweitens können durch die elektronische Verknüpfung von Handelssystemen häufig einheitliche Transaktionspreise garantiert werden[231]. Gleichzeitig verringern sich durch Automatisierung die negativen Wirkungen der Marktfragmentierung, namentlich Liquiditätsverluste und Verletzungen der Handelsprioritäten (Preis, Zeit, Volumen)[232].

- Die Institutionalisierung des Wertpapierhandels bezeichnet die wachsende Beteiligung institutioneller Investoren und international operierender Intermediäre am Wertpapierhandel. Die langfristigen Auswirkungen dieses Trends auf die Organisation und Struktur des Wertpapiermarktes sind kaum absehbar[233]. Institutionelle Investoren sind langfristige Anleger, die selten aus Liquiditätsgründen oder aufgrund von Informationsvorteilen handeln[234]; sie sind kostenbewußt und schließen ihre Transaktionen häufig mit einer kleinen Anzahl internationaler Broker ab, die in der Lage sind, Blocktransaktionen weitgehend unabhängig

[231] Die entsprechende Regulierungsinitiative der SEC in den USA ist das „National Market System"; vgl. Amihud/Mendelson (1989) und Fabozzi/Modigliani (1992), 239–241.

[232] Black (1971), 29–34; Amihund/Mendelson (1989), 59–85; Fabozzi/Modigliani (1992), 230–232; Stoll (1992), 75–107; Lucas/Schwartz (1988) enthält weitere relevante Einzelbeiträge.

[233] Sametz (1991), 3–33; Jones/Lehn/Mulherin (1991), 115–127, und den Kommentar von Vishny (1991), 159–162.

[234] Zahlreiche Studien dokumenteren das Investitionsverhalten institutioneller Investoren: Jensen (1968), 389–416, und (1969), 167–242; Beebower/Bergstrom (1977); Chang/Lewellen (1984), 57–72; Hendriksson (1984), 73–96; Ippolito/Turner (1987), 16–26; Berkowitz/Finney/Logue (1988); Ippolito (1989), 1–23; Grinsblatt/Titman (1989), 393–416; Fama (1991), 1575–1617, Euromoney (1992).

von regionalen Handelsplätzen über ihre Handelsnetzwerke abzuwickeln[235].

- Die zunehmende Internationalisierung des Wertpapierhandels steht in engem Zusammenhang mit der erhöhten Bedeutung institutioneller Investoren[236]: Erstens verfügen institutionelle Investoren über das Kapital und die Managementkapazität, die Vorteile internationaler Portfoliodiversifikation zu nutzen; zweitens sind infolge des stark angestiegenen internationalen Kapitalverkehrs die Kosten grenzüberschreitender Investitionen gesunken; drittens hat das Wachstum der Märkte für Derivate zu erhöhter Flexibilität und verminderten Absicherungskosten geführt[237]; viertens hat der London Stock Exchange mit SEAQ-International ein kostengünstiges Handelssystem etabliert, das in direkter Konkurrenz mit nationalen Aktienmärkten in Europa steht[238]. Der Grad der Internationalisierung des Wertpapierhandels ist national unterschiedlich und eine Funktion zahlreicher Faktoren, von denen relative Transaktionskosten, Standortfaktoren und die Besitzverhältnisse der nationalen Aktiengesellschaften mit großer Wahrscheinlichkeit von zentraler Bedeutung sind[239].

Der technologische und institutionelle Strukturwandel der Wertpapiermärkte begrenzt die Wirksamkeit ordnungspolitischer Maßnahmen. Wenn Unternehmen und Investoren zunehmend zwischen verschiedenen nationalen Regulierungssystemen wählen können, reduzieren sich jedoch tendenziell auch die negativen allokativen Wirkungen technologisch und organisatorisch rückständiger Wertpapiermärkte[240]. Die bisherigen Erfahrungen in den USA und Europa bieten Anhaltspunkte dafür, daß die Konkurrenz zwischen Handelsplätzen und Finanzintermediären Transaktionskosten reduziert und das Handelsvolumen auf Wertpapiermärkten erhöht, Wirkun-

---

[235] Vgl. die Ergebnisse der Umfragen von Shulman (1992), 73–83, und Euromoney (1992) zum Anlageverhalten institutioneller Investoren.

[236] Ursachen und Folgen der Internationalisierung des Wertpapierhandels untersuchen Amihud / Schwartz (1985); Grundfest (1990); The Economist (1992); Stoll (1992); Fabozzi / Modigliani (1992), 690–712.

[237] Miller (1990).

[238] Pagano / Roell (1990a), (1990c) und (1991a) untersuchen die Wirkungen der Konkurrenz zwischen den kontinentalen Börsen und dem London Stock Exchange.

[239] Weitere Faktoren sind: Realzinsniveaus, Volatilität und Ertrag nationaler Aktienindices, Marktkapitalisierung, Marktzugangsbeschränkungen für internationale Investoren, Kapitalverkehrskontrollen, Ertrags- und Besitzsteuern; vgl. die Studie der London Business School (1992).

[240] Pagano / Roell (1990a); Grundfest (1990); Stoll (1992).

gen, die durchaus in Übereinstimmung mit den Zielen öffentlicher Kapitalmarkt-Ordnungspolitik stehen.

- Die Organisation des Handels in einem zentralen Auktions- oder dezentralen Händlermarkt ist eine der Grundentscheidungen bei der Gestaltung eines Handelssystems. In einem Auktionsmarkt werden die Effektenankaufs- und Verkaufsaufträge an ein zentrales System übermittelt und entweder zu diskreten Zeitpunkten (batch auction) oder unverzüglich (continuous auction) gegen die im System gespeicherten Aufträge ausgeführt. Das Matching von An- und Verkaufsaufträgen in zentralen Auktionssystemen erfolgt primär nach Preispriorität und sekundär nach Zeitpriorität, somit wird die höchste Ankaufsorder, die niedrigste Verkaufsorder und, bei identischen Preisen, die früher übermittelte Order zuerst ausgeführt. Im Gegensatz dazu werden in Händlermärkten von sogenannten Market-Makers Ankaufs- und Verkaufsangebote publiziert, zu denen Kundenaufträge dezentral ausgeführt werden, entweder automatisch oder nach telephonischem Vertragsabschluß. Die Unterschiede zwischen den beiden Organisationsformen haben sich im Zuge der Automatisierung des Wertpapierhandels in den größten Wertpapiermärkten stark verringert, empirisch lassen sich folgende Gemeinsamkeiten feststellen[241]:

  - Preisfindung: In Auktionsmärkten werden An- und Verkaufsaufträge grundsätzlich zum bestmöglichen Einheitskurs ausgeführt, Kunden erhalten somit innerhalb jeder Auktion einen einheitlichen Preis. In dezentralen Händlermärkten können gleichzeitig an verschiedene Händler übermittelte Aufträge hingegen durchaus zu verschiedenen Preisen ausgeführt werden. Zentralisierte Geld-Brief-Angebotsbildschirme und automatisierte Orderroutingsysteme, die Kundenaufträge dem günstigsten Kursangebot zuleiten, haben jedoch auch in Händlermärkten die Wahrscheinlichkeit differenzierter Ausführungspreise für zeitgleiche Effektenaufträge reduziert[242].

  - Liquiditätsdienstleistungen: In Händlermärkten bieten Market-Maker die unmittelbare Ausführung von Effektenankaufs- und Verkaufsaufträgen an, der Preis dieser Liquiditätsdienstleistung ist die An-/Verkaufsspanne. In Auktionsmärkten erbringen spekulative Händler, die Limitaufträge an das Orderbuch leiten, ähnliche Liquiditätsdienstleistungen. Da ein Kundenauftrag gegen die Limitaufträge spekulativer Händler im

---

[241] Whitcomb (1985); Pagano/Roell (1990b) und (1991b); Stoll (1992) und die Literaturangaben dort.

[242] SEC (1991), 1–2, SEC (1992), 3–4; Fabozzi/Modigliani (1992), 239–242 fassen die Wirkungen der National Market System-Regulierung auf dem US-amerikanischen Aktienmarkt zusammen.

Orderbuch eines Auktionsmarktes ausgeführt wird, entsprechen diese Limitaufträge den An- / Verkaufskursen der Market-Maker in Händlermärkten. Das elektronische Orderbuch eines Auktionsmarktes bietet demnach den Marktteilnehmern sehr ähnliche Informationen wie der konsolidierte Bildschirm mit An- / Verkaufskursen eines Händlermarktes[243].

- Marktsegmente: In zahlreichen Auktions- und Händlermärkten sind für kleine und normale Ordergrößen automatisierte Orderleitung und Ausführung üblich. Für die Abwicklung von Blocktransaktionen hat sich in den meisten Auktionsmärkten ein separates Händlersystem etabliert (upstairs market). Für die weltweit größten Auktions- und Händlermärkte lassen sich demnach zwei gemeinsame Charakteristika feststellen: Automatisierung kleiner und mittlerer Transaktionsgrößen und Händlervermittelte Abwicklung des Blockhandels[244].

Ein wichtiger Unterschied zwischen Auktions- und Händlermärkten bleibt, daß Market-Maker in Händlermärkten allen Kunden eine Versicherung gegen Ausführungsrisiken bieten, die in Auktionsmärkten für kleine und mittlere Transaktionen fehlt[245]. Es gibt wenige Erkenntnisse darüber, ob oder unter welchen Bedingungen die Bereitstellung dieser Versicherung für Kunden tatsächlich vorteilhaft ist[246]. In beiden Marktformen besteht das Problem der Handelsoption für besser informierte Marktteilnehmer: Eine limitierte Kundenorder und der An- / Verkaufskurs eines Market-Makers bieten dem Markt eine Option zum An- oder Verkauf eines Wertpapiers. Unter Bedingungen asymmetrischer Information führt diese Option dazu, daß Transaktionen zu Zeitpunkten abgewickelt werden, in denen sich der Wert eines Wertpapiers vom Limitpreis einer Kundenorder oder dem An- / Verkaufskurs eines Händlers unterscheidet[247]. Auf Auktions-

---

[243] Die klassischen ökonomischen Untersuchungen der Funktionen von Händlern auf Wertpapiermärkten bieten Stigler (1964) und Demsetz (1968); für neuere Untersuchungen s. Pagano / Roell (1990b), 2 und die Literaturangaben dort.

[244] Fabozzi / Modigliani (1992), 241 – 244; SEC (1992), 3 – 10; Grossman (1992), 509 – 528.

[245] Eine detaillierte Untersuchung der Funktionen des Market-Makers führt Mildenstein (1982) durch; s.a. die Literaturangaben dort.

[246] Vergleichende Untersuchungen liefern Grossman / Miller (1988); Pagano / Roell (1990a) und (1990b); Neal (1992); Mann / Seijas (1991) vergleichen Transaktionkosten von NYSE-Specialists und NASD-Dealers.

[247] Grossman (1992), 512: „A standard limit order not only has the problem that it does not express the customer's true demand, but it also gives … the market a free put option to sell the stock to the customer in the states of nature when it is clearly worth less than its limit price"; vgl. auch Stoll (1992), 75 – 107.

märkten fällt diese Option den Intermediären zu, die Zugang zu Informationen über den Orderfluß oder das Orderbuch haben, in Händlermärkten fällt sie den Kunden zu, für die An- / Verkaufskurse der Händler diese Option darstellen. Eine Reihe weiterer Regeln beeinflußt den Wert dieser Option.

- Die Organisation des Wertpapierhandels in kontinuierlicher oder periodischer Form (batch) ist eine regulatorische Entscheidung, die in Auktionsmärkten relevant ist. Diese Entscheidung wird vorallem durch zwei Faktoren beeinflußt: Erstens, periodischer Handel vergrößert den Optionswert einer Limitorder für besser informierte Marktteilnehmer und somit das Transaktionspreisrisiko der Kunden; je schneller eine Order ausgeführt wird, desto geringer ist die Wahrscheinlichkeit von Informationsänderungen, während die Order aussteht; zweitens, im kontinuierlichen Handel verteilt das sich Handelsvolumen über Zeit; dies kann zu verstärkten Preisschwankungen und höheren Ausführungskosten (cost of immediacy) für Kunden führen. Die transaktionskostenminimierende Handelsfrequenz für ein Wertpapier ist somit von den Transaktionsrisiken der Kunden abhängig, die sich aus der Abwicklungsverzögerung bei diskreten und der zeitlichen Streckung des Handels bei kontinuierlichen Auktionen ergeben.
- Die Veröffentlichung von Transaktionsdaten erhöht grundsätzlich die Informationseffizienz von Wertpapierpreisen. Die unverzügliche Publizierung (real-time publication) der Volumina und Preisdaten jeder Handelstransaktion erhöht jedoch das Risiko der Market-Maker beim Handel mit Blöcken von Wertpapieren, was zu einer Ausweitung der An- / Verkaufsspannen führen kann[248]. Eine empirische Studie der National Association of Securities Dealers (NASD) untersucht die Wirkungen unverzüglicher Publikation von Handelsdaten im US-over-the-counter-Markt. Ergebnis der Studie ist, daß unverzügliche Publikation der NASDAQ-Transaktionen im National Market System (NMS) das Handelsvolumen der NMS-Wertpapiere vergrößert und deren An- / Verkaufsspannen vermindert hat[249].

Zahlreiche Arten von Transaktionskosten auf Auktions- und Händlermärkten ist marktstrukturbedingt[250]. Neben den direkten Kosten, die Marktteilneh-

---

[248] Bagehot (1971); Benston / Hagerman (1974); Copeland / Galai (1983); Roll (1984); Glosten / Milgrom (1985); Glosten (1987); Glosten / Harris (1988); Choi / Salandro / Shastri (1988); Stoll (1989); George / Kaul / Nimalendran (1991); vgl. auch London Stock Exchange (1984).

[249] NASD (1983); Becker (1992), 7 vertritt die Position der amerikanischen SEC; die Analysen von Roell (1987) und (1988) unterstützen unverzügliches last-trade reporting für normale Transaktionsgrößen.

[250] Schmidt (1977), 21 – 32 analysiert die Interdependenzen verschiedener Arten von Transaktionskosten auf Wertpapiermärkten.

mern durch Kommunikation und Orderbearbeitung entstehen, sind insbesondere solche Kosten, die bei asymmetrischer Verteilung oder Änderung von Informationen aus Limitaufträgen resultieren, durch die Organisationsform des Marktes bestimmt. Für Marktteilnehmer mit ausstehenden Limitaufträgen steigen die Transaktionskosten, wenn sie unzureichende Informationen über aktuelle Transaktionspreise besitzen und wenn ihre Aufträge durch Zwischenhändler verzögert werden, weil sie nicht direkt dem Orderbuch zugänglich sind. Aus diesem Grund vermindern zusätzliche Preisinformationen und eine erhöhte Transaktionsgeschwindigkeit grundsätzlich die Transaktionskosten auf Wertpapierauktionsmärkten. Unverzügliche Publizität kleiner und mittelgroßer Transaktionen, die Konkurrenz zwischen Händlern sowie direkter Zugang für Marktteilnehmer zum Orderbuch sind deshalb nach den vorhandenen empirischen Erkenntnissen friktionsvermindernde Marktstrukturelemente.

f) Market-Making-Regeln

Die Struktur von Händlermärkten ist durch eine zweite Gruppe von Regeln gekennzeichnet, die das Market-Making betreffen; von besonderer Bedeutung sind Kartellverbote, Regeln für feste und indikative Kursgebote sowie Handelsverpflichtungen für Market-Maker.

- Kommissionenkartelle in organisierten Wertpapiermärkten sind Preiskartelle, die durch eine Beschränkung des Zugangs zu den Mitgliedsorganisationen der Börsen und Vereinbarungen über Minimumkommissionen das Angebot an Finanzdienstleistungen verknappen und die Abschöpfung von Monopolrenten ermöglichen. Als Argument gegen Kommissionenkartelle wird die Verminderung der operativen und allokativen Effizienz der Wertpapiermärkte durch überhöhte Transaktionskosten vorgebracht. Befürworter von Kommissionenkartellen heben ihre Bedeutung für die Stabilität des Finanzdienstleistungssektors und die Qualität des Services hervor. Die empirischen Studien der Wirkungen der Aufhebung von Kommissionenkartellen untersuchen den US-amerikanischen und den britischen Wertpapiermarkt.
    - Stoll (1979), Tinic / West (1980) und Eisenach / Miller (1981) analysieren die Wirkungen des Verbotes von Minimumkommissionen im US-Wertpapiermarkt durch das Securities Act Amendment von 1975. Die Untersuchungen kommen zu dem Ergebnis, daß infolge des Verbotes die durchschnittlichen Kommissionen der meisten Serviceleistungen erheblich sanken, während die Diversität der Dienstleistungen zunahm.
    - Eine Studie der Bank of England (1987) untersucht das Kartellverbot im britischen Wertpapiermarkt im Oktober 1986. Ähnlich wie in den

USA verminderten sich nach dem Verbot die Kommissionen, während sich das Handelsvolumen vergrößerte; zusätzlich wird in der Studie eine Verringerung der durchschnittlichen An- / Verkaufsspannen festgestellt.

Die Erfahrungen mit der Beschränkung der Kommissionenkartelle aus den USA und Großbritannien verdeutlichen, daß die Verbote dieser Kartelle Transaktionskosten reduzieren, die Angebotsvielfalt erhöhen und eine Veränderung überkommener Strukturen des Finanzdienstleistungssektors einleiten, ohne Konzentrationenstendenzen zu fördern[251]. Aus diesen Gründen werden die beschriebenen Verbote von Kommissionenkartellen heute einhellig als ordnungspolitische Erfolge betrachtet.

- Auf Händlermärkten betrifft eine wichtige Regulierung die Verpflichtung der Market-Maker, feste Kursgebote (firm quotes) oder indikative Kursgebote (indicative quotes) abzugeben. Die wesentlichen Unterschiede lassen sich in drei Punkten zusammenfassen. Erstens: Feste Preisangebote verpflichten Market-Maker zur Kontrahierung, sie beschleunigen auf kompetitiven Händlermärkten die Verbreitung von Information, da sämtliche Kurse ständig an Informationsänderungen angepaßt werden. Händler hingegen, die lediglich indikative Preisangebote abgeben, haben keinen vergleichbar hohen Anreiz, die Kosten kontinuierlicher Angebotspreisanpassung auf sich zu nehmen. Die Verbreitung von Informationen ist daher langsamer unter indikativen Angebotssystemen. Zweitens: Ein Nachteil fester Preisgebote ist, daß sie die Handelsvorteile für besser informierte Marktteilnehmer erhöhen. Da Market-Maker kaum eine Möglichkeit haben, sich gegen die aus Informationsasymmetrien resultierenden Verluste zu schützen, steigen ihre Handelsverluste. Diese Verluste können nur über höhere An- / Verkaufsspannen kompensiert werden. In indikativen Angebotssystemen können Market-Maker den Handel mit informationsmotivierten Marktteilnehmern zum Teil vermeiden; dies kann ihre Verluste potentiell reduzieren und niedrigere An- / Verkaufsspannen ermöglichen. Drittens: Indikative Preisangebote erfordern die direkte Kontaktaufnahme zwischen Kunde und Market-Maker, dadurch erhöhen sich Informations- und Suchkosten. Diese erhöhten Kosten reduzieren die Suchaktivität der Kunden und führen dazu, daß Händler in indikativen Angebotssystemen Monopolrenten abschöpfen können[252]. Zusammenfassend läßt sich feststellen, daß die Regulierung der Angebotspreise in den größten Händlermärkten diesen Kostenerwägungen Rechnung trägt. Da die Regelung der

---

[251] Greenwich Associates (1990); Schwartz (1991), 112; Neal (1992); Schmidt (1977), 21: „the providers of financial services on stock markets would be interested in procedural efficiency if they had to operate under conditions of competition."

[252] Diamond (1971), 156–168.

Angebotspreise die Profitabilität des Market-Making und somit die Anzahl der Market-Maker verändert, die bereit sind, Angebotspreise zu stellen, sind diesen Regulierungen enge Grenzen gesetzt. Der London Stock Exchange und der NASDAQ over-the-counter-Markt schreiben lediglich für kleine Transaktionsgrößen feste An- / Verkaufskurse vor, für größere Transaktionen sind alle Kursgebote indikativ[253].

- Regeln bezüglich der Handelsverpflichtungen für Market-Maker nehmen in organisierten Wertpapiermärkten zwei Formen an: Verpflichtungen zum kontinuierlichen Handel mit Kunden und Verpflichungen zum gegenseitigen Handel unter Market-Makern[254]; beide Regeln sind schwer durchsetzbar und besitzen häufig unerwünschte Nebenwirkungen. Kontinuierliche An- und Verkaufskursstellung ist praktisch kaum durchzusetzen, da Market-Maker im nicht-automatisierten Telephonhandel nicht zur Kontrahierung gezwungen werden können. Eine unerwünschte Nebenwirkung der Regel ist dennoch, daß sie tendenziell die Handelsverluste, die einem Market-Maker durch den Handel mit besser informierten Marktteilnehmern entstehen, erhöht. Dies kann zu einem Anstieg der Transaktionskosten durch die Ausweitung von An- und Verkaufsspannen führen. Die zweite Regel betrifft Handelsverpflichtungen zwischen Market-Makern zu den veröffentlichen An- / Verkaufskursen. Obwohl diese Regel grundsätzlich geeignet ist, die Risikoteilung zwischen Market-Makern bei großen Transaktionsvolumina zu erleichtern, bleibt die Vorteilhaftigkeit der Regel zweifelhaft: Aufgrund der häufig auftretenden Informationsunterschiede zwischen Market-Makern und den mit diesen Unterschieden verbundenen Handelsrisiken kann der potentielle Nutzen aus einer verbesserten Risikoteilung leicht durch die Risiken erhöhter Handelsverluste aus Informationsnachteilen ausgeglichen werden.

Beide Regeln vergrößern somit tendenziell die Handelsrisiken von Market-Makern, da sie deren Möglichkeiten beschränken, sich preisdiskriminierend gegenüber besser informierten Marktteilnehmern zu verhalten. Dies

---

[253] Der London Stock Exchange schreibt feste Angebotspreise, bei einem Minimumvolumen von 1000 Aktien, für aktiv gehandelte Aktienwerte (alpha / beta stocks) und indikative Preisangebote für weniger aktiv gehandelte Wertpapiere vor; NASDAQ schreibt lediglich für ein Minimumvolumen von 100 Aktien feste Angebotspreise vor; s. Roell (1987), 3–9 für empirische Daten und eine mikroökonomische Modellierung von Market-Maker-Kosten unter verschiedenen Regeln für Minimumvolumina.

[254] Nach den Regeln 360.5 und 356.3b des London Stock Exchange sind die SEAQ-Market-Maker zur kontinuierlichen Kursstellung zwischen 9 a.m. und 5 p.m. verpflichtet (mandatory quote period); die Regeln 357.1a und 360.3 verpflichen SEAQ-Market-Maker zu den veröffentlichten Preisen für Aktien zum Handel untereiander, für festverzinsliche Wertpapiere gilt diese Verpflichtung nicht.

gilt insbesondere dann, wenn Market-Maker in Perioden mit einem hohen informierten Handelsvolumen ihre An- / Verkaufskurse nicht über eine regulativ determinierte Spanne hinaus ausweiten können. Die unterschiedliche Gestaltung der betreffenden Handelsregeln am London Stock Exchange und auf dem NASDAQ over-the-counter-Markt läßt wenige Schlüsse auf die optimale Ausgestaltung dieser Regeln zu; grundsätzlich ist jedoch feststellbar, daß sich Handelsverpflichtungen lediglich für verhältnismäßig kleine Auftragsgrößen durchsetzen lassen, während die Transaktionsrisiken durch Handelsverpflichtungen bei großen Aufträgen derart ansteigen, daß kontinuierliche fixe Kursstellung und direkter Market-Maker-Handel nicht vorgeschrieben werden können[255].

Die empirischen Studien der Regulierung von Wertpapiermärkten demonstrieren, daß die Beurteilung ordnungspolitischer Maßnahmen häufig nur anhand spezifischer, auf einzelne Regeln bezogener Kriterien erfolgen kann. Transaktionskosten sind, obwohl sie grundsätzlich alle Wirkungen von Marktfriktionen reflektieren, als Maßgröße zur Beurteilung von Regulierung häufig ungeeignet. Grund dafür ist, daß zahlreiche Formen von Transaktionskosten praktisch nicht quantifizierbar sind, beispielsweise können die Opportunitätsverluste aufgrund von Transaktionspreisunsicherheit lediglich konzeptionell dargestellt werden. Kein einzelnes Kriterium erlaubt die umfassende Beurteilung der Wirkungen einer Regulierung auf die Wohlfahrt der Marktteilnehmer und die allokative Effizienz des Kapitalmarktes. Die wissenschaftliche Ungewißheit, die in bezug auf zahlreiche Regulierungen auch nach theoretischer und empirischer Analyse erhalten bleibt, läßt auf Wertpapiermärkten eine experimentelle Regulierungsgestaltung (trial and error) in Verbindung mit periodischen Wirkungskontrollen als sinnvoll erscheinen[256]. Diese Wirkungskontrollen können anhand verschiedener Beurteilungskriterien erfolgen, die direkte und indirekte Transakionskosten, Preisvolatilität und die Informationseffizienz der Wertpapierpreise einschließen sollten.

IV. Zielkonflikte der Regulierung des Insiderhandels

Die juristischen und ökonomischen Theorien des Insiderhandels bilden die Grundlage der gesellschaftspolitischen Auseinandersetzung um die Beschränkung der Handelsaktivitäten von Insidern. In der Diskussion dieser Theorien

---

255 Als Alternative kann zur Risikoteilung bei großen Transaktionen ein anonymes inter-dealer-broker-System dienen; Roell (1987), 14.

256 Economic Council of Canada (1981), 133–134, und Grundfest (1993), 7 vertreten diese Auffassung in bezug auf kanadische und US-amerikanische Kapitalmarktregeln.

im vorigen Teil wurden gesellschaftsrechtlich- und kapitalmarktrechtlich-orientierte Ansätze unterschieden. Werden Insider als Personen definiert, die eine Dienstleistung für ein Unternehmen erbringen und aus ihr resultierende Informationsvorteile zum Wertpapierhandel nutzen, so beeinflußt Insiderhandel sowohl das Dienstverhältnis zwischen Insidern und Eigentümern „im Unternehmen" als auch andere Investoren „im Wertpapiermarkt". Weitgehend unabhängig voneinander sind innerhalb dieser beiden Sphären Theorien entwickelt worden, die die Wirkungen von Insiderhandel und Insiderregeln beschreiben. Zur Integration dieser Ansätze wurde vorgeschlagen, aus den verschiedenen Theorien Hypothesen bezüglich der Wirkungen von Insiderhandel und Insiderregeln abzuleiten und diese logisch-deduktiv und empirisch zu prüfen.

Die Analyse der Wirkungen von Insiderhandel und Insiderregeln auf die gesellschaftliche Wohlfahrt ist, nach dem normativen Konzept der vorliegenden Arbeit, Voraussetzung einer Insiderregulierung im öffentlichen Interesse. Zur Konkretisierung einer normativen Begründung für Insiderregeln und zur Ableitung angemessener Beurteilungskriterien für diese Norm wurden die Grundlagen staatlicher Ordnungspolitik auf Kapital- und Wertpapiermärkten untersucht. Auf Kapitalmärkten existieren zahlreiche, zum Teil widersprüchliche Ziele staatlicher Eingriffe, die nicht ohne demokratisch-legitimierte Entscheidung gegeneinander abgewogen werden können. Im Gegensatz dazu erscheint die Regulierung des Wertpapierhandels deutlicher auf die Verminderung von Funktionsstörungen (Friktionen) konzentriert zu sein, da eine Reihe allgemeiner sozial- und wirtschaftspolitischer Ziele bei der Regulierung des Wertpapierhandels unbedeutend sind. Anhand der theoretischen und empirischen Analyse konkreter Regulierungen auf Wertpapiermärkten wurden Maßnahmen, die der Verminderung direkter und indirekter Transaktionskosten, von Transaktionspreisunsicherheit und Störungen der Preisbildung dienen, als prinzipiell wohlfahrtssteigernde ordnungspolitische Eingriffe in Wertpapiermärkte erkannt.

Die Diskussion zeigt weiterhin, daß ordnungspolitische Eingriffe auf Wertpapiermärkten nicht sinnvoll anhand eines singulären Kriteriums, beispielsweise der Höhe von Transaktionskosten, beurteilt werden können. Statt dessen wird vorgeschlagen, in Abhängigkeit von der regulierten Aktivität und den ordnungspolitischen Zwischenzielen, verschiedene Maßgrößen für die Analyse und Beurteilung von Ordnungspolitik zu verwenden. Als geeignete Maßgrößen für die Wohlfahrtseffekte von Insiderhandel und Insiderregeln erscheinen deren modelltheoretisch und empirisch belegbare Wirkungen auf direkte Transaktionskosten, das Handelsvolumen und die Informationseffizienz der Wertpapierpreise.

1. Im Unternehmen

Ein gesetzliches Insiderhandelsverbot beeinflußt das Dienstverhältnis zwischen Insidern und Unternehmenseigentümern, da es die Gestaltungsmöglichkeiten anreizbezogener Kompensationsverträge zwischen Eigentümern und Managern beschränkt. Für Insider erhöht sich durch ein Handelsverbot das Risiko einer Investition in die Wertpapiere der betreffenden Unternehmung; die Anreize, diese Wertpapiere zu halten, vermindern sich deshalb mit einem solchen Verbot. Für Eigentümer können die Wirkungen einer Beschränkung des Insiderhandels positiv, negativ oder unbedeutend sein: Positive Wirkungen für Eigentümer können aus der potentiellen Verminderung des Mißbrauchs vertraulicher Informationen durch Insider entstehen; negative Wirkungen können aus einer Schwächung der Motivations- und Kontrollmechanismen der Eigentümer folgen; ein gesetzliches Insiderhandelsverbot ist für Eigentümer unbedeutend, wenn es wirkungslos ist.

Gegenstand der modelltheoretischen und empirischen Untersuchung der Wirkungen des Insiderhandels „im Unternehmen" ist die Analyse der Bedingungen, unter denen dieser Handel Wohlfahrtsveränderung für Eigentümer verursacht. Kann nicht bestimmt werden, ob die Wirkungen des Insiderhandels für Eigentümer stets positiv oder negativ sind, dann entsteht ein ordnungspolitischer Zielkonflikt: Ein Insiderhandelsverbot kann einigen Eigentümern nützen und anderen schaden, wenn in Abhängigkeit von institutionellen Bedingungen nur für manche Eigentümer die positiven Wirkungen des Verbotes überwiegen. Grundsätzlich erscheint es möglich, diesen Zielkonflikt zu lösen, indem Eigentümern die Möglichkeit der Selbstregulierung eingeräumt wird. Die Wirkungen selbstregulatorischer Maßnahmen „im Unternehmen" werden deshalb in Teil D untersucht.

2. Im geschlossenen Wertpapiermarkt

Ein ordnungspolitisches Interesse an der Regulierung des Insiderhandels kann auch dann bestehen, wenn die gegenwärtigen Eigentümer der Unternehmung keinen materiellen Nutzen aus ihr ziehen. Grundlage einer solchen Regulierung könnten beispielsweise auch kollektive Handlungsprobleme zwischen den derzeitigen und zukünftigen Eigentümern sein. Eine Interessendivergenz kann zwischen diesen beiden Gruppen von Investoren herrschen, wenn die durch Insiderhandel verursachten Wohlfahrtsverluste beim Erwerb von Unternehmensanteilen nicht im Prozeß der Administration von Unternehmen entstehen.

Da Wertpapiertransaktionen von Insidern grundsätzlich liquiditätsschaffendes und preiskorrigierendes Handelsvolumen darstellen, können sie potentiell den Handel anderer Marktteilnehmer und die Informationseffizienz der Wertpapierpreise erhöhen. Wenn Marktteilnehmer jedoch aufgrund von Insideraktivitäten den Handel bestimmter Wertpapiere vermindern oder einstellen, dann kann Insiderhandel die Marktliquidität und die Informationseffizienz der Wertpapierpreise reduzieren. Auch „im geschlossenen Wertpapiermarkt" ist deshalb die Analyse der distributiven und allokativen Wirkungen des Insiderhandels erforderlich. Ordnungspolitische Zielkonflikte können dabei vor allem aus der Umverteilung von Handelsgewinnen durch Insider und deren Wirkungen auf das Handelsvolumen und die Informationeffizienz der Wertpapierpreise entstehen.

Die bisherige Analyse wichtiger Regulierungen auf Wertpapiermärkten verdeutlicht, daß staatliche Eingriffe in den Wertpapierhandel zahlreiche unerkannte und unerwünschte Nebeneffekte erzeugen können. Regulatorische Maßnahmen, die zur Verfolgung ordnungspolitischer Zwischenziele eingesetzt werden, können darüber hinaus offen zueinander in Widerspruch treten, insbesondere wenn sie schlecht verstanden sind und mit empirisch unbestätigten Wirkungsvermutungen begründet werden. Die Untersuchung von Marktstruktur- und Market-Making-Regeln demonstriert die komplexe Struktur von Regulierungsentscheidungen auf Wertpapiermärkten. Die Gestaltung einer Insiderregelung im öffentlichen Interesse ist daher auf empirische Analysetechniken angewiesen.

3. Im offenen Wertpapiermarkt

Ordnungspolitik auf Wertpapiermärkten wird häufig unter der Annahme gestaltet, Wertpapierhandel erfolge an einem zentralen Ort unter der Aufsicht einer nationaler Behörde. Moderne Wertpapiermärkte erfüllen die Bedingungen dieser Annahme jedoch kaum noch: Investoren handeln in faktisch getrennten Teilmärkten (Segmentierung) und ihnen stehen zunehmend mehrere Handelsplätze zur Verfügung, auf denen sie ihr Handelsvolumen verteilen können (Fragmentierung). Die Wirkungen des Insiderhandels und die Möglichkeiten, diesen Handel durch nationale Regulierung zu beschränken, werden durch die steigende Segmentierung und Fragmentierung des Wertpapierhandels verändert.

Da die Wirkungen von Segmentierung und Fragmentierung auf die Regulierung des Insiderhandels bislang theoretisch und empirisch wenig erforscht sind, ist ihre Untersuchung in dieser Arbeit lediglich ein früher, unvollständiger Schritt zum Verständnis der relevanten Zusammenhänge. Während die Segmentierung des Wertpapierhandels Insideraktivität potentiell auf bestimmte Teilmärkte beschränkt, vermindert die Fragmentierung des Wertpapierhandels die Wirksamkeit von Insiderregeln. Fragmentierung kann, wie beispielsweise in Deutschland, aufgrund konkurrierender regionaler Märkte auftreten. Häufiger entsteht sie jedoch aus der zunehmenden Konkurrenz zwischen organisierten Märkten, dem außerbörslichen Handel und internationalen Börsen. Die internationale Konkurrenz um Handelsvolumen ist eine deutliche Begrenzung internationaler Rechtsdurchsetzung; die folgende Analyse beschränkt sich auf diesen Aspekt der Fragmentierung.

Den Einfluß der Internationalisierung des Wertpapierhandels auf die Wirksamkeit des nationalen ordnungspolitischen Instrumentariums illustriert die folgende *Abbildung 8*[257]:

Abbildung 8:

Anteile nationaler Börsen und Investoren am Handel mit nationalen Aktien

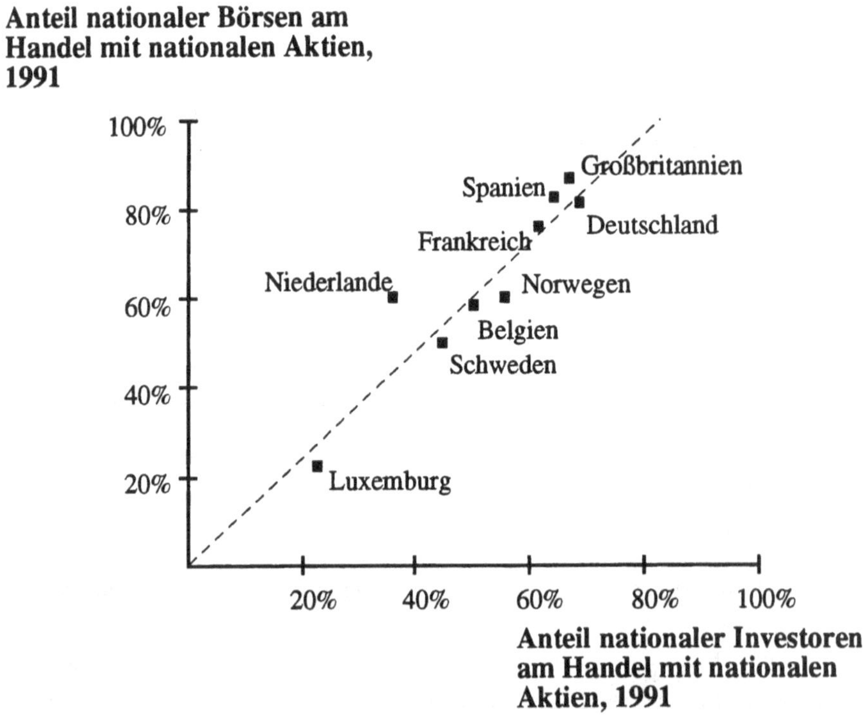

[257] Die Abbildung basiert auf Publikationen und Auskünften der FIBV, Salomon Brothers und der nationalen Börsen.

Solange ein großer Teil des Handelsvolumens nationaler Aktien an nationalen Börsen gehandelt wird, sind die Kosten und Risiken für Investoren, außerhalb des Hauptmarktes zu handeln, hoch. Nationale Ordnungspolitik ist unter diesen Bedingungen relativ einflußreich. Sinkt jedoch der Anteil an nationalen Börsen gehandelter nationaler Aktien, so führt nationale Regulierung, die die Friktionen des Wertpapiermarktes erhöht oder nicht vermindert, verstärkt zu Ausweichhandlungen der Marktteilnehmer und somit zu einem weiteren Bedeutungsverlust des nationalen Marktes.

Die Abbildung verdeutlicht, daß die Besitzverhältnisse von Aktien in der Vergangenheit ein guter Indikator für die relative Bedeutung nationaler Börsen waren: Staaten wie Großbritannien und die Bundesrepublik Deutschland, mit einer überwiegend nationalen Besitzstruktur, konzentrieren einen großen Teil des Handelsvolumens ihrer Aktien an ihren Börsen und sind somit in der Lage, einen relativ hohen odnungspolitischen Einfluß auf den Handel ihrer nationalen Aktien auszuüben. In den Niederlanden, Schweden und Belgien, die durch eine internationale Besitzstruktur gekennzeichnet sind, findet ein erheblich geringerer Teil des Aktienhandels an nationalen Börsen statt, entspechend niedriger ist dort der Einfluß nationaler Ordnungspolitik. Während die Internationalisierung des Wertpapierhandels den Zugang ausländischen Kapitals erleichtert und die Konkurrenz des Dienstleistungsangebots auf nationalen Kapitalmärkten erhöht, sinkt die Bedeutung nationaler Ordnungspolitik. Erhöhte allokative Effizienz der Märkte wird damit durch den Verlust an regulatorischer Macht erkauft, ohne daß die nationalen Autoritäten diese Entwicklung wesentlich beeinflussen können.

Die Fokussierung der nationalen Regeln des Wertpapierhandels auf die Verminderung von Störungen der Funktionsfähigkeit wird, in Verbindung mit sorgfältiger empirischer Analyse jeder einzelnen Maßnahme, unter diesen Bedingungen nur noch bedeutender. Für die Regulierung des Insiderhandels gilt diese Einsicht in gleicher Weise wie für nationale Regeln, die derzeit die Entfaltung von Konkurrenz zwischen den Anbietern von Finanzdienstleistungen und die Innovation von Handelssystemen behindern.

C. Wirkungen des Insiderhandels

Die Wirkungen des Insiderhandels können anhand erklärender ökonomischer Modelle abgebildet werden. Ziel der ökonomischen Rekonstruktion der Austauschbeziehungen zwischen Insidern und anderen Akteuren ist das Verständnis der Anreiz- und Verhaltensänderungen, die von Insideraktivitäten verursacht werden. Voraussetzung der Rekonstruktion ist die Analyse der Bedingungen, unter denen Insideraktivitäten möglich sind.

Notwendige Bedingung für Insideraktivitäten ist die Existenz von Informationsvorteilen, die Insider beim Handel mit Wertpapieren ausnutzen können. Die Analyse dieser Informationsvorteile und der aus ihnen resultierenden Anreize für Insider und Eigentümer sind Untersuchungsgegenstand der Principal-Agent-Modelle des Insiderhandels. Die zweite Bedingung für Insideraktivitäten ist die Existenz von Märkten, auf denen Insider ihre Informationsvorteile zur Realisierung profitabler Handelsstrategien nutzen können. Die formale Analyse dieser Bedingung erfolgt anhand der Kapitalmarkt-Modelle des Insiderhandels in zwei Schritten; anfangs wird ein zentraler („geschlossener") Wertpapiermarkt mit Insidern modelliert, in dem sich Marktteilnehmer mit unterschiedlichen Informationen gegenüberstehen. Anschließend wird der Wertpapierhandel mit Insidern in einem segmentierten („offenen") Markt analysiert. Die Komplexität der im Modell des offenen Marktes betrachteten Wirkungszusammenhänge ist erheblich höher, dies beschränkt die Möglichkeit einer formalisierten Analyse. Vorteil der Untersuchung des Insiderhandels in einem offenen Wertpapiermarkt mit Insidern ist jedoch, daß es möglich wird, eine Reihe der zur Beurteilung des Insiderhandels wichtigen institutionellen Eigenschaften moderner Kapitalmärkte zu berücksichtigen. Diese Eigenschaften verschließen sich bisher weitgehend einer Integration in geschlossene Erklärungsmodelle. Zunächst erfolgt die Analyse von Insideraktivitäten anhand der Principal-Agent-Theorien.

I. Im Unternehmen

Für die Untersuchung der Wirkungen des Insiderhandels „im Unternehmen" werden Insider als Personen definiert, die bewertungsrelevante Informationen aufgrund einer Dienstleistung erhalten, die sie für einen Emittenten von Wertpapieren erbringen[258]. Die dieser Dienstleistung zugrundeliegende Vertragsbeziehung macht den Insider zum Agenten (agent) der Eigentümer der Anteilsrechte (Principals)[259]. Die daraus resultierende Beziehung läßt sich im Rahmen eines einfachen Principal-Agent-Modells beschreiben: Die Eigentümer bestimmen eine Entlohnungsfunktion für Insider, die auf den von Eigentümern beobachtbaren Ergebnissen der Handlungen des Insiders beruht. Verfolgen Eigner und Manager eigene Zielsetzungen, so entsteht die Problematik der Principal-Agent-Beziehung aus zwei Quellen der Unsicherheit: Unsicherheit über die Aktionen des Insiders, die für Eigentümer nicht direkt beobachtbar sind, und Unsicherheit über den Einfluß des Insiders auf die beobachteten Ergebnisse. Zwei Arten von Principal-Agent-Problemen, „hidden action" und „hidden information", sind die Folge[260]. Eine klassische Form von hidden action ist die Arbeitsintensität des Agenten, die von den Eigentümern nur unvollständig beobachtet werden kann, eine weitere Form stellt der Wertpapierhandel durch Unternehmensinsider dar. Das Problem der hidden information beschreibt die Möglichkeit des Agenten, Handlungen auf der Grundlage von Wissen durchzuführen, das Eigentümern nicht zugänglich ist. Aufgrund von hidden action and hidden information sind die Möglichkeiten der Eigentümer begrenzt, zu prüfen, ob die vom Agenten gewählten Handlungen tatsächlich in ihrem besten Interesse liegt. Bei fehlender Anreizkompatibilität zwischen Eigentümern und Agenten können systematische Abweichungen zwischen den Handlungen von Insidern und den Eigentümerinteressen auftreten.

Die Strukturierung des Insiderhandels als Principal-Agent-Problem ermöglicht die Analyse der Anreize und Möglichkeiten, die Insider besitzen, wertrelevante Unternehmensinformationen für private Handelstransaktionen zu nutzen. Principal-Agent-Modelle erlauben darüber hinaus die Untersuchung der Anreize und die Möglichkeiten, die Eigentümer besitzen, diese Transaktionen zu beschränken. Die folgende Analyse des Insiderhandels im Rahmen von Principal-Agent-Modellen hat einen erklärend-ökonomischen Charakter, der nicht die Frage beantworten soll, wie die Rechte, aufgrund wertvoller interner Informationen zu handeln, verteilt werden sollten[261]. Zur Analyse der Wirkungen des Insiderhandels auf die Eigentümer einer Unterneh-

---

258 Diese Definition ist bei der Analyse des Insiderhandels im Rahmen von Principal-Agent-Modellen üblich; s. Fischer (1992), 673 und die Literarturangaben dort.

259 Jensen/Meckling (1976), 305–360; eine Außenseiterposition vertritt Clark (1985), 56, der dieser Auffassung aus Gründen mangelnder institutioneller Kontrolle der Eigentümer über Manager widerspricht.

260 Arrow (1985), 37–42 verwendet diese Terminologie für die an anderer Stelle als „moral hazard" und „adverse selection" beschriebenen Agency-Probleme.

261 Carlton/Fischel (1983) nehmen diese normativ geprägte Untersuchungsperspektive ein; s.a. Kitch (1980) und Easterbrook (1981), 325–330.

mung sind eine Reihe von Wirkungshypothesen vorgeschlagen worden; diese Hypothesen stellen eine Beziehung zwischen der Wohlfahrt der Eigentümer und den Aktivitäten von Insidern her. Die Wohlfahrtswirkungen von Insideraktivitäten können nur anhand spezifischer Maßgrößen beurteilt werden. Die folgende *Abbildung 9* zeigt die in Principal-Agent-Modellen verwendeten Beurteilungskriterien.

Abbildung 9:

Maßgrößen zur Beurteilung der Wirkungen des Insiderhandels „im Unternehmen"

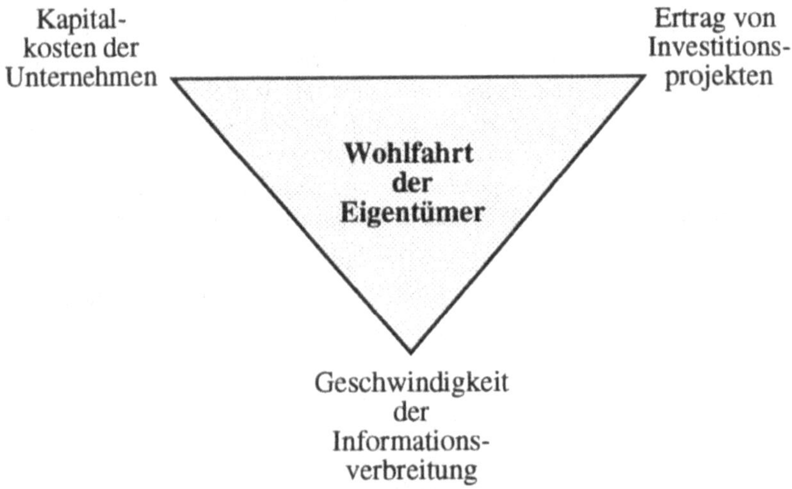

1. Wirkungshypothesen

Die in der Principal-Agent-Literatur diskutierten Hypothesen lassen sich in drei Gruppen einteilen, die verschiedene Wirkungen des Insiderhandels auf die Wohlfahrt der Eigentümer betreffen. Die Modellanalysen, die den Wirkungshypothesen zugrundeliegen, nutzen alle die beschriebene Principal-Agent-Modellstruktur, sie unterscheiden sich jedoch wesentlich in bezug auf ihren Formalisierungsgrad und die Spezifizierung der Modellannahmen.

a) Management-Kompensation

Die Management-Kompensationshypothese bildet den Ausgangspunkt der von Manne (1966) angeregten Kontroverse um die Wirkungen des Insiderhandels[262]. Die Hypothese besagt: *Insiderhandel erhöht die Wohlfahrt der Eigentümer, da er eine effiziente Form der leistungsabhängigen Entlohnung von Managern ermöglicht.*[263] Zwei Argumente werden für diese Position vorgebracht: Erstens, Manager und Eigentümer profitieren von Insiderhandelsaktivität als Entlohnungsbestandteil, da Manager durch Insidergeschäfte mit dem marginalen Beitrag ihrer Managementaktivität zur Wohlfahrt der Eigentümer, oder zumindest mit einem nahen Substitut dieser Größe, kompensiert werden[264]. Diese Kompensationsform erhöht deshalb die Anreizkompatibilität zwischen Eigentümern und Managern[265]. Zweitens, Insiderhandel verringert die Kosten des Unternehmens für die Managementkompensation, da Insiderhandel für Eigentümer kostenfrei ist und da außerdem die Kosten einer leistungsabhängigen Neuverhandlung von Arbeitsverträgen durch Insiderhandel reduziert werden (unbundeling)[266].

Als eine abgeschwächte Form der Management-Kompensationshypothese kann die folgende Motivations-Hypothese betrachtet werden: Aktienbesitz und -handel von Managern sind wichtige Elemente der Motivation und Kontrolle des Managements durch die Eigentümer[267]. Um Aktienbesitz von

---

[262] Manne (1966).

[263] Eine zweite Kompensationshypothese wird von Demsetz (1986) vertreten. Die Hypothese besagt: Insiderhandel erhöht den Wohlstand der Eigentümer, da er eine effiziente Kompensation für Großaktionäre darstellt. Ausgangsannahme der Hypothese ist, daß Großaktionäre einen wichtigen Beitrag zur Managementkontrolle und somit zur Ertragsbeeinflussung von Unternehmen leisten. Um diesen Einfluß ausüben zu können, müssen Großaktionäre jedoch einen Unternehmensanteil halten, der zu groß für eine optimale Risikodiversifikation ist. Durch Handelsgewinne aus Insiderinformationen, so Demsetz, würden Großaktionäre für diesen Diversifikationsnachteil kompensiert. Die Hypothese hat in der Insiderhandels-Diskussion keine Bedeutung erlangt und wird deshalb an dieser Stelle nicht aufgegriffen; s.a. die Kritik an dieser Hypothese bei Schörner (1991), 243–246.

[264] Holmström (1977), 74–91 modelliert Kontrollmechanismen zur Erzeugung von Anreizkompatibilität zwischen Principal und Agent unter Bedingungen asymmetrischer Information; s.a. Hart (1983), 366–382.

[265] Manne (1966).

[266] Carlton / Fischel (1983), 871; Dye (1984), 295–313.

[267] Die Anreizeffekte des Anteilsrechtsbesitzes von Managern analysieren Jensen / Meckling (1976); Fama / Jensen (1985); Agrawal / Mandelker (1987) und Sicherman / Pettway (1987); Easterbrook (1985), 92 weist in diesem Zusammenhang auf die positiven Wohlfahrtseffekte des Aktienbesitzes von Managern bei Unternehmensübernahmen hin.

Managern in großem Umfang zu ermöglichen, muß der Handel mit Aktien möglich sein. Wird dieser Handel wesentlich beschränkt, erhöht sich das Investitionsrisiko für Manager, während der erwartete Ertrag und somit die Neigung von Managern, die Aktien der Unternehmung zu halten, sinkt.

Eine gegensätzliche Hypothese vertreten Scott (1980) und Easterbrook (1981): *Insiderhandel vermindert die Wohlfahrt der Eigentümer, da er eine effiziente Form der leistungsabhängigen Entlohnung von Managern erschwert,* denn Insiderhandelsgewinne bilden den marginalen Beitrag von Managern zur Wohlfahrt der Eigentümer nicht oder nur sehr unvollständig ab. Drei Argumente werden für diese Position vorgebracht: Erstens, wenn Management-Kompensationspläne ohne Insiderhandel optimal entworfen sind, kann die einseitige Änderung der Entlohnungspläne durch Insider für Eigentümer nachteilig sein[268]. Zweitens, die Gewinne aus Insideraktivitäten sind von zahlreichen Faktoren abhängig und können von Managern nur begrenzt antizipiert werden. Eine Kompensation durch Insiderhandel gleicht deshalb einem Lotterieticket und kann ineffizient sein, wenn Manager eine höhere Risikoaversität als Eigentümer aufweisen[269]. Drittens, Kompensationspläne, die teilweise auf Insiderhandelsgewinnen basieren, können ineffizient sein, weil sie Manager nicht anhand auf ihren Leistungen, sondern durch den Zugang zu bewertungsrelevanten Informationen entlohnen[270]. Die Kompensations- und Motivationsargumente werden auch mit bezug auf andere Wirkungen des Insiderhandels angegriffen; besonders hervorgehoben wird der Einfluß des Insiderhandels auf die Auswahl von Investitionsprojekten.

b) Investitionsrisiko

Wenn Manager nicht sämtliche Anteilsrechte eines Investitionsprojektes besitzen und die Kontrolle ihrer Handlungen durch die Eigentümer nicht kostenlos und somit unvollständig ist, dann entsteht aus der existierenden Interessendivergenz ein klassisches Principal-Agent-Problem (hidden action, hidden information)[271]. Manager, die Insidergeschäfte abschließen können, werden aufgrund ihres Handlungsspielraums Investitionsprojekte auswählen können, die ihren eigenen Nutzen und nicht notwendigerweise den der Eigentümer maximieren. Grund dafür ist, daß Insider von positiven und negativen

---

[268] Fischer (1992), 687.

[269] Scott (1980), 808; Easterbrook (1981), 332.

[270] Scott (1980), 809.

[271] Jensen/Meckling (1973); Holmström (1977); Fama (1980); Fama/Jensen (1983); Bradford (1987).

Änderungen der Aktienkurse profitieren können[272]; die Wirkungshypothese besagt: *Insiderhandel reduziert die Wohlfahrt der Eigentümer, da Manager risikoreichere Investitionsprojekte auswählen als unter Umständen, in denen Insiderhandel nicht möglich ist.*

Manager investieren regelmäßig einen größeren Teil ihrers Human- und Finanzkapitals in eine Unternehmung als ein diversifizierter Eigentümer, Manager besitzen daher grundsätzlich eine höhere Risikoaversität. Diese Risikoaversität kann unter den Bedingungen der Principal-Agent-Theorie dazu führen, daß Manager riskante Investitionsprojekte nicht durchführen, die für Eigentümer wohlfahrtssteigernd sind. Selbst wenn Insiderhandel die Risikoaversität von Managern reduziert, folgt unter diesen Bedingungen nicht, daß der durchschnittliche Ertrag aus Investitionsprojekten durch die Möglichkeit von Insideraktivitäten sinkt und die Wohlfahrt der Eigentümer reduziert wird. Die gegensätzliche Hypothese lautet: *Insiderhandel erhöht die Wohlfahrt der Eigentümer, da Manager risikoreichere Investitionsprojekte auswählen als unter Umständen, in denen Insiderhandel nicht möglich ist*[273].

c) Informationsverbreitung

Insiderhandel kann aus einer Reihe von Gründen zu einer Beschleunigung der Verbreitung bewertungsrelevanter Unternehmensinformationen führen: Erstens, Insiderhandelsdaten können Eigentümern als Kontrollinformationen dienen, die die Kosten der Überwachung des Managements reduzieren[274]. Zweitens, durch Insideraktivität kann die Bewertungsrelevanz von Nachrichten zu einem Zeitpunkt kommuniziert werden, an dem die Veröffentlichung des Inhalts der Nachrichten noch nicht erfolgen kann[275]. Drittens, die Möglichkeit, private Handelsgewinne zu erzielen, könnte die unternehmensinterne Informationsbeschaffung von Managern beschleunigen[276]. Die Wirkungshypothese lautet: *Insiderhandel erhöht die Wohlfahrt der Eigentümer, da er die Verbreitung bewerungsrelevanter Unternehmensnachrichten beschleunigt.*

---

[272] Leftwich / Verrecchia (1981); Bebchuk / Fershtman (1990a) und (1990b); Easterbrook (1981), 332.

[273] Holmström (1977), 74–91; Shavel (1979), 55.

[274] Gilson / Kraakman (1984), 549–644 bezeichnen dieses Verhalten als „trade decoding"; Agrawal / Mandelker (1987); Sicherman / Pettway (1987); Hirschey / Zaima (1989); Hirschey / Slovin / Zaima (1990) betonen den Aspekt der verbesserten Kontrolle des Managements durch öffentliche Insiderhandelsdaten.

[275] Carlton / Fischel (1983), 868; Dye (1984).

[276] Easterbrook (1985), 85.

Auch die gegensätzliche Hypothese, *Insiderhandel vermindert die Wohlfahrt der Eigentümer, da er die Verbreitung bewertungsrelevanter Unternehmensnachrichten verlangsamt*, findet breite akademische Zustimmung[277]: Erstens, die Möglichkeit zum Insiderhandel kann Manager dazu veranlassen, falsche Informationen zu publizieren, um von den folgenden Preisschwankungen zu profitieren[278]. Zweitens, Insiderhandel könnte dazu führen, daß Manager bewertungsrelevante Informationen bis zu dem Zeitpunkt horten, an dem die erwarteten Insiderhandelsgewinne am höchsten sind[279].

2. Modellanalyse

Die Analyse der Principal-Agent-Modelle des Insiderhandels erfolgt in zwei Schritten, die sich mit den Modellvoraussetzungen und den Wirkungshypothesen beschäftigen. Die Modellvoraussetzung, Insider hätten den Anreiz und die Möglichkeit, wertrelevante Unternehmensinformationen zu Handelstransaktionen zu verwenden, erscheint für eine Analyse in Principal-Agent-Modellen sinnvoll. Erstens: Insider haben als Agenten der Eigentümer direkten Zugang zu wertrelevanten Unternehmensinformationen, die der überwiegende Teil der Eigentümer erst nach der Publikation durch Unternehmen erfahren kann (hidden information). Zweitens: Nutzen Insider die ihnen zu Verfügung stehenden Informationen zum Abschluß von Wertpapiertransaktionen, so besteht für Eigentümer grundsätzlich keine Möglichkeit, diesen Handel zu beobachten (hidden action).

Die diskutierten Wirkungshypothesen des Insiderhandels „im Unternehmen“ basieren auf mehr oder weniger formalisierten Principal-Agent-Modellen. Durch die Modellanalysen sollen Verbindungen zwischen den Aktionen von Insidern und der Wohlfahrt der Eigentümer hergestellt werden. Viele der abgeleiteten Hypothesen sind häufig widersprüchlich, da die verwendeten Verhaltensmodelle weitgehend auf deduktiver Logik aufbauen, verschiedene theoretische Bezugskonzepte verwenden und unterschiedliche Annahmen über das Verhalten von Akteuren unter Unsicherheit treffen. Die folgende *Abbildung 10* verdeutlicht diesen Zusammenhang.

---

[277] Brudney (1979), 339, und Easterbrook (1981), 333 vertreten diese Position.

[278] Trueman (1983), 1253–1269; Benabou/Laroque (1992), 921–958; Picot/Dietl (1993), 32.

[279] Schotland (1967); Scott (1980), 810; Haft (1982).

Abbildung 10:

Wirkungshypothesen und Bezugskonzepte der Principal-Agent-Modelle

Hypothese	Wirkungsmechanismus	Bezugskonzept
Management-Kompensation	**Pro** • Leistungsbezogene Entlohnung • Reduktion des Kompensationsniveaus **Contra** • Stöhrung bestehender Kompensationspläne • Nicht-leistungs-bezogene Kompensation	Theorie der optimalen Kompensation
Investitions-risiko	**Pro** • Reduktion der Manager-Risikoaversität **Contra** • Erhöhung der Manager-Risikoaversität	Theorie des optimalen Risiko-verhaltens
Informations-verbreitung	**Pro** • Erhöhte Kontrolle • Schnellere Informations-verbreitung • Verbesserung interner Kommunikation **Contra** • Gefahr der Verbreitung falscher Information • Verschlechterung interner Kommunikation	Theorie der optimalen Informations-verbreitung

Die den Hypothesen zugrundeliegenden Principal-Agent-Modelle bilden zahlreiche potentielle Anreizwirkungen des Insiderhandels ab. Der Modellbildungsansatz, der für Principal-Agent-Analysen häufig verwendet wird, ist der optimal-contracting-Ansatz. Dye (1984) konstruiert ein entsprechendes Vertragsmodell, in dem die Vorteilhaftigkeit von Kompensationsverträgen, die Insiderhandel als Entlohnungsbestandteil enthalten, demonstriert wird[280]. Zu einem abweichenden Ergebnis kommt Fischer (1992), der ein Vertragsmodell entwirft, in dem einige der oben genannten Hypothesen in bezug auf die Informationswirkungen aufgegriffen werden. Unter restriktiven Annahmen gelingt in diesem Modell die konzeptionelle Darstellung, daß Insiderhandel negative Wohlfahrtswirkungen für die Eigentümer von Unternehmen haben kann[281].

Die Existenz widersprüchlicher Wirkungungshypothesen, die aus konsistenten Modellen unter unterschiedlichen Annahmen abgeleitet werden, verdeutlicht die zentrale Schwäche der Principal-Agent-Modelle zur Analyse der Wirkungen des Insiderhandels: Die Auswahl der Modellannahmen ist bestimmend für die abgeleiteten Modellaussagen[282]. Zur Begründung der Annahmen wird bei der Modellbildung auf verschiedene theoretische Konzepte zurückgegriffen. Diese Bezugskonzepte stammen aus Bereichen der ökonomischen Forschung, in denen die akademischen Auseinandersetzungen das Ausmaß des zukünftigen wissenschaftlichen Erkenntnispotentials verdeutlichen, jedoch wenig Anhaltspunkte für eine Plausibilitätsprüfung der einen oder anderen Annahme bieten[283]. Diese Schwäche der Principal-Agent-Modelle des Insiderhandels läßt, auf der Grundlage des derzeitigen Erkenntnisstandes, einer logisch-deduktiven Beurteilung der verschiedenen Wirkunghypothesen wenig Spielraum: Widersprüchliche modellgestützte Hypothesen zeigen lediglich an, daß keines der zugrundeliegenden Argumente Alleingeltung beanspruchen kann. Die modelltheoretische Rekonstruktion einer Wirkung des Insiderhandels in Principal-Agent-Modellen deutet auf die Möglichkeit der Existenz dieser Wirkung hin, ohne eine Grundlage für die Beurteilung ihrer Wahrscheinlichkeit oder Intensität zu bieten. Der Erklärungsgehalt der Principal-Agent-Modelle des Insiderhandels kann deshalb nicht logisch-deduktiv bestimmt werden, sondern lediglich mit Hilfe empirischer Forschung.

---

[280] Dye (1984), 307: „insider trading is one mechanism that may be used by owners to improve on earnings-contingent contracts"; entsprechend Manne (1966) und Carlton / Fischel (1983).

[281] Fischer (1992), 687: „when agent trading is allowed, existing agency problems are aggravated. This aggravation arises because, if the agent can trade, his unobservable strategy space expands."

[282] Die Modellkomplexität erhöht sich zusätzlich unter der realistischen Annahme, daß Principals mehrere Agents kontrollieren und motivieren müssen; vgl. Holmström / Milgrom (1990), 85 – 105.

[283] Die wissenschaftliche Kontroverse um die Theorie der optimalen Informationspolitik von Unternehmen ist ein Beispiel; s. Diamond (1985); Shavell (1991) und die Literaturangaben dort.

3. Empirische Erkenntnisse

Die Modellvoraussetzung der Existenz und Profitabilität des Insiderhandels ist Gegenstand zahlreicher empirischer Studien[284]. Seyhun (1986) und (1992a) untersucht Daten aus der offiziellen Insiderhandelsstatistik der SEC und stellt deutliche „Überrenditen“ (abnormal returns) des Insiderhandels fest. Lin / Howe (1990) analysieren Insiderhandel in over-the-counter-notierten Unternehmen und stellen eine erhöhte Profitabilität des Handels von Insidern fest, die ein enges Verhältnis zum Emittenten aufweisen (Vorsitzende von Leitungs- und Kontrollorganen)[285]. Andere Untersuchungen der offiziellen Insiderhandelsstatistik zeigen jedoch, daß legaler Insiderhandel profitabel ist, unahängig davon, ob er in zeitlicher Nähe mit wichtigen Unternehmensnachrichten erfolgt[286]. Meulbroek (1992) analysiert deshalb Daten illegaler Insiderhandelsaktivitäten, die bei SEC Ermittlungsverfahren im Zusammenhang mit Unternehmensübernahmen erhoben wurden. Die Untersuchung zeigt, daß Insider die ihnen zugänglichen Informationen zu Handelstransaktionen verwenden, die bei Unternehmensübernahmen zu erheblichen Preisveränderungen vor der Publikation von Übernahmenangeboten führen[287]. Als zusätzliche empirische Hinweise für dieses Insiderverhalten können die Fallstudie von Cornell / Sirri (1992) und das umfangreiche juristische Fallmaterial dienen[288]. Die vorliegenden empirischen Studien und Dokumentationen unterstützen daher deutlich die Modellvoraussetzung, daß Insider die ihnen durch eine Dienstleistung für einen Emittenten zugänglichen Informationen zu privaten Wertpapiertransaktionen nutzen.

Während für die Existenz und Profitabilität von Insiderhandel starke empirische Evidenz existiert, sind die aus Principal-Agent-Modellen abgeleiteten Wirkungshypothesen kaum empirischer Überprüfung unterzogen worden[289]. Die folgenden empirischen Erkenntnisse können daher nur sehr begrenzt für die Beurteilung der Wirkungshypothesen verwendet werden.

---

[284] Pratt / DeVere (1972); Jaffe (1974a) und (1974b); Baesel / Stein (1979); Seyhun (1986); Finnerty (1976a) und (1976b); Rozeff / Zaman (1988); Gilvoy / Palmon (1985); Heinkel / Kraus (1987); Syed / Liu / Smith (1989); Seyhun (1992a); einen Überblick über die empirischen Arbeiten geben Arshadi / Eyssell (1993).

[285] Ein übereinstimmendes Ergebniss für Großbritannien erzielen Pope / Morris / Peel (1990), 359 – 380.

[286] Elliott / Morse / Richardson (1984), 521 – 536.

[287] Meulbroek (1992), 1661 – 1699.

[288] Hopt / Will (1973); Langvoort (1986); Janvey (1986) und (1987); s.a. die Literaturangaben dort.

[289] Easterbrook (1985), 90: „Efforts to verify the assessments provided by agency models have been few and unsatisfactory.“

- Kompensationseffekt: In Anbetracht der hohen akademischen Aufmerksamkeit, die die Kompensationswirkungen des Insiderhandels auf sich gezogen haben, ist es sehr erstaunlich, daß empirische Tests der abgeleiteten Wirkungshypothesen nicht existieren. Die von Manne (1966) und Carlton/Fischel (1983) vorgebrachten empirischen Beobachtungen beziehen sich ausschließlich auf die Existenz des Insiderhandels und das weitgehende Fehlen von Insiderhandelsverboten in Unternehmenssatzungen. Insiderhandel, so das Argument, sei stets vorteilhaft für Unternehmen, da andernfalls in kompetitiven Märkten privatrechtliche Begrenzungen von Insideraktivitäten zu beobachten wären[290]. Zwar wird durch Seyhun (1992a) erneut bestätigt, daß Aktionäre US-amerikanischer Unternehmen nur selten explizite Insiderhandelsverbote in Unternehmenssatzungen aufnehmen, es bestehen jedoch Zweifel, ob diese Erkenntnis als Hinweis dafür dienen kann, daß Insiderhandel aus der Perspektive der Eigentümer positiv zu beurteilen ist: Erstens, unvollkommene Managerarbeitsmärkte können Unternehmensinsider mit Verhandlungsmacht versehen, die ihnen die Durchsetzung von Kompensationssystemen mit nachteiligen Folgen für Eigentümer ermöglicht[291]. Zweitens, die bestehenden Insiderhandelsrestriktionen in den USA könnten mit den Wünschen der Eigentümer übereinstimmen, so daß zusätzliche Aktivitäten nicht erforderlich sind[292]. Drittens, die Durchsetzung privatrechtlicher Beschränkungen könnte, aufgrund zu hoher Kosten für Eigentümer, von diesen als nachteilhaft betrachtet werden[293]. Den aus Principal-Agent-Modellen abgeleiteten Hypothesen über die Kompensationswirkungen fehlt somit weitgehend eine empirische Qualifizierung.
- Investitionsrisikoeffekt: Die Frage, ob Insiderhandel das Risiko oder den Ertrag von Investitionsprojekten beeinflußt, wird von Agrawal/Mandelker (1987) untersucht. Ergebnis der Studie ist, daß die Varianz von Investi-

---

[290] Carlton/Fischel (1983), 862: „Government need not prohibit this type of compensation agreement because, given competitive markets, firms will have strong incentives to avoid such a scheme"; Alchian/Woodward (1987), 140: „we see no reason why market forces would not provide an efficient outcome if firms were left to decide for themselfs whether or not managers should be allowed to trade on inside information".

[291] Ross (1979).

[292] Dye (1984), 296.

[293] Easterbrook (1981); Easterbrook (1985), 91: „No firm has an incentive to suppress trading by its insiders on material information unless the private gains of doing so exceed the private costs. A good argument can be made that these costs are very high ..."

tionserträgen mit dem Aktien- und Optionsbesitz von Managern steigt[294]. Dieses Ergebnis könnte als Indiz für die Erhöhung von Investitionsrisiken durch Insideraktivitäten betrachtet werden, da Insiderhandel insbesondere bei Unternehmen wahrscheinlich ist, an deren Manager in großem Umfang selbst beteiligt sind. Diese Folgerung ist jedoch angreifbar; so wird beispielsweise in einer empirischen Studie von Sicherman / Pettway (1987) gezeigt, daß Investitionsentscheidungen in Produktlinien, die nahe am bestehenden Kerngeschäft einer Unternehmung liegen, den größten positiven Wohlfahrtseffekt für Eigentümer haben und, daß solche Investitionen umso häufiger erfolgen, je größer der Aktienbesitz des Managements an der aquirierenden Unternehmung ist. Die Studien kommen daher zu dem Ergebnis, daß Aktienbesitz des Managements einen wesentlichen Beitrag zur Reduktion von Delegationsproblemen in Unternehmen leistet, den in den USA bestehenden Möglichkeiten zum Insiderhandel zum Trotz[295].

- Informationseffekt: Die Hypothese, daß publizierte Insiderhandelsdaten Eigentümern als wertvolle Quelle zusätzlicher Kontrollinformationen dienen können, wird durch mehrere empirische Studien gestützt. Penman (1985) untersucht das Aktienkursverhalten im Zusammenhang mit positiven Ertragsprojektionen des Managements. Er kommt zu dem Ergebnis, daß das Volumen der Insiderkäufe einen signifikanten Einfluß auf die Beurteilung der Ertragsprojektionen durch Investoren ausübt. Zu einem übereinstimmenden Ergebnis kommen Hirschey / Zaima (1989), die Aktienkursreaktionen auf die Publikation von Nachrichten über den Verkauf von Unternehmensteilen untersuchen. Werden innerhalb von sechs Monaten vor der Publikation Netto-Insiderkäufe beobachtet, dann ist die positive Marktreaktion auf die Verkaufsnachricht am höchsten. Eine Anzahl weiterer Studien bestätigt diese Ergebnisse in bezug auf Nachrichten über Kapitalinvestitionen und Dividendenänderungen[296].

Die empirischen Untersuchungen der Wirkungen des Insiderhandels unterstützen keine der aus Principal-Agent-Modellen abgeleiteten Hypothesen auf überzeugende Weise. Empirische Hinweise existieren, daß Insiderhandel, oder zumindest die Möglichkeit des Insiderhandels, die Profitabilität von Investitionsprojekten nicht negativ beeinflußt und daß Eigentümer publizierte Insi-

294 Ein ähnliches Ergebnis erzielen Morck / Shleifer / Vishny (1988), 293–315.

295 Zu einem entsprechenden Ergebnis kommt auch eine empirische Studie von Masson / Madhavan (1991), in der keine Wirkungen von Insiderhandel auf den Unternehmenswert nachgewiesen werden können.

296 Oppenheimer / Dielman (1988), Born (1988), John / Mishra (1990) und John / Lang (1991) untersuchen diese Phänomene im Rahmen von financial signalling-Modellen.

derhandelsdaten als zusätzliche Informationen zur Bewertung von Unternehmensnachrichten verwenden. Auf dem gegenwärtigen Stand empirischer Erkenntnisse kann deshalb die ambivalente Beurteilung der Wirkungen des Insiderhandels auf die Wohlfahrt der Eigentümer mit Hilfe logisch-deduktiver Principal-Agent-Modelle nicht ausgeräumt werden.

II. Im geschlossenen Wertpapiermarkt

Unabhängig davon, ob Insiderhandel aus Sicht der Eigentümer negativ oder positiv zu beurteilen ist, kann ein gesellschaftliches Interesse an der Begrenzung des Insiderhandels bestehen. Als Grund für ein solches öffentliches Interesse wurden negative Externalitäten des Insiderhandels identifiziert, die Marktversagen verursachen können: Erstens, wenn den Eigentümern durch Insiderhandel Kosten entstehen, die sie mit den verfügbaren Durchsetzungmechanismen nicht reduzieren können, oder zweitens, wenn Insiderhandel Kosten verursacht, die nicht im Zusammenhang mit der Unternehmensführung für die gegenwärtigen Eigentümer, sondern beim Erwerb von Unternehmensanteilen für zukünftige Eigentümer anfallen.

Zur Analyse der Wirkungen des Insiderhandels für andere Marktteilnehmer ist es erforderlich, die Definition des Insiderhandels auszuweiten. „Insider" sind für die folgende Modellanalyse solche Marktteilnehmer, die Zugang zu bewertungsrelevanten Informationen schneller und zu niedrigeren Kosten haben als alle anderen Marktteilnehmer; Insider nutzen diese Informationen zum Abschluß von Wertpapiertransaktionen. Diese Erweiterung der Definition ist erforderlich, da innerhalb empirisch-prüfbarer Kapitalmarktmodelle besser informierte Händler nicht nach der Herkunft ihres Informationsvorteils differenziert werden können.

Als Beurteilungskriterium des Insiderhandels „im geschlossenen Wertpapiermarkt" sollte grundsätzlich sein Einfluß auf die gesellschaftliche Wohlfahrt dienen. In Teil B dieser Arbeit werden verschiedene Maßgrößen vorgeschlagen, die eine Bewertung der „Marktqualität" aus der Perspektive der Käufer und Verkäufer von Wertpapieren erlauben. Die folgenden Maßgrößen sollen für die vorliegende Untersuchung eine empirisch meßbare Beurteilung des Insiderhandels auf Wertpapiermärkten unter verschiedenen institutionellen Bedingungen ermöglichen:

- An- / Verkaufsspanne: Die An- / Verkaufsspanne (bid-ask spread) ist auf Händlermärkten einfach die Differenz zwischen dem Kurs für eine Kauforder und dem Kurs für eine Verkaufsorder. Auf Auktionsmärkten wird das entsprechende Maß, die effektive An- / Verkaufsspanne, als Differenz des Ankaufsorderpreises und des Verkaufsorderpreises der gleichen Order-

Abbildung 11:

Maßgrößen zur Beurteilung der Wirkungen des Insiderhandels „im geschlossenen Wertpapiermarkt"

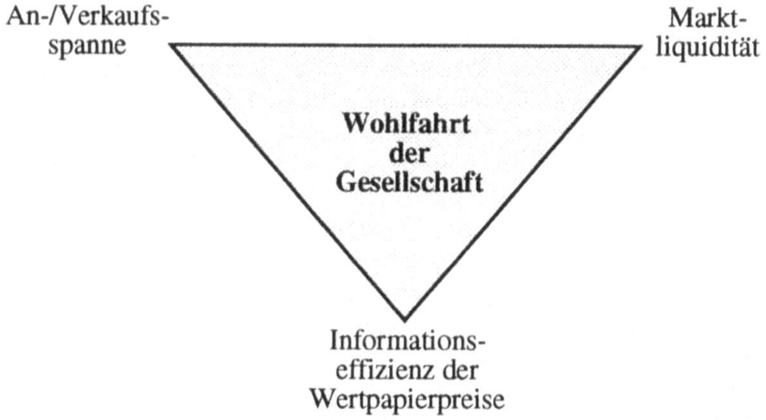

größe ermittelt[297]. Auch auf Händlermärkten ist die An- / Verkaufsspanne häufig differenziert nach Ordergröße; außerdem können die gebotenen An- / Verkaufsspannen (quoted spreads) von den effektiven Preisen (effective spreads) der Aufträge, die ausgeführt werden, abweichen.

- Marktliquidität: Die Sensitivität von Wertpapierkursen auf Veränderungen des Orderflusses wird als Marktliquidität bezeichnet. Als Maß für Liquidität wird die Ordergröße verwendet, die eine Marktpreisveränderung um eine Einheit erzeugt. Ein Markt verfügt dabei über eine größere Liquidität und „Tiefe" (market depth), je größer eine Order ist, die ohne wesentliche Preisveränderungen ausgeführt werden kann[298].

- Informationseffizienz der Wertpapierpreise: Informationseffizienz beschreibt den Umfang, zu dem Wertpapierkurse verfügbare Informationen reflektieren. Halbstrenge (semi-strong) Preiseffizienz ist erfüllt, wenn Preise alle öffentlich verfügbaren Informationen reflektieren; strenge

---

[297] Der Preis einer Order, p, wird dabei als eine kontinuierliche Funktion der Ordergröße, q, definiert: $p = p\ (q)$; der Ankaufspreis (bid price) eines Market-Makers entspricht $p\ (-\ |\ q\ |)$, der Verkaufspreis (ask price) $p\ (|\ q\ |)$; die effektive An- / Verkaufsspanne, s, ergibt sich somit als $s\ (q\ ) = p\ (|\ q\ |) - p\ (-\ |\ q\ |)$.

[298] Für die Ordergröße, q, ergibt sind als Liquiditätsmaß: _ = $[p'\ (q)]^{-1}$, wenn die Preisfunktion differenzierbar ist; s. Black (1971) und Kyle (1985). Schwartz (1991), 421 – 433 schlägt den sogenannten Liquiditätskoeffizienten als Maßgröße vor.

(strong) Preiseffizienz gilt als erfüllt, wenn die Preisbildung anhand aller öffentlichen und privaten Informationen erfolgt[299].

1. Wirkungshypothesen

Die in der Literatur diskutierten Hypothesen der Wirkungen des Insiderhandels haben häufig den Charakter von Argumentationsketten, die eine spezifische Wirkung im Zusammenhang mit Folgewirkungen darstellen; eine typische Verknüpfung ist: Der Gewinnentgang von Kleinaktionären, der Rückgang ihres Investitionsvolumens, die Reduktion des Handelsvolumens im Wertpapiermarkt, der Anstieg der Transaktionskosten, die Verringerung der allokativen Effizienz des Kapitalmarktes. So überzeugend die eine oder andere Hypothese dieser Art erscheinen mag, ihre modelltheoretische Rekonstruktion erfordert komplexe, in ihren Folgen für die Modellaussagen nicht einschätzbare Annahmen, und ihre empirische Überprüfung ist nicht durchführbar[300]. Die folgende Analyse von Hypothesen versucht deshalb nicht, diese hypothetischen Wirkungsketten im einzelnen nachzuvollziehen, sondern beschränkt sich auf die in der Insider-Diskussion dominierenden Wirkungshypothesen. Diese Hypothesen stehen in einem engen argumentativen Zusammenhang, lassen sich jedoch analytisch separat darstellen.

a) Verteilung von Handelsgewinnen

Eine der ältesten Auseinandersetzungen um Insiderhandel betrifft seine distributiven Effekte. Eine häufig von juristischer Seite vorgetragene Hypothese ist die der Schädigung nicht-informierter Marktteilnehmer durch Insider[301]. Nutzen Insider die ihnen zugänglichen Informationen zu Wertpapier-

---

[299] Strenge (strong form) Preiseffizienz ist die Bedingung idealer Märkte mit rationalen Investorenerwartungen; halb-strenge Preiseffizienz ist erfüllt, wenn der Preis, p, dem erwarteten Preis bei gegebener öffentlicher Information, v, entspricht: $p = E\,(v \mid p)$; s. Fama (1970), 383–417.

[300] Beispiele einer ökonomischen Modellbildung, die auf verschiedenen Ketten von Hypothesen aufbauen, sind: Glosten (1989); Manove (1989); Fishman/Hagerty (1989a), (1989b) und (1992); Aushubel (1990); Fischer (1992); Dennert (1992); Leland (1992). Die aus den verschiedenen Modellen abgeleiteten Schlußfolgerungen sind weitgehend widersprüchlich, und keiner der Autoren unternimmt den Versuch einer systematischen empirischen Prüfung der Modelle; für einen Vergleich der unterschiedlichen Ansätze s. Leland (1992), 861–862.

[301] Hopt/Will (1973), 47; Painter (1974), 134; Pflisterer (1976); Brudney (1979), 322–376; Parkman/George/Boss (1988), 965–971; Douglas (1988), 127–142.

transaktionen, so wird den anonymen Handelspartnern ein Schaden zugefügt. Zwar hebt Dingeldey (1983) hervor, daß der Betrugstatbestand nicht erfüllt ist, dennoch führe „institutionelle Wehrlosigkeit" nicht-informierter Marktteilnehmer zu deren ökonomischer Schädigung[302]. Die Hypothese lautet also: *Insiderhandel verursacht eine Umverteilung von Handelsgewinnen zwischen Insidern und ihren nicht-informierten Handelspartnern.*

Eine dieser Hypothese klar entgegengesetzte Position vertreten Carlton / Fischel (1983). Sie bestreiten eine systematische Umverteilung von Handelsgewinnen, da Unternehmensanteile, bei denen Handelsverluste für nicht-informierte Marktteilnehmer zu erwarten sind, in effizienten Märkten mit einem niedrigen Preis bewertet würden und somit für rationale Investoren keine Handelsverluste eintreten könnten[303]. Die Hypothese lautet: *Insiderhandel verursacht keine systematische Umverteilung von Handelsgewinnen zwischen Insidern und anderen Gruppen von Marktteilnehmern.*

Es existieren eine Reihe weiterer abweichender Hypothesen: Seyhun (1986) argumentiert, Insider würden auf Kosten anderer Marktteilnehmer profitieren, jedoch nicht grundsätzlich von ihren direkten Handelspartnern; als Begründung führt Seyhun an, Insiderhandel erhöhe die allgemeinen Transaktionskosten auf Wertpapiermärkten und schädige somit alle anderen Marktteilnehmer[304]. Haddock / Macey (1987) vermuten, Insider würden Handelsgewinne anderer informierter Händler reduzieren[305]. Dunbar (1990) vertritt die Hypothese, daß in der überwiegenden Zahl aller Insidertransaktionen die Handelspartner von Insidern keinen ökonomischen Schaden erleiden, sondern lediglich die Marktteilnehmer, die auf derselben Marktseite handeln wie Insider[306]. Zusammenfassend kann die Hypothese so formuliert werden:

---

[302] Douglas (1988) vertritt eine ähnliche Position.

[303] Das Argument von Carlton / Fischel (1983), 863 basiert auf der von Jensen / Meckling (1976) gelieferten Analyse der Marktmechanismen zur Kontrolle von Agency-Kosten; eine ähnliche Argumentation verwenden Schneider (1990), Ott / Schäfer (1991), Jacob (1992) und Oberender / Daumann (1993).

[304] Variationen dieses Argumentes vertreten Glosten / Milgrom (1985); King / Roell (1988); Subrahmanyam (1991); Georgakopolos (1991), basierend auf Bagehot (1971).

[305] Variationen dieses Argumentes vertreten Haddock / Macey (1986); Macey (1991); Georgakopolos (1991), und Schneider (1993), alle basierend auf Hirshleifer (1971).

[306] Dunbar (1990), 10–11: „buyers opposite the insiders are not damaged by the insiders' trade. Conversely, civil suits by traders on the same side of the market may have some merit economically, if not legally. The same logic as to why traders benefit when opposite an insider applies to why traders may be harmed when they are on the same side. That is, when an investor sells after an insider sells (but before the disclosure), the investor receives a lower price than had the insider abstained." Zu

Insiderhandel verursacht eine Umverteilung von Handelsgewinnen zwischen Insidern und Marktteilnehmern, die nicht in jedem Fall ihre Handelspartner sind.

b) Informationseffizienz der Wertpapierpreise

Neben den distributiven Effekten des Insiderhandels werden häufig seine allokativen Wirkungen hervorgehoben, insbesondere durch die Beeinflussung der Preiseffizienz des Wertpapiermarktes[307]. Das klassische Argument für einen positiven Effekt des Insiderhandels auf die Preiseffizienz stammt von Manne (1966), der betont, daß Insiderhandel die Verbreitung von bewertungsrelevanten Informationen beschleunige und eine Glättung des Preisanpassungsprozesses verursache. Diese Anpassung könne durch Insidergeschäfte graduell erfolgen und nicht abrupt bei der Veröffentlichung neuer Informationen[308]. Zusätzlich wird mit Hirshleifer (1971) argumentiert, daß Insiderhandel reproduktive Informationsgewinnung auf Wertpapiermärkten reduziere und Ressourcen für produktivere Formen der Informationsbeschaffung freisetze[309]. Die Wirkungshypothese lautet demnach: *Insiderhandel erhöht die Informationseffizienz der Wertpapierpreise.*

Eine entgegengesetzte Auffassung der Wirkungen des Insiderhandels auf die Informationseffizienz der Wertpapierpreise wird durch drei Argumente begründet: Erstens, Fishman / Hagerty (1992) argumentieren, daß eine Erhöhung der Informationseffizienz durch ein wirksames Insiderhandelsverbot erreicht werden kann, da die Verdrängung informierter Händler durch Insider zu insgesamt verringerter Verbreitung bewertungsrelevanter Nachrichten führen kann[310]. Zweitens, verschiedene Studien heben die adversen Wirkungen informationsbedingt unvollständiger Konkurrenz zwischen Händlern auf

---

den Wirkungen von Insideraktivität auf Händler der selben Marktseite vgl. auch Pfister (1981), 341; Grunewald (1990), 129.

307 Mirman / Samuelson (1989), 152–167; Jagannathan / Palfey (1989), 411–430; Beck-Dudley / Stephens (1989), 441–465; Bergmans (1991), 187–190.

308 Manne (1966), 113–132; Carlton / Fishel (1983), 868.

309 Hirshleifer (1971), 561; Carlton / Fischel (1983), 867; Fenn / McGuire / Prentice (1991), 18 heben hervor, daß Insiderhandel die Informationseffizienz der Wertpapierpreise erhöhen kann; Jensen / Ruback (1983) und Jensen (1988) betonen in diesem Zusammenhang den positiven Einfluß des Insiderhandels auf die Tätigkeit von Arbitrageuren, insbesondere bei Unternehmensübernahmen.

310 Eine Reihe weiterer theoretischer Studien formalisieren ähnliche Argumente: Glosten (1989); Fishman / Hagerty (1989a) und (1989b); Bhattacharya / Spiegel (1991).

die Volatilität und Informationseffizienz der Wertpapierkurse hervor[311]. Drittens, ein weiteres Argument wird von King/Roell (1988) angeführt; wenn Insiderhandel Handelsgewinne zuungunsten verschiedener Gruppen von Marktteilnehmern verschiebt, könnte der Ausstieg dieser Gruppen aus dem Wertpapiermarkt zu einer Verringerung von Handelsvolumen und Liquidität bestimmter Marktsegmente führen. Die Folge wäre eine Preisbildung, die stärker durch die Veränderungen von Angebot und Nachfrage und weniger von fundamentalen Unternehmensnachrichten beeinflußt wird[312]. Die entgegengesetzte Hypothese lautet also: *Insiderhandel vermindert die Informationseffizienz der Wertpapierpreise.*

c) Transaktionskosten

Eine Schlüsselposition für die Beurteilung des Insiderhandels „im geschlossenen Wertpapiermarkt" nimmt der Einfluß der Insideraktivitäten auf Transaktionskosten und die durch diese Kosten verminderten Wertpapiererträge ein. Grund dafür ist, daß alle relevanten institutionellen Charakteristika eines Marktes sich letztendlich in den Transaktionskosten der Marktteilnehmer niederschlagen; eine institutionelle Eigenschaft, die keinen erkennbaren Einfluß auf die Transaktionskosten irgendwelcher Marktteilnehmer hat, ist aus ordnungspolitischer Sicht irrelevant.

Seyhun (1986) und King/Roell (1988) vertreten die Auffassung, daß Insiderhandel auf Händlermärkten eine Erhöhung der allgemeinen Transaktionskosten verursacht. Dieser Transaktionskosteneffekt beruht auf dem erstmals von Bagehot (1971) beschriebenen Effekt, daß Market-Maker, die beim Handel mit besser informierten Marktteilnehmern Verluste hinnehmen müssen, ihre allgemeinen An-/Verkaufsspannen ausweiten, um diese Handelsverluste aufzufangen. Auf Auktionsmärkten läßt sich dieses Argument nur begrenzt nachvollziehen; der Einfluß des Insiderhandels auf die Transaktionskosten in diesen Märkten könnte jedoch durch die erwartete Verminderung des Handelsvolumens, als Folge reduzierter Ertragserwartungen von Investoren, ausgelöst werden. Die Wirkungshypothese für beide Marktformen lautet: *Insiderhandel vermindert reale und erwartete Investitionserträge auf Wertpapiermärkten.*

Das dieser Hypothese widersprechende Argument richtet sich nicht grundsätzlich gegen die beschriebenen Wirkungen asymmetrischer Informationsverteilungen auf An-/Verkaufskurse, die theoretisch und empirisch ausführlich

---

[311] French/Roll (1986); Laffont/Maskin (1990); Ott/Schäfer (1991).

[312] Seyhun (1986); King/Roell (1988); Georgakopolos (1991).

erforscht sind[313]. Vielmehr wird die Auffassung vertreten, daß die Komponenten der An- / Verkaufsspanne durch eine komplexe Kombination institutioneller Faktoren bestimmt wird: Die Struktur des Orderflusses, die Konkurrenz zwischen Market-Makern sowie die Ausführungsgeschwindigkeit. Der Einfluß des Insiderhandels auf die Preisspanne sei daher schwierig bestimmbar und unter Umständen kaum feststellbar. So zeigt beispielsweise Subrahmanyam (1991) modelltheoretisch, daß eine Erhöhung des informierten Handelsvolumens oder eine zunehmend präzise Information informierter Händler nicht zwangsläufig zu einer Reduktion des Gesamthandelsvolumens und somit zu den erwähnten Kosteneffekten auf Auktionsmärkten führt[314]. George / Kaul / Nimalendran (1991) entwickeln eine neue Methodik zur Schätzung der Komponenten der An- / Verkaufsspanne; sie zeigen, daß die Kosten der Orderbearbeitung auf Händlermärkten einen Einfluß auf diese Spannen haben könnten, der höher ist als allgemein angenommen. Den von Informationsasymmetrien verursachten Kosten würde somit eine erheblich geringere Bedeutung zukommen[315]. Die gegensätzliche Hypothese lautet also: *Insiderhandel vermindert reale und erwartete Investitionserträge auf Wertpapiermärkten nur unwesentlich.*

2. Modellanalyse

Die Hypothesen über die Wirkungen des Insiderhandels „im geschlossenen Wertpapiermarkt" weisen eine ähnliche Gegensätzlichkeit auf wie die aus Principal-Agent-Modellen abgeleiteten Wirkungshypothesen. Ebenso wie diese gründen auch sie sich auf mehr oder weniger formalisierte Modellvorstellungen. Im Gegensatz zu den Principal-Agent-Modellen werden jedoch innerhalb von Kapitalmarkt-Modellen die Wirkungen des Insiderhandels vor

[313] Eine unübersehbare Zahl von Studien beschäftigt sich mit den aus Informationsasymmetrien resultierenden Kosten für Liquiditätsdienstleistungen: Demsetz (1968); Tinic (1972a); Tinic / West (1972); Beston / Hagerman (1974); Stoll (1978); Tinic / West (1980); Ho / Stoll (1980); Copeland / Galai (1983); Gloston / Milgrom (1985); Stoll (1985a) und (1985b); Cohen / Maler / Schwartz / Whitcomb (1986); Seyhun (1986); Amihud / Mendelson (1986); Eastley / O'Hara (1987); Glosten / Harris (1988); Chiang / Venkatesh (1988); Choi / Salandro / Shastri (1988); Stoll (1989); George / Kaul / Nimalendran (1991).

[314] Subrahmanyam (1991), 417–441 weist nach, daß die Annahmen über die Risikoaversität informierter Händler und über das Volumen des Liquiditäts-motivierten Handels entscheidend für die Beurteilung der Entwicklung des Handelsvolumens sind; einen zusammenfassenden Überlick über die verschiedenen Komponenten der An- / Verkaufsspanne und die Funktionen des Market-Makers liefert Stoll (1985).

[315] George / Kaul / Nimalendran (1991) schätzen die Komponente der „adverse selection cost" auf lediglich 8–13% der An- / Verkaufsspanne des Market-Makers.

dem Hintergrund von Referenzmodellen dargestellt, die die Funktionsweise von Kapitalmärkten rekonstruieren. Viele der verschiedenen Wirkungshypothesen werden dabei aus unterschiedlichen Modellen abgeleitet; da diese Modelle jedoch grundsätzlich beobachtbare Austauschprozesse auf Wertpapiermärkten abbilden, ist es möglich, die Wirkungshypothesen des Insiderhandels gemeinsam mit den ihnen zugrundeliegenden Referenzmodellen zu analysieren. Die folgende *Abbildung 12* schematisiert den Zusammenhang zwischen Wirkungshypothesen und Referenzmodellen.

Abbildung 12:

Wirkungshypothesen und Bezugskonzepte der Kapitalmarkt-Modelle

Hypothese	Wirkungsmechanismus	Bezugskonzept
Verteilung von Handelsgewinnen	**Pro** • Keine Umverteilung von Handelsgewinnen	Einfacher rational-expectations-Markt
	Contra • Umverteilung von Handelsgewinnen • Reduktion des informierten Handels	Noisy-rational-expectations-Markt
Informationseffizienz der Wertpapierpreise	**Pro** • Beschleunigung der Informationsverbreitung • Glättung der Preisanpassung **Contra** • Verlangsamtung der Informationsverbreitung • Erhöhung der Preisvolatilität	Imperfectly-competitive-noisy-rational-expectations-Markt
Transaktionskosten	**Pro** • Geringe Insider-bedingte adverse-selection-Kosten **Contra** • Erhöhung der An-/Verkaufsspannen • Verminderung der Marktliquidität	Imperfectly-competitive-noisy-rational-expectations-Markt

Auf idealen Wertpapiermärkten sind die Kurse der gehandelten Papiere ungestörte Signale für eine effiziente Allokation von Ressourcen: „that is a market in which firms can make production-investment decisions, and investors can choose among the securities that represent ownership of firms' activities under the assumption that security prices at any time 'fully reflect' all available information."[316]. Auf einem solchen idealen Markt werden sämtliche öffentlichen und privaten Informationen unverzüglich und vollständig in den Wertpapierkursen reflektiert; Insider können ihre Informationsvorteile nicht zum Abschluß profitabler Wertpapiertransaktionen nutzen.

Eine Reihe von Phänomenen, die auf Wertpapiermärkten zu beobachten sind, können auf der Basis eines Referenzmodells, das strenge Preiseffizienz unterstellt, nicht erklärt werden, beispielsweise die Existenz von Wertpapieranalysten und profitablem Insiderhandel. Um diese Phänomene zu rekonstuieren, muß ein Kapitalmarkt-Referenzmodell verwendet werden, das es erlaubt, Informationsgewinnung als eine mit Kosten und Nutzen verbundene ökonomische Aktivität darzustellen. Innerhalb dieses Modells muß die Annahme strenger Preiseffizienz ersetzt werden durch die Annahme, daß Wertpapierkurse entweder lediglich historische Preis- und Ertragsinformationen (schwache Preiseffizienz) oder lediglich öffentlich erhältliche Informationen (halbstrenge Preiseffizienz) reflektieren, nicht jedoch private Informationen. Auf diesen beiden Annahmen aufbauend kann die Existenz von Wertpapieranalysten und Insiderhandelsgewinnen erklärt werden.

Ein einfaches Modell eines Wertpapiermarktes, auf dem Investoren rationale Erwartungen bezüglich ihrer Investitionserträge bilden (rational-expectations-Markt), ist der Ausgangspunkt der Analyse des Insiderhandels „im geschlossenen Wertpapiermarkt": Alle Investoren verfügen über identische Ressourcen und Risikopräferenzen und streben danach, ihren erwarteten Wohlstand zu maximieren; Marktteilnehmer sind nicht-informierte und informierte Investoren; Wertpapierpreise sind schwach oder halbstreng effizient; Handelstransaktionen werden stets direkt und anonym vollzogen und verursachen fixe Transaktionskosten; Investoren sind grundsätzlich nicht-informiert, können aber durch eine fixe Investition eine identische Information erwerben. Handeln auf diesem theoretischen Wertpapiermarkt lediglich informierte und nicht-informierte Investoren, so kann anhand eines spieltheoretischen Modells nachgewiesen werden, daß die Gewinnopportunitäten einen Anreiz zur Informationsgewinnung schaffen. Bei jeder Transaktion, in der sich zwei anonyme Investoren direkt gegenüberstehen, bestimmt ihre relative Informationsausstattung den Ertrag, der sich aus einem normalen Investitionsertrag und einem Handelsertrag oder -verlust zusammensetzt. Handeln zwei

---

[316] Fama (1970), 383.

nicht-informierte Investoren, hat keiner von beiden einen Informationsvorteil und der Netto-Handelsertrag ist für beide aufgrund der fixen Transaktionskosten negativ; gleiches gilt, wenn zwei informierte Investoren handeln, ihr Handelsertrag ist negativ aufgrund der Transaktionskosten und aufgrund der Kosten der Informationsbeschaffung. Handeln ein informierter und ein nicht-informierter Investor miteinander, so hat der informierte einen positiven und der nicht-informierte einen negativen Handelsertrag. Solang der erwartete Netto-Gesamtertrag der informierten Strategie positiv ist, werden in diesem Modell einige Investoren Informationen erwerben. Unter dieser Bedingung existiert ein stabiles Marktgleichgewicht, wenn der erwartete Gesamtertrag der informierten Investoren dem erwarteten Gesamtertrag der nicht-informierten entspricht[317].

Soll, basierend auf diesem Modell, eine Analyse der Wirkungshypothesen des Insiderhandels erfolgen, so ist es erforderlich, Insider als eine dritte Gruppe von Investoren einzuführen, außerdem ist es sinnvoll anzunehmen, Insider hätten kostenlosen Zugang zu denselben Informationen, die von anderen Investoren käuflich erworben werden können, verhielten sich im übrigen jedoch wie alle anderen informierten Investoren. Handeln Insider mit nicht-informierten Investoren, haben Insider, genau wie andere informierte Investoren, einen positiven Netto-Ertrag. Handeln Insider mit anderen informierten Investoren, so besitzt keiner einen Informationsvorteil; dennoch erzielen Insider anfangs einen positiven Netto-Ertrag, da der Informationserwerb für Insider kostenlos ist. Unter diesen Bedingungen ersetzt das Insiderhandelsvolumen den gesamten durch Informationserwerb informierten Handel (crowding out). Bis zu diesem Punkt sind alle Marktteilnehmer der Präsenz von Insidern gegenüber indifferent, da sich der erwartete Netto-Ertrag für keinen Investor reduziert. Ein Marktgleichgewicht mit Insiderhandel ist jedoch bei vollständigem crowding out nicht erreicht: Da Insider keine Kosten des Informationserwerbs haben, wird sich ihr Handelsvolumen so lange erhöhen, bis der Netto-Ertrag aus Wertpapierinvestitionen für sämtliche Investoren den Transaktionskosten gleicht. Da nicht-informierten Investoren in diesem einfachen Modell keine Alternativinvestitionen zur Verfügung stehen, stellen sie an diesem Punkt ihre Handelsaktivitäten ein. Innerhalb eines rational-expectations-Modells ist es demnach möglich zu demonstrieren, daß Insiderhandel die Investitionserträge ihrer nicht-informierten Handelspartner

[317] Der erwartete Ertrag der informierten Strategie entspricht dem Produkt aus der Wahrscheinlichkeit, daß sich zwei informierte Investoren gegenüberstehen, und dem Netto-Ertrag dieser Situation plus dem Produkt aus der Wahrscheinlichkeit, daß ein informierter einem nicht-informierten Investor gegenübersteht, und dem Netto-Ertrag dieser Situation; Cornell/Roll (1981) entwickeln dieses Modell unter der Annahme strenger Preiseffizienz.

auf Wertpapiermärkten reduziert. Die erste Wirkungshypothese kann somit auf ein einfaches rational-expectations-Modell gestützt werden.

Eine geringfügige Erweiterung dieses einfachen rational-expectations-Modells zeigt hingegen, daß auch die zweite Wirkungshypothese gestützt werden kann: Haben Investoren die Wahl zwischen einer riskanten Wertpapierinvestition und einer alternativen Anlage, beispielsweise einer risikolosen Geldanlage, so wird Insiderhandel die Erträge aus Wertpapierinvestitionen nicht bis auf das Niveau der Transaktionskosten reduzieren. Sobald für nicht-informierte Investoren die Wertpapiererträge auf das Niveau der rentabelsten Alternativanlage sinken, ziehen diese ihr Kapital aus dem Wertpapiermarkt ab. Die reduzierte Nachfrage nach Wertpapieren vermindert, wie in Teil B demonstriert wurde, die Wertpapierkurse bis zu dem Punkt, an dem Wertpapier- und Alternativinvestitionen das gleiche Ertragsniveau erreichen. Unter diesen Bedingungen sind, gemäß der zweiten Wirkungshypothese, die Verteilungseffekte des Insiderhandels nicht existent, da unter der Annahme der rationalen Wohlstandsmaximierung die erwarteten Erträge sämtlicher Investitionsalternativen stets ausgeglichen sind. Die zweite Wirkungshypothese kann somit auf das Modell eines rational-expectations-Marktes mit Alternativanlagemöglichkeiten gestützt werden.

Diese vereinfachte Modellanalyse zeigt, daß die Beurteilung der Wirkungen des Insiderhandels „im Wertpapiermarkt" ebenso wie „im Unternehmen" von der Wahl des Referenzmodells abhängig ist. Die Aussagekraft der Modellanalyse kann deshalb nur erhöht werden, wenn ein Kapitalmarktmodell verwendet wird, das die Funktionsweise realer Wertpapiermärkte möglichst realitätsnah beschreibt. Obwohl in beiden dargestellten Variationen des einfachen rational-expectations-Modells ein Marktgleichgewicht definiert werden kann, erlauben sie nur eine höchst unzureichende Beschreibung der Austauschprozesse auf Wertpapiermärkten. Die Kritik an diesem Modell ist einfach und fundamental zugleich: Wenn ein rational-expectations-Markt im Gleichgewicht ist, reflektieren die Wertpapierkurse sämtliche Informationen und sind somit im strengen Sinn effizient. Dies bedeutet, daß im Gleichgewicht jeder Anreiz zum Handel und zum Erwerb von Information verschwindet[318]. Das als Paradox der Informationseffizienz (informational efficiency paradox) bezeichnete Phänomen impliziert, daß einfache rational-expectations-Modelle nicht geeignet sind, die Existenz von Wertpapiermärkten zu erklären[319].

---

[318] Auch Insiderhandel ist in einem solchen Markt nicht profitabel.

[319] Grossman / Stiglitz (1980), 398 – 408.

Um dieses konzeptionelle Defizit der rational-expectations-Modelle zu vermeiden, haben Grossman / Stiglitz (1976) und (1980) ein Modell entwikkelt, das es ermöglicht, Wertpapierpreise als gestörte Signale (noisy signals) der vorhandenen öffentlichen und privaten Informationen darzustellen. In einem solchen noisy-rational-expectations-Modell wird die Nachfrage nichtinformierter Investoren vom Marktpreis eines Wertpapiers bestimmt, während die Nachfrage informierter Investoren vom Marktpreis und von einer Variablen bestimmt wird, die lediglich für informierte Investoren beobachtbar ist[320]. Aufgrund ihres Informationsvorteils können informierte Investoren den zukünftigen Marktpreis besser vorhersagen als nicht-informierte, für keine Gruppe von Investoren ist es jedoch möglich, diesen Preis perfekt vorherzusagen, da Grossman / Stiglitz annehmen, daß sich das aggregierte Angebot wie eine Zufallsvariable verhält. Jede beobachtete Preisveränderung kann deshalb auf neue Informationen, die lediglich informierten Investoren zugänglich sind, zurückzuführen sein oder auf eine nicht antizipierbare Verschiebung des aggregierten Angebots. Informierte Investoren besitzen deshalb stets einen Informationsvorteil, aufgrund dessen sie Handelsgewinne erzielen können, die sie für die Kosten der Informationsbeschaffung kompensieren. Preise sind somit in diesem Modell lediglich im schwachen oder halbstrengen Sinn effizient.

Noisy-rational-expectations-Modelle bilden die Grundlage vieler Wertpapiermarktstudien, da sie eine realistische Repräsentation zahlreicher Aktivitäten auf Wertpapiermärkten ermöglichen[321]. Diese Studien verwenden unterschiedliche Begründungen zur Erklärung der Störung der Wertpapierpreise im Marktgleichgewicht: Liquiditätsmotivierter Handel (liquidity traders), nichtinformierte Spekulation (noise trading), Portfolioanpassungen (hedging trade), Veränderungen des Risikoverhaltens (irrational behavior) und Schwankungen des Wertpapiervolumens (placements, repos) sind häufig verwendete Konzepte[322]. Für die folgende Analyse wird aus Gründen der Vereinfachung

---

[320] Die Nachfragefunktion der informierten Investoren ist abhängig von dem beobachtbaren Preis, p, und einer Variablen, , die nur für sie beobachtbar ist: . Nichtinformierte Investoren beobachten nur den Preis, p, und verfügen daher über die Nachfragefunktion . Wenn die Nachfrage, und , mit sinkendem Preis, p, und mit steigendem, , steigt, dann ergibt sich das aggregierte Angebot, , im Marktgleichgewicht als , wobei der Anteil der informierten und der Anteil der nicht-informierten Investoren ist.

[321] Beispiele für Studien, die auf Grossman / Stiglitz (1976) basierende noisy-rational-expectations-Modelle verwenden, sind: Grossman / Stiglitz (1980); Hellwig (1980); Verrecchia (1980); Diamond / Verrecchia (1981); Verrecchia (1982); Admati (1985); Admati / Pfleiderer (1987) und (1988a).

[322] Das Konzept des noise trading auf Wertpapiermärkten wurde von Black (1986) entwickelt und durch die folgenden Studien ausgeweitet: Shleifer / Summers (1990);

angenommen, Störungen der Wertpapierpreisbildung würden durch liquiditätsmotivierten Handel verursacht. Zunächst wird der Wertpapierhandel im Modell eines Auktionsmarktes untersucht.

a) Auktionsmarkt

Ein noisy-rational-expectations-Modell bildet den zweiten Schritt der Analyse der Wirkungen des Insiderhandels. In diesem Auktionsmarkt besitzen Investoren aufgrund ihrer unterschiedlichen Informationsausstattung heterogene Erwartungen über die Risiko- und Ertragseigenschaften von Wertpapieren. Marktpreise sind lediglich gestörte Signale der privaten und öffentlichen Informationen, da Preisveränderungen durch neue Informationen, die von informierten Händlern beobachtet werden, und Schwankungen des liquiditätsmotivierten Handels verursacht werden. Die zufallsverteilte exogene Störung der Preise (noise) hat einen doppelten Effekt auf den Handel: Einerseits beeinflußt die Störung die Präzision der Erwartungen, die Investoren aufgrund der ihnen zur Verfügung stehenden Informationen bilden können; andererseits bestimmt die Störung den Wert der zusätzlichen Kenntnisse informierter Investoren. Wieviel informierte Investoren handeln können, bevor ihre privaten Beobachtungen in den Wertpapierpreisen reflektiert werden, ist abhängig vom Umfang der Störung. Folgende Annahmen sind Grundlage der heuristischen Modellanalyse:

Ein sequentieller Auktionsmarkt, basierend auf diesem noisy-rational-expectations-Modell, hat die folgenden Eigenschaften.

- Nicht-informierter Handel: Nicht-informierte Händler bilden ihre Erwartungen nur aufgrund von Beobachtungen der Preise der Vorperioden. Ist der Informationsgehalt dieser Preise gering, sind ihre Erwartungen ungenau und divergierend. Das nicht-informierte Handelsvolumen steigt, wenn die Störung der Wertpapierpreise zunimmt. Da informierte Investoren fast ausschließlich mit nicht-informierten und liquiditätsmotivierten Investoren handeln, hat ein Anstieg des nicht-informierten Handelsvolumens, ceteris paribus, eine Erhöhung der Profitabilität und des Volumens des informierten Handels zur Folge. Eine Verminderung des nicht-informierten Handels führt dementsprechend zu verminderter Aktivität informierter Händler.
- Informierter Handel: Stehen die informierten Investoren in perfekter Konkurrenz zueinander, wird jede Veränderung des nicht-informierten Han-

DeLong / Shleifer / Summers / Waldman (1990) und (1991); speculative bubbles und eine Reihe verwandter Phänomene werden von Shleifer (1989), 49 – 68, und Zeckhauser / Patel / Hendricks (1991), 257 – 287 analysiert; s.a. die Literaturangaben dort.

Abbildung 13:

Modellannahmen des noisy-rational-expectations-Auktionsmarktes

Handels-objekte	Ein riskantes Wertpapier und Geld. Das riskante Wertpapier ist durch einen stochastisch verteilten Liquidiationswert am Ende der Handelsperiode gekennzeichnet, Geld ist eine risikolose Anlage.
Markt-teilnehmer	Informierte, nicht-informierte und liquiditätsmotivierte Händler (Investoren). Alle Händler verfügen über eine zufallsverteilte Anfangskapitalausstattung, bilden rationale Erwartungen und verhalten sich perfekt kompetitiv. Kein Händler ist ausreichend groß, um einen Einfluß auf den Marktpreis ausüben zu können. Informierte Händler und nicht-informierte Händler streben danach, ihren erwarteten Wohlstandsnutzen am Ende der letzten Handelsperiode zu maximieren, sie sind risikoavers und verfügen über eine negative exponentielle Nutzenfunktion. Liquiditätsmotivierte Investoren handeln eine zufallsverteilte, exogen bestimmte, inelastische Menge von Wertpapieren und verhalten sich nicht wohlstandsmaximierend.
Information	Wertpapierpreise sind im Marktgleichgewicht effizient im halbstrengen Sinn. Nicht-informierte und liquidtätsmotivierte Händler beobachten nur historische Marktpreise, informierte Händler beobachten zusätzlich eine Zufallsvariable, die ihnen eine präzisere Schätzung zukünftiger Marktpreise erlaubt. Kein Händler kann den Marktpreis des Wertpapiers perfekt antizipieren.
Markt-organisation	Eine Sequenz von Auktionen. Alle An- und Verkaufsaufträge einer Periode werden in einem zentralen Markt gesammelt und zu einem einheitlichen Kurs ausgeführt (walrasianischer Auktionator).

delsvolumens von einer ausgleichenden Verschiebung des informierten Handels begleitet. Im Marktgleichgewicht ist die Informationseffizienz der Wertpapierpreise deshalb, aufgrund des informierten Handels, unbeeinflußt vom Volumen des nicht-informierten Handels.

- Liquiditätsmotivierter Handel: Liquiditätsmotivierte Händler sind in ihrem Verhalten unbeeinflußt vom informierten und nicht-informierten Handelsvolumen. Andererseits verändern die exogenen Schwankungen des liquiditätsmotivierten Handels das Verhalten aller anderen Marktteilnehmer. Steigt der liquiditätsmotivierte Handel, so vermindert sich, ceteris paribus, die Informationseffizienz der Preise. In Reaktion darauf steigt das nicht-informierte Handelsvolumen, und auch informierte Händler erhöhen ihre Handelsaktivität. Im Marktgleichgewicht erhöht somit ein Anstieg der Preisstörung aufgrund liquiditätsmotivierten Handels grundsätzlich das Gesamthandelsvolumen und die Marktliquidität.

Auf einem Markt, in dem sich informierte Händler perfekt kompetitiv verhalten, werden somit Veränderungen des Verhaltens nicht-informierter Marktteilnehmer durch Anpassungen des informierten Handelsvolumens kompensiert. Unter diesen Bedingungen ist die Bildung der Wertpapierpreise im Gleichgewicht völlig unabhängig vom Verhalten der nicht-informierten Händler. Wieviel Information im Gleichgewicht in Wertpapierpreisen reflektiert wird und wie schnell sich Preise an neue Informationen anpassen, ist somit in einem noisy-rational-expectations-Modell abhängig vom liquiditätsmotivierten Handel und von der Risikoaversität der informierten Investoren.

Zur Analyse der Wirkungshypothesen des Insiderhandels in Rahmen des beschriebenen noisy-rational-expectations-Models ist es erforderlich, Insider als eine zusätzliche Gruppe informierter Investoren einzuführen. Insider haben dabei kostengünstigeren Zugang zu Informationen als alle anderen informierten Investoren; Insider können jedoch die exogene Störungskomponente der Wertpapierpreise ebenfalls weder beeinflussen noch antizipieren. Folgende Wirkungen des Insiderhandels können im Modell demonstriert werden.

- Nicht-informierter Handel: Veränderungen des nicht-informierten Wertpapierhandels resultieren aus divergierenden Erwartungen und sind somit abhängig vom Informationsgehalt der Wertpapierpreise. Steigt der nicht-informierte Handel, so erhöht sich das informierte Handelsvolumen einschließlich des Insiderhandels; sinkt der nicht-informierte Handel, so reduziert sich die gesamte informierte Handelsaktivität. Nicht-informierter Handel begrenzt somit die Handelsmöglichkeiten von Insidern.

- Informierter Handel: Da Insider definitionsgemäß einen Vorteil in bezug auf die Informationsgewinnung gegenüber anderen informierten Händlern besitzen, reduziert Insiderhandel in jedem Fall die Profitabilität und das Volumen des Handels anderer informierter Händler. Das Ausmaß, zu dem Insiderhandel anderen informierten Handel ersetzt, ist grundsätzlich von der Störung der Wertpapierpreise sowie der Anzahl und Riskoaversität der Insider abhängig.

- Liquiditätsmotivierter Handel: Wie das Volumen des nicht-informierten Handels so ist auch das liquiditätsmotivierte Handelsvolumen ein den Insiderhandel begrenzender Faktor. Ist das liquiditätsmotivierte Handelsvolumen groß, handeln nicht-informierte Investoren und Insider in großem Umfang. Da Insiderhandel in perfekt kompetitiven Märkten lediglich weniger-informierten Handel substituiert, jedoch das informierte Handelsvolumen insgesamt nicht verändert, übt er keinen Einfluß auf die Profitabilität des liquiditätsmotivierten Handels aus.

Unter der Annahme vollständiger Konkurrenz aller Marktteilnehmer sind die Wirkungen des Insiderhandels in einem noisy-rational-expectations-Markt begrenzt: Informierte Investoren handeln, lediglich durch den Grad ihrer Risikoaversität begrenzt, bis fast alle ihre privaten Informationen in den Preisen reflektiert sind[323]. Insider substituieren informierte Händler aufgrund ihres Zeit- oder Kostenvorteils. Der Informationsgehalt der Wertpapierpreise wird durch die Insideraktivitäten im Gleichgewicht jedoch nicht verändert, wenn Insider über die gleiche Risikoaversität wie die anderen informierten Investoren verfügen. Die Anpassungsgeschwindigkeit der Preise an neue Informationen ebenso wie die Preisvolatilität bleiben unbeeinflußt. Ist die Informationsgewinnung für Nichtinsider mit Kosten verbunden, so reduziert Insiderhandel die für Informationsgewinnung aufgewendeten Ressourcen durch den beschriebenen Verdrängungseffekt. Die Profitabilität der Aktivitäten sowohl der nicht-informierten als auch der liquiditätsmotivierten Händler wird von Insidern nicht verändert, grundsätzlich wird das Volumen des Insiderhandels durch die Aktivitäten dieser beiden Gruppen von Investoren begrenzt.

Mit Hilfe des noisy-rational-expectations-Modells können die distributiven Wirkungen des Insiderhandels klar demonstriert werden. Unbefriedigend daran bleibt, daß das Modell eine ähnliche Schwäche wie das anfangs verwendete einfache rational-expectations-Modell aufweist: Bei perfekter Konkurrenz zwischen informierten Investoren handeln diese unter der Annahme, daß ihr Verhalten keinen Einfluß auf die Wertpapierpreise hat, so aggressiv, daß ihre Informationen vollständig in den Wertpapierpreisen reflektiert werden. Der Anreiz zur Informationsgewinnung wird daher durch das Verhalten der informierten Investoren unterminiert. Dieses von Hellwig (1980) als „schizophrenical" bezeichnete Verhalten beschreibt im Ergebnis das gleiche Phänomen, das Grossman / Stiglitz (1980) mit dem „informational efficiency

---

[323] Kyle (1989), 341 kommt unter ähnlichen Annahmen in einem noisy-rational-expectations-Modell mit perfekter Konkurrenz zu dem Ergebnis: „in the limit as informed speculators become risk neutral in the competitive model, prices become fully revealing. Thus, profits of informed speculators are driven to zero."

paradox" beschrieben haben: Innerhalb eines perfekt kompetitiven Marktmodells, in dem die Entscheidung, Informationen zu erwerben, endogen durch die erwartete Profitabilität des informierten Handels bestimmt wird, kann die Akquisition von Information durch Investoren nicht erklärt werden[324].

Aufgrund dieser konzeptionellen Schwäche des noisy-rational-expectations-Modells verwenden neuere Studien von Wertpapiermärkten nicht-kompetitive Modelle[325]. Die dritte Stufe der Analyse erfolgt deshalb anhand eines Marktmodells, in dem sich Marktteilnehmer strategisch verhalten und somit den Einfluß ihrer An- und Verkaufsaufträge auf den Marktpreis berücksichtigen. Das imperfectly-competitive-noisy-rational-expectations-Modell wird unter folgenden Annahmen konstruiert[326]:

In einem nicht-kompetitiven Auktionsmarkt richten informierte Investoren ihre Handelsaktivitäten nach dem Informationsgehalt der Wertpapierpreise. Große informierte Händler sehen sich einer (mit der Ordergröße) steigenden residualen Angebotskurve gegenüber, denn große Aufträge beeinflussen den Preis zu Ungunsten der aktiv handelnden Marktteilnehmer. Diese aktiven Händler begrenzen daher ihr Handelsvolumen, damit nicht zuviel ihrer privaten Information in den Marktpreisen reflektiert wird. Die Reduktion des informierten Handels bewirkt, daß in einem imperfectly-competitive-noisy-rational-expectations-Markt die Preise stets weniger Informationen reflektieren als in einem vergleichbaren kompetitiven Modell[327]. Folgendes Verhalten der Marktteilnehmer kann aus dem Modell durch eine heuristische Analyse abgeleitet werden:

- Nicht-informierter Handel: Das nicht-informierte Handelsvolumen steigt mit zunehmender Anzahl oder abnehmender Risikoaversität der nicht-informierten Investoren und mit dem Volumen des liquiditätsmotivierten Handels. Steigender nicht-informierter Handel erhöht die Liquidität des Marktes und reduziert somit die Steigung der residualen Angebotskurve, der sich informierte Investoren gegenübersehen. Je größer der nicht-informierte Handel ist, um so unbeschränkter und profitabler handeln infor-

---

[324] Auch Gould/Verrecchia (1985) weisen auf diese Inkonsistenz des walrasianischen Auktionsmodells bei asymmetrischer Informationsverteilung hin.

[325] Kyle (1984); Gould/Verrechia (1985); Grinsblatt/Ross (1985); Kyle (1985); Admati/Pfleiderer (1986) und (1988b); Kyle (1989); Laffont/Maskin (1990); Subrahmanyam (1991); Jackson (1991); Holden/Subrahmanyam (1992); Madhavan (1992); Eastley/O'Hara (1992a).

[326] Die unterstrichenen Stellen bezeichnen die Abweichungen zu den Annahmen des noisy-rational-expectations-Modells in Abbildung 13.

[327] Kyle (1989), 318; Kyle entwickelt ein einperiodisches imperfectly-competitive-noisy-rational-expectations-Modell.

Abbildung 14:

Modellannahmen des imperfectly-competitive-noisy-rational-expectations-Auktionsmarktes

Handels-objekte	Ein riskantes Wertpapier und Geld. Das riskante Wertpapier ist durch einen stochastisch verteilten Liquidiationswert am Ende der Handelsperiode gekennzeichnet, Geld ist eine risikolose Anlage.
Markt-teilnehmer	Informierte, nicht-informierte und liquiditätsmotivierte Händler (Investoren). Alle Händler verfügen über eine zufallsverteilte Anfangskapitalausstattung und bilden rationale Erwartungen. Informierte Händler verhalten sich nicht kompetitiv, da sie den Einfluß ihrer Aktivität auf den Marktpreis berücksichtigen und ihr Handelsvolumen monopolistisch begrenzen. Informierte Händler und nicht-informierte Händler streben danach, ihren erwarteten Wohlstandsnutzen am Ende der letzten Handelsperiode zu maximieren, sie sind risikoavers und verfügen über eine negative exponentielle Nutzenfunktion. Liquiditätsmotivierte Investoren handeln eine zufallsverteilte, exogen bestimmte, inelastische Menge von Wertpapieren und verhalten sich nicht wohlstandsmaximierend.
Information	Wertpapierpreise sind im Marktgleichgewicht effizient im halbstrengen Sinn. Nicht-informierte und liquidtätsmotivierte Händler beobachten nur historische Marktpreise, informierte Händler beobachten zusätzlich eine Zufallsvariable, die ihnen eine präzisere Schätzung zukünftiger Marktpreise erlaubt. Kein Händler kann den Marktpreis des Wertpapiers perfekt antizipieren.
Markt-organisation	Eine Sequenz von Auktionen. Alle An- und Verkaufsaufträge einer Periode werden in einem zentralen Markt gesammelt und zu einem einheitlichen Kurs ausgeführt (walrasianischer Auktionator).

mierte Investoren. Im Gleichgewicht wird eine Veränderung des Informationsgehaltes der Preise durch nicht-informierten Handel stets durch den Handel informierter Investoren ausgeglichen.

- Informierter Handel: Im nicht-kompetitiven Modell führt eine Steigerung des Handels informierter Investoren zu einem höheren Informationsgehalt der Wertpapierpreise. Preise reflektieren jedoch grundsätzlich nie alle Informationen, die informierten Investoren zugänglich sind, da eine steigende residuale Angebotskurve (adverser Preiseffekt) informierte Investoren stets zu einer Beschränkung ihres Handels veranlaßt. Informierte Händler kompensieren somit jede Veränderung im Volumen des nicht-informierten Handels, ohne die Störung der Wertpapierpreise im Gleichgewicht vollständig zu beseitigen. Ein Anreiz zum Erwerb von Information bleibt somit stets bestehen.
- Liquiditätsmotivierter Handel: Die vom liquiditätsmotivierten Handel verursachten exogenen Schwankungen von Angebot und Nachfrage verändern, ebenso wie im kompetitiven Modell, den Informationsgehalt der Wertpapierpreise direkt und indirekt durch ihren Einfluß auf das Volumen des nicht-informierten Handels. Im Marktgleichgewicht werden die durch den nicht-informierten Handel verursachten Preiseffekte von informierten Investoren reduziert, im nicht-kompetitiven Modell jedoch in einem vergleichsweise geringeren Umfang.

Informierter und nicht-informierter Handel sind in bezug auf die Preiseffizienz in diesem imperfectly-competitive-noisy-rational-expectations-Markt zwei sich gegenseitig kompensierende Aktivitäten. Es bleibt im Modell unklar, wie sich ein Anstieg des liquiditätsmotivierten Handels auf die Informationseffizienz der Preise auswirkt. Ceteris paribus vermindert ein Anstieg der Preisstörung die Informationseffizienz; da die Störung jedoch für informierte Investoren den Anreiz zum Informationserwerb und zum Handel erhöhen, kann sie die Informationseffizienz der Preise auch erhöhen[328].

Im vorliegenden Modell hat die Entscheidung, Informationen zu erwerben, einen ähnlichen Charakter, wie die Eintrittsentscheidung in ein Oligopol. Wenn jeder Händler ex ante die Möglichkeit besitzt, sich durch eine irreversible Investition zu informieren, dann entsteht durch die Investitionskosten ein strategisches Hindernis zum Eintritt in die Gruppe der informierten Investoren[329]. Aufgrund dieses Eintrittshindernisses ist es möglich, daß unter bestimmten Bedingungen zu wenige Investoren entscheiden, Informationen zu erwerben. In der folgenden Analyse werden die Wirkungen des Markteintritts von Insidern analysiert.

---

[328] Kyle (1989), 344 kommt in einem einperiodischen Modell zu einem ähnlichen Ergebnis.

[329] Milgrom/Roberts (1987), 184–193; Dixit (1980) konstruiert ein allgemeines oligopolistisches Modell auf Basis von Investitionsentscheidungen; das Modell von Kyle (1989) weist ebenfalls eine oligopolistische Struktur des informierten Handels auf.

- Nicht-informierter Handel: Nicht-informierter Handel begrenzt das informierte Handelsvolumen, da es die Steigung der residualen Angebotskurve für große Marktteilnehmer maßgeblich beeinflußt. Da Insider keine oder geringe fixe Kosten zum Erwerb von Informationen haben, sind ihre Handelsgewinne durch den negativen Preiseffekt, der aus einem niedrigen nicht-informierten Handelsvolumen resultiert, weniger beeinträchtigt als die Gewinne andere großer Händler. Insiderhandel verändert somit das nicht-informierte Handelsvolumen direkt durch seinen Einfluß auf den Informationsgehalt der Wertpapierpreise und indirekt durch seinen Einfluß auf das informierte Handelsvolumen.
- Informierter Handel: Insiderhandel reduziert die Profitabilität und das Volumen des informierten Handels. Der Informations- und Kostenvorteil, den Insider gegenüber informierten Investoren besitzen, führt im nicht-kompetitiven Modell jedoch zu differenzierten Wirkungen auf verschiedene Gruppen informierter Händler. In einem nicht-kompetitiven Modell unterscheiden sich informierte Investoren nach der Größe ihres Handelsvolumens, das erklärt werden kann durch Unterschiede in der Ressourcenausstattung, der Risikoaversität oder der operativen Effizienz in bezug auf die Gewinnung und Auswertung von Informationen. Bei einer durch diese Charakteristika gekennzeichneten Inhomogenität der Gruppe informierter Investoren substituiert Insiderhandel die kleinsten, riskoaversesten und ineffizientesten Händler zuerst. Wie vollständig Insiderhandel diese informierten Händler ersetzt, hängt von der Anzahl und Risikoaversität der Insider ab, aber auch von der Größe des Informations- und Kostenvorteils zwischen Insidern und den größten, risikofreudigsten und effizientesten informierten Händlern im Markt.
- Liquiditätsmotivierter Handel: Insiderhandel und informierter Handel steigen, wenn sich das Volumen des liquiditätsmotivierten Handels ausweitet. Entscheidend ist hierfür insbesondere der durch die Preisstörung induzierte nicht-informierte Handel. Der Einfluß des Insiderhandels auf das nicht-informierte Handelsvolumen ist abhängig von seinem Einfluß auf das Verhalten der informierten Investoren. Insiderhandel übt deshalb lediglich einen indirekten Einfluß auf die Marktliquidität und die Profitabilität des liquiditätsmotivierten Handels aus.

In diesem Modell eines Auktionsmarktes können Insider das gesamte informierte Handelsvolumen durchaus vergrößern, weil sie eine Reduktion der durchschnittlichen Kosten der Informationsgewinnung bewirken können. Da Insiderhandel im nicht-kompetitiven Modell jedoch eine Konzentration informierter Händler und potentiell deren verstärkt strategisches Verhalten bewirken kann, ist der Einfluß auf das informierte und damit auch auf das nicht-informierte Handelsvolumen unklar. Die Analyse verdeutlicht, daß

Insider in einem imperfectly-competitive-noisy-rational-expectations-Modell den Wettbewerb zwischen informierten Investoren verstärken. Die Wirkungen des Insiderhandels auf die Preisanpassungsgeschwindigkeit, die Marktliquidität und die Profitabilität des Handels nicht-informierter und liquiditätsmotivierter Marktteilnehmer sind davon abhängig, ob die Konkurrenzverschiebung innerhalb der Gruppe der informierten Investoren insgesamt zu einer Reduktion der Informationseffizienz der Preise führt oder nicht. Im folgenden Abschnitt wird die Analyse des Insiderhandels auf einen Händlermarkt ausgeweitet.

b) Händlermarkt

Ein kompetitiver Händlermarkt unterscheidet sich von einem Auktionsmarkt durch die Existenz konkurrierender Market-Maker, die die Gegenseite aller Transaktionen zwischen Investoren übernehmen[330]. Market-Maker bieten dabei häufig An- / Verkaufskurse, die nur nach Vollendung einer Transaktion, nicht aber in Reaktion auf eine Order, geändert werden können (firm quotes). Das für diese Analyse verwendete Modell eines Händlermarktes verfügt über den folgenden Satz von Annahmen[331].

Ein Händlermarkt bietet Marktteilnehmern ein hohes Maß an Transaktionspreissicherheit, da sie die Preise, zu denen ihre Aufträge ausgeführt werden, ex ante beobachten können. Market-Maker tragen, da sie Investoren nicht nach ihren Handelsmotiven differenzieren können, in Händlermärkten ein finanzielles Bestandsrisiko, das für Intermediäre in Auktionsmärkten nicht existiert: Besser informierte Investoren haben auf Händlermärkten die Möglichkeit, Market-Makern risikoreiche Wertpapiere in Situationen zu verkaufen, in denen diese Papiere tatsächlich weniger wert sind als der Transaktionspreis. Wird die neue Information bekannt, während sich die Wertpapiere im Besitz des Market-Makers befinden, so erleidet der Market-Maker einen Bestandswertverlust. Diesen Verlust können Market-Maker nur über eine Ausweitung ihrer An- / Verkaufsspannen kompensieren, welches die allgemeinen Transaktionskosten für alle Marktteilnehmer erhöhen kann. Folgende Wirkungszusammenhänge können anhand des Modells dargestellt werden.

---

[330] Einen Vergleich von Auktions- und Händlermärkten bieten Pagano / Roell (1991b); Beispiele für Modellierungen von Händlermärkten sind: Glosten / Milgrom (1985), Easley O'Hara (1987), Glosten (1989) und Madhavan (1992).

[331] Die unterstrichenen Stellen bezeichnen die Abweichungen zu den Annahmen des imperfectly-competitive-noisy-rational-expectations-Modells in Abbildung 14.

Abbildung 15:

Modellannahmen des imperfectly-competitive-noisy-rational-expectations-Händlermarktes

Handels-objekte	Ein riskantes Wertpapier und Geld. Das riskante Wertpapier ist durch einen stochastisch verteilten Liquidiationswert am Ende der Handelsperiode gekennzeichnet, Geld ist eine risikolose Anlage.
Markt-teilnehmer	Informierte, nicht-informierte und liquiditätsmotivierte Händler (Investoren) und Market-Maker. Alle Händler verfügen über eine zufallsverteilte Anfangskapitalausstattung und bilden rationale Erwartungen. Informierte Händler verhalten sich nicht kompetitiv und berücksichtigen den Einfluß ihrer Ordergröße auf den Transaktionspreis. Informierte Händler und nicht-informierte Händler streben danach, ihren erwarteten Wohlstandsnutzen am Ende der letzten Handelsperiode zu maximieren, sie sind risikoavers und verfügen über eine negative exponentielle Nutzenfunktion. liquiditätsmotivierte Investoren handeln eine zufallsverteilte, exogen bestimmte, inelastische Menge von Wertpapieren und verhalten sich nicht wohlstandsmaximierend. Market-Maker stellen feste kontinuierliche An-/Verkaufskurse in Abhängigkeit von der Ordergröße, die nach den durch historische Preise und Ordergrößen gegebenen Informationen ungestörte Signale der Wertpapierpreise sind. Market-Maker verhalten sich perfekt kompetitiv.
Information	Wertpapierpreise sind im Marktgleichgewicht effizient im halbstrengen Sinn. Nicht-informierte und liquidtätsmotivierte Händler beobachten nur historische Marktpreise und gegenwärtige An-/Verkaufsgebote, informierte Händler beobachten zusätzlich eine Zufallsvariable, welche ihnen eine präzisere Schätzung zukünftiger Marktpreise erlaubt. Kein Händler kann den Marktpreis des Wertpapiers perfekt antizipieren.
Markt-organisation	Ein kontinuierlicher Händlermarkt (quote-driven). Market-Maker übernehmen die Gegenseite aller Transaktionen zwischen Investoren, können ihre Handelspartner jedoch nicht nach ihren Handelsmotiven differenzieren. Market-Maker sind risikoneutral und besitzen eine Ertragserwartung von null.

- Nicht-informierter Handel: Nicht-informierte Investoren besitzen in Händlermärkten nicht nur Transaktionspreissicherheit, sondern sie verfügen durch die Beobachtung historischer Transaktionen und An- / Verkaufsgebote auch über eine breitere Informationsgrundlage für ihre Handelsentscheidungen. Veränderungen des nicht-informierten Handelsvolumens beeinflussen die Marktliquidität und bewirken Anpassungen der An- / Verkaufspreisspannen. Diese Anpassungen sind für nicht-informierte Investoren Signale für verschiedene Marktzustände: Verschiebungen der An- / Verkaufsspanne zeigen Preisanpassungstrends an, Ausweitungen der Spanne zeigen die Existenz asymmetrischer Informationsverteilungen im Markt an[332].

- Informierter Handel: Informierte Investoren besitzen Wissen, das es ihnen ermöglicht, zukünftige Wertpapierpreise besser einzuschätzen als Market-Maker. Da nicht-informierte Investoren wegen divergierender Erwartungen stets gleichverteilt zu den bestehenden Kursen kaufen und verkaufen, informierte Marktteilnehmer aufgrund ihrer privaten Informationen jedoch zu einem bestimmten Kurs nur entweder kaufen oder verkaufen, ist das informierte Handelsvolumen für Market-Maker von großer Bedeutung, um Preistrends zu erkennen und ihre An- / Verkaufskurse an diese Trends anzupassen. Der Umfang des Informationsgefälles zwischen informierten Investoren und Market-Makern ist dabei einer der Faktoren, der die Spanne zwischen An- und Verkaufspreisen bestimmt (adverse selection cost).

- Liquiditätsmotivierter Handel: Liquiditätsmotivierte Händler tragen zur Bildung divergierender Erwartungen über zukünftige Wertpapierpreise und zur Generierung von Handelsvolumina bei. Für Market-Maker schafft das liquiditätsmotivierte und das nicht-informierte Handelsvolumen die Möglichkeit, die Verluste aus dem Handel mit besser informierten Investoren zu kompensieren. Reduziert sich das liquiditätsmotivierte Handelsvolumen, sinkt die Marktliquidität, und Market-Maker sind gezwungen, ihre An- / Verkaufsspannen auszuweiten. Diese Erhöhung der Transaktionskosten kann die Handelsaktivität zum Erliegen bringen und zu Marktversagen führen.

Der Einfluß von Insideraktivitäten auf das Verhalten anderer Marktteilnehmer ist in diesem Modell von zwei Faktoren abhängig: Erstens, von qualitativen Unterschieden zwischen den Informationen, die Insider besitzen, und denen, die andere informierte Investoren erwerben können; zweitens, von der Konkurrenz zwischen Insidern. Erhalten Insider identische Informationen lediglich früher und zu niedrigeren Kosten, so bewirkt die Substitution der

---

[332] Hasbrouck (1991b), 571–595.

informierten Investoren durch Insider grundsätzlich eine beschleunigte Anpassung der Wertpapierkurse an neue Informationen und eine Reduktion der für die Informationsbeschaffung aufgewendeten Kosten. Herrscht ein hohes Niveau an Konkurrenz in der Gruppe der Insider und in der Gruppe der anderen informierten Investoren, dann sind aufgrund der Modellanalyse Unterschiede im Verhalten dieser beiden Gruppen nicht zu erwarten. Konkurrenz zwischen informierten Händlern ist im vorliegenden Modell somit ein wichtiges, die adversen Wirkungen von Informationsvorteilen begrenzendes Element der Marktstruktur[333].

Wenn Insider jedoch Zugang zu Informationen haben, die stärkere Wertdiskontinuitäten betreffen oder die eine präzisere Vorhersage der Wertpapierkurse ermöglichen als die Informationen, die andere Investoren erwerben können, dann steigt das Verlustrisiko der Market-Maker beim Handel mit Insidern. Sind Insider darüber hinaus einem niedrigeren Niveau an Konkurrenz ausgesetzt als andere informierte Investoren, dann können sie stärker strategisch handeln und das Verlustrisiko der Market-Maker erheblich erhöhen. Da Market-Maker keine andere Möglichkeit haben, als Handelsverluste aus Transaktionen mit Insidern durch eine Ausweitung der An- / Verkaufsspannen zu kompensieren, kann Insiderhandel unter diesen Bedingungen zu einer Erhöhung der Transaktionskosten auf Händlermärkten führen.

Die heuristische Analyse der Wirkungen des Insiderhandels in imperfectly-competitive-noisy-rational-expectations-Modellen von Auktions- und Händlermärkten zeigt somit, daß Insiderhandel stets die Profitabilität des informierten Handels reduziert. Die Konsequenzen der Insideraktivität für die anderen Marktteilnehmer sind jedoch von verschiedenen institutionellen Faktoren abhängig. Zentrale Bedeutung erhält dabei die Wirkung des Insiderhandels auf das Konkurrenzniveau des informierten Handels, das der wichtigste begrenzende Faktor strategischen Verhaltens im Wertpapierhandel ist. Sind die Möglichkeiten zu strategischem Verhalten dominanter Marktteilnehmer groß, dann kann in beiden Handelssystemen eine Reduktion der Informationseffizienz der Wertpapierpreise und, unter Umständen, der Zusammenbruch des Handels die Folge sein. Von dieser Extremsituation abgesehen, so wird

[333] Herrscht kein ausreichendes Niveau an Konkurrenz zwischen informierten Händlern, dann kann der Umfang strategischen Verhaltens steigen. Als eine Form des strategischen Verhaltens von Insidern und anderen informierten Investoren auf Wertpapiermärkten heben Benabou / Laroque (1992) Preismanipulation durch die Veröffentlichung falscher Informationen hervor. Benabou / Laroque beschreiben zwei Formen strategischer Spekulation: „pre-announcement speculation" bezeichnet den Handel in Erwartung der Veröffentlichung einer wertrelevanten Nachricht, „post-announcement speculation" bezieht sich auf die Verbreitung falscher Nachrichten, deren Preiswirkung zu profitablen Handelsgeschäften genutzt wird.

anhand des Modells demonstriert, beeinträchtigt Insiderhandel die Profitabilität nicht-informierter Händler nicht, da diese ihr Handelsvolumen in Abhängigkeit von Marktliquidität und Transaktionskosten reduzieren können. Liquiditätsmotivierter Handel hingegen kann von Insidern in seiner Profitabilität beeinträchtigt werden; dieses Ergebnis gilt auf Auktionsmärkten aufgrund eines Verlustes von Marktliquidität und in Händlermärkten aufgrund der Ausweitung der An- / Verkaufsspannen. Der folgende Abschnitt versucht, anhand von empirischen Erkenntnissen zu ermitteln, welche der diskutierten potentiellen Wirkungen des Insiderhandels empirisch nachweisbar sind.

3. Empirische Erkenntnisse

Empirische Studien der Wirkungen des Insiderhandels auf der Basis eines Kapitalmarkt-Referenzmodells setzen sich aufgrund des joint-hyopthesis-testing-Problems der fundamentalen Kritik aus, wissenschaftlich uninteressant und nutzlos zu sein. Im Grunde trifft diese Kritik nicht nur die empirischen Untersuchungen des Insiderhandels, sondern auch die gesamte empirische Kapitalmarktforschung[334]. Empirische Untersuchungen des Insiderhandels können, ebenso wie die empirische Kapitalmarktforschung, diese Kritik inhaltlich nicht grundsätzlich zurückweisen[335]. Der Einfluß, den die empirische Kapitalmarktforschung in den letzten Jahrzehnten auf das Verhalten von Akteuren auf Kapitalmärkten und die Gestaltung von Regulierung ausgeübt hat, verdeutlicht jedoch, daß empirische Forschung trotz des joint-hypothesis-Problems das Verständnis der Funktion moderner Kapitalmärkte fördert. In dieser Arbeit werden empirische Beobachtungen als Bestandteil einer heuristischen Untersuchung verwendet. Die in der theoretischen Modellanalyse rekonstruierten Hypothesen der Wirkungen des Insiderhandels werden dabei nicht anhand von formalen Hypothesentests „bestätigt“ oder „nicht bestätigt“, statt dessen werden empirische Indizien für die Plausibilität oder Implausibilität der Modellaussagen untersucht. Diese Vorgehensweise trägt der Auffassung Rechnung, daß eine angemessene Quantifizierung der Kosten und Nutzen des Insiderhandels grundsätzlich nicht möglich ist und deshalb als Untersuchungsziel konzeptionell ungeeignet. Die vorliegende Untersuchung

---

[334] Fama (1991), 1576: „we can only test whether information is properly reflected in prices in the context of a pricing model that defines the meaning of 'properly'. As a result, when we find anomalous evidence ..., the way it should be split between market inefficiency or a bad model of market equilibrium is ambiguous.“

[335] Brick / Statman / Weaver (1989) betonen beispielsweise, daß die Höhe der in empirischen Studien des Insiderhandels festgestellten Übergewinne von der Spezifikation des Kapitalmarkt-Referenzmodells abhängig ist.

bietet, im Rahmen dieser Begrenzung, eine systematische Methodik zur Beurteilung der Wirkungen des Insiderhandels[336].

Die empirischen Untersuchungen, die zur Analyse der Wirkungen des Insiderhandels „im geschlossenen Wertpapiermarkt" herangezogen werden, lassen sich grob in zwei Gruppen einteilen: Tests des Kapitalmarkt-Bezugsmodells und Tests der Wirkungsmechanismen des Insiderhandels. Bei den Tests des Bezugsmodells wird in dem folgenden Abschnitt auf die Ergebnisse der neueren empirischen Kapitalmarktforschung zurückgegriffen; die Tests der Wirkungsmechanismen beziehen sich hingegen auf Untersuchungen von Insiderhandelsdaten. Grundlage der überwiegenden Zahl empirischer Untersuchungen des Verhaltens von Akteuren auf Kapitalmärkten sind Rationalerwartungsmodelle, in denen Wertpapierpreise Informationen so abbilden, daß der Nutzen, aufgrund dieser Informationen zu handeln, die marginalen Kosten ihres Erwerbs nicht übersteigt[337].

- Fama (1991) analysiert zahlreiche empirische Studien schwacher Effizienz (return predictability tests), halbstrenger Effizienz (event studies) und strenger Effizienz (tests for private information) von Wertpapierpreisen. Die von ihm betrachteten Untersuchungen zeigen, „that prices adjust efficiently to firm specific information"[338], die Beobachtungen des Preisanpassungsprozesses bieten jedoch Hinweise auf die Existenz privater Informationen: Wertpapierpreise sind nach Famas Auffassung daher in bezug auf unternehmensspezifische Informationen grundsätzlich effizient im halbstrengen Sinn.
- Eine empirische Studie der Profitabilität von Arbitrageaktivitäten auf dem US-Kapitalmarkt führen Larcker / Lys (1987) durch[339]. Ihre Untersuchung von SEC 13-D Meldungen des Erwerbs von mehr als 5% der Anteilsrechte an Aktiengesellschaften zwischen 1977 und 1983 zeigt, daß Arbitrageure in der Lage sind, private Informationsvorteile zu profitablen Wertpapiertransaktionen zu nutzen. Die Handelsgewinne von Arbitrageuren können lediglich deshalb realisiert werden, weil die Wertpapierpreise so gestört (noisy) sind, daß eine graduelle, somit verzögerte, Abbildung ihrer privaten Informationen in den Preisen erfolgt.

---

[336] In bezug auf die empirische Kapitalmarktforschung vertritt Fama (1991), 1576 die Auffassung: „It is a disappointing fact that, because of the joint-hypothesis problem, precise inferences about the degree of market efficiency are likely to remain impossible."

[337] Jensen (1978); Grossman / Stiglitz (1980).

[338] Fama (1991), 1607; vgl. z.B. Elton / Gruber / Das / Hklaraka (1991).

[339] Eine theoretische Analyse der Aktivitäten von Arbitrageuren beim Handel kurz- und langfristiger Anlagen liefern Shleifer / Vishny (1990), 148 – 153.

- Verschiedene Studien untersuchen das Verhalten auf Handelsmärkten in Laborexperimenten, dabei werden unterschiedliche Verhaltenshypothesen einander gegenübergestellt. Das im Experiment beobachtete Preisverhalten wird auf der Grundlage der verschiedenen Hypothesen getestet. Forsythe / Pafrey / Plott (1982) stellen in ihrem Experiment die rational-expectations-Hypothese, der intrinsic-value-Hypothese und der speculative-equilibrium-Hypothese gegenüber; Plott / Sunder (1982) wählen einen ähnlichen Aufbau für ihr Laborexperiment. Beide Studien bestätigen die rational-expectations-Hypothese zur Erklärung der Preisbildung auf experimentellen Märkten, demonstrieren jedoch einen relativ langsamen Prozeß der Preisanpassung. Die Ergebnisse der experimentellen Studien weisen somit grundsätzlich eine Preisbildung aufgrund rationaler Erwartungen nach, wobei Abweichungen zwischen beobachtbaren und theoretischen rational-expectations-Preisen zeitweilig vorkommen können (semi-strong / weak price efficiency)[340].

- Lang / Litzenberger / Madrigal (1992) führen einen direkten empirischen Test verschiedener Hypothesen über das Verhaltens von Akteuren auf Wertpapiermärkten durch. Sie unterscheiden die folgenden vier Hypothesen der Beziehung zwischen Preisen, Handelsvolumen und verschiedenen Erwartungsvariablen[341]: Effiziente Märkte (Nullhypothese), noisy-rational-expectations und ein kompetitiv-walrasianisches Gleichgewicht mit und ohne Angebotsunsicherheit. Die Studie folgt der event-study-Methodik, sie untersucht das Verhalten verschiedener Variablen vor und nach der Veröffentlichung von Unternehmensnachrichten. In einem effizienten Markt, in dem alle privaten Informationen in den Preisen enthalten sind, sollte keine Korrelation von Preis-, Volumen- und Erwartungsänderungen existieren. In einem noisy-rational-expectations-Markt sollten Preisveränderungen stets im Zusammenhang mit stärkeren Volumenveränderungen erfolgen, da die Marktteilnehmer die Preistrends als Änderung des Wertes eines Anteilsrechtes interpretieren. In einem walrasianischen Markt sollten Preis- und Erwartungsveränderung stets in einem identischen Verhältnis mit Volumenveränderungen stehen. Die Ergebnisse der Regressionsanalyse bestätigen die noisy-rational-expectations-Hypothese, während die alterna-

[340] Copeland / Friedman (1992), 265 bestätigen diese Ergebnisse auf experimentellen Märkten: „semistrong theory ... rather acurately predicts the price and allocation of purchased information as well as trading profits in more complex environments with heterogeneous states of nature."

[341] Die Erwartungsvariablen dienen dazu, die Veränderung der Erwartungen der Marktteilnehmer in Reaktion auf Veröffentlichungen von Unternehmensnachrichten abzubilden; Lang / Litzenberger / Madrigal (1992) nutzen die Datenbank des Institutional Brokers Estimate System zur Approximation der Erwartungsvariablen.

tiven Hypothesen deutlich zurückgewiesen werden. Lang / Litzenberger / Madrigal (1992) schließen aus diesem Ergebnis, daß noisy-rational-expectations-Modelle einen geeigneten Rahmen für die Untersuchung der Preisbildung auf Wertpapiermärkten darstellen[342].

Die empirischen Studien bestätigen, daß zahlreiche Verhaltensweisen und Phänomene auf Wertpapiermärkten mit Hilfe von noisy-rational-expectations-Modellen rekonstruiert werden können[343]. Insbesondere die Wertpapierkursbildung und der mit Kosten verbundene Erwerb von Informationen können in diesen Modellen in einem systematischen Zusammenhang dargestellt werden. Da die auf Wertpapiermärkten zu beobachtenden Preise regelmäßig von modelltheoretischen Gleichgewichtswerten abweichen, wird die Preisbildung in zahlreichen Modellen unter Berücksichtigung der Marktmikrostruktur untersucht[344].

Einer der wichtigsten Aspekte von Mikrostrukturanalysen ist der Zusammenhang zwischen Marktstruktur und Transaktionskosten. Für eine Analyse des Insiderhandels ist der Zusammenhang zwischen Marktliquidität und Transaktionskosten von besonderer Bedeutung. In nicht-friktionslosen Märkten werden Investitionen in riskante Wertpapiere grundsätzlich durch die von den Marktteilnehmern erwarteten Netto-Erträge bestimmt. Diese Erträge setzen sich aus dem erwarteten Brutto-Ertragsniveau, den Ertragsvarianzen und den direkten und indirekten Transaktionskosten zusammen. Während direkte Transaktionskosten (Kommissionen, Steuern) grundsätzlich zu beobachten sind[345], können indirekte Transaktionskosten (Ausführungskosten) nur unvollständig quantifiziert werden. Indirekte Transaktionskosten sind, wie

---

342 Lang / Litzenberger / Madrigal (1992), 338–339: „Our findings imply that there is considerable noise in the market, but not enough to completely dilute the information content of prices. ... our results describe an environment under which it is not contradictory to assume traders' rationality and private incentives to acquire information."

343 Die empirische Untersuchung von Wertpapiererträgen durch Amihud / Mendelson (1987) bestätigt diese Schlußfolgerung für verschiedene Formen der Marktorganisation.

344 Abweichungen zwischen modelltheoretischen und beobachteten Preisen auf Wertpapiermärkten werden durch drei verbundene Phänomene beschrieben: Negative intertemporale Korrelation von Wertpapiererträgen, erhöhte kurzfristige Ertragsvarianzen und serielle Ertragskorrelationen (serial cross-correlations); die Modellanalyse bei Schwartz (1988), 307–350 verknüpft diese Phänomene mit der Existenz von Ordergrößen-induzierten Preiseffekten, An- / Verkaufskursspannen, Preisrundungen und Fehlern bei der Marktpreisfindung.

345 Einen nicht in ökonomischen Mikrostrukturanalysen berücksichtigten Kommissionsbestandteil stellen die sogenannten „soft commissions" dar: Zahlungen und Sonderleistungen von Brokerhäusern an ihre großen institutionellen Kunden.

in Teil B dargestellt wurde, die durch Spezifika einer Order (Zeit, Größe, Händler) induzierten Kosten. Die Liquidität des Marktes, die die Höhe dieser Ausführungskosten beeinflußt, kann anhand der An- / Verkaufsspanne, des Liquiditätskoeffizienten und des Markteffizienzkoeffizienten gemessen werden[346]. Jede dieser Maßgrößen weist spezifische Schwächen auf. Der Markteffizienzkoeffizient, der den Einfluß der Ausführungskosten auf die kurzfristige Preisvolatilität erfaßt, erscheint für die Schätzung und empirische Messung der Ausführungskosten als besonders geeignet, da er im Gegensatz zu den anderen Maßgrößen weitgehend unbeeinflußt von Informationveränderungen, Transaktionspreisunsicherheit und langfristigen Marktmachteffekten ist[347]. Die folgenden Untersuchungen analysieren die Relation von Ordergröße und Ausführungskosten.

- Die empirischen Untersuchungen großer Handelstransaktionen auf Wertpapiermärkten (Blockhandel) anhand der An- / Verkaufsspannen und des Liquiditätskoeffizienten zeigen, daß die Ordergröße einen wesentlichen Einfluß auf die Preisbildung auf Wertpapiermärkten ausübt[348]. Die empirischen Studien bestätigen einhellig, daß durch aktive Händler initiierte Blocktransaktionen grundsätzlich zu einem ungünstigeren Preis abgewikkelt werden als unmittelbar vorangegangene Transaktionen mit normaler Größe. Da diese Preisveränderungen die Profitabiltät des Blockhandels vermindern, passen große Händler ihr Verhalten den erwarteten adversen Preisreaktionen an.
- Schwartz (1988) schätzt die Höhe der Ausführungskosten für kleine An- / Verkaufsaufträge anhand von Transaktionsdaten der NYSE, Amex und

[346] Die theoretische Herleitung des Markteffizienzkoeffizienten als Maßgröße für die nicht-beobachtbaren Ausführungskosten einer Marktorder zeigt Schwartz (1988), 358 – 365; für eine kritische Würdigung der unterschiedlichen Liquiditätsmaße s. Grossman / Miller (1988), 617 – 633.

[347] Der Markteffizienzkoeffizient wird durch diese Faktoren, die kurz- und langfristige Volatilität beeinflussen, nicht verändert, da er kurzfristige Volatilität im Verhältnis zu langfristiger Volatilität schätzt. In einem friktionslosen Markt (mit Transaktionkosten gleich null) würde sich der Koeffizient wie eine auf null normierte Zufallsvariable verhalten, in realen Wertpapiermärkten wird seine Höhe bestimmt durch: Order-bedingte Preiseffekte, An- / Verkaufsspannen, Preisrundungen, Störungen der Marktpreisfindung, sequentielle Informationsverbreitung, das Limitorderbuch und Market-Maker-Interventionen; vgl. French / Roll (1986); Schwartz (1991); Fama / French (1992).

[348] Die klassischen empirischen Untersuchungen des Blockhandels liefern Kraus / Stoll (1972) und Dann / Mayers / Raab (1977); neuere Studien sind Holthausen / Leftwich / Mayers (1987), 237 – 267; Holthausen / Leftwich / Mayers (1990), 70 – 95; Aggarwal / Chen (1990), 46 – 56; Kumar / Sarin / Shastr (1992), 879 – 889.

NASDAQ Aktienmärkte[349]. Ergebnis seiner Untersuchung ist, daß kurzfristige Ertragskorrelationen erster Ordnung aufgrund des Order-bedingten Preiseffekts, der An- / Verkaufsspannen und der Preisrundung deutlich negativ sind und Ausführungskosten auf der Grundlage des Markteffizienzkoeffizienten zuverlässig geschätzt werden können.

Ein wesentlicher Bestandteil der Transaktionskosten auf Wertpapiermärkten sind Ausführungskosten. Diese Kosten können konzeptionell als Differenz zwischen friktionslosen Marktpreisen und tatsächlich realisierten Transaktionspreisen dargestellt werden. Da friktionslose Marktpreise nicht beobachtet werden können, sind empirische Untersuchungen auf Schätzung dieser Preise angewiesen, um den Einfluß von Ausführungskosten auf die Marktliquidität zu messen. Die empirischen Untersuchungen großer und mittlerer Wertpapiertransaktionen auf den NYSE, Amex und NASDAQ-Märkten zeigen, daß Transaktionskosten mit einer Erhöhung der Ertragsvolatilität und einer Reduktion der Marktliquidität steigen. Ein Anstieg der Transaktionskosten vermindert grundsätzlich das Handelsvolumen auf Wertpapiermärkten.

Nicht-kompetitives Verhalten informierter Händler, das in der vorangegangenen Modellanalyse der Wirkungen des Insiderhandels angenommen wird, verschließt sich einer systematischen empirischen Prüfung, es wird häufig nur durch Einzelbeobachtungen gestützt. So zitiert Kyle (1989) Beispiele aus Waren-Futures-Märkten, dem Markt für Staatsanleihen und Arbitragehandel bei Unternehmensübernahmen, um zu belegen, daß zahlreiche Transaktionen auf Wertpapiermärkten von großen preisbeeinflussenden Marktteilnehmern ausgeführt werden. Die diskutierten Studien des Blockhandels und Meulbroeks Untersuchung des Insiderhandels bestätigen den Einfluß großer Händler auf Wertpapierpreise und bieten empirische Hinweise auf das nicht-kompetitive Verhalten dominanter Händler[350].

- Meulbroek (1992) untersucht Handelstransaktionen im Zusammenhang mit Unternehmensübernahmen, bei denen SEC Ermittlungsverfahren wegen Insidervergehen eingeleitet wurden. Insider repräsentieren in den untersuchten Fällen den überwiegenden Teil des vor der Publikation eines Übernahmeangebotes erhöhten Handelsvolumens. Die durch Insiderhandel verursachten Veränderungen des Handelsvolumens führen zu einer durchschnittlichen Preisanpassung vor der Publikation, die etwa 50% der gesamten Preisveränderung vorwegnimmt[351]. Obwohl Insider häufig als große

[349] Schwarz (1988), 366–374.

[350] Grinsblatt / Ross (1985) leiten die Annahme nicht-kompetitiven Verhaltens aus empirischen Studien des Blockhandels und der Plazierung junger Aktien her.

[351] Ein ähnliches Ergebnis in bezug auf das relative Handelsvolumen von Insidern erzielen Cornell / Sirri (1992) in einer Insiderhandels-Fallstudie.

Händler auftreten, kann anhand der vorliegenden empirischen Erkenntnisse strategisches Verhalten von Insidern nicht belegt werden.

Die empirischen Studien der Preiseffekte des Blockhandels auf Wertpapiermärkten demonstrieren, daß die Transaktionskosten großer Marktteilnehmer, die aktiv handeln, durch adverse Preisreaktionen erhöht werden. Die Annahme strategischen Verhaltens großer Marktteilnehmer aufgrund dieses Preiseffekts, der für sie mirkoökonomisch eine steigende residuale Angebotskurve repräsentiert, erscheint daher plausibel. Der Nachweis strategischen Verhaltens von Unternehmensinsidern kann anhand der vorliegenden Studien nicht erbracht werden. Obwohl Insiderhandel insbesondere im Zusammenhang mit Unternehmensübernahmen einen großen Teil des Handelsvolumens in spezifischen Anteilsrechten ausmacht, begrenzen Insider ihren Handel wenig, so daß oftmals signifikante Preisveränderungen vor der Publikation von Übernahmeangeboten zu beobachten sind.

Die bisher analysierten empirischen Ergebnisse beziehen sich auf die Prüfung des verwendeten imperfectly-competitive-noisy-rational-expectations-Marktmodells. Aufgrund dieser Studien wird der heuristisch beschriebene Modellmechanismus im Rahmen dieser Arbeit als ausreichend empirisch bestätigt betrachtet, um als Grundlage für die Untersuchung der Wirkungen des Insiderhandels verwendet zu werden. Zur empirischen Analyse dieser Wirkungen wird im folgenden Abschnitt auf eine Reihe neuerer Insiderhandelsstudien zurückgegriffen. Natürlicher Ausgangspunkt jeder empirischen Untersuchung der Wirkungen des Insiderhandels ist die Analyse seiner Profitabilität.

Die Profitabilität des Insiderhandels ist Gegenstand zahlreicher empirischer Studien der von der US-amerikanischen SEC veröffentlichten Insiderstatistik[352]. Die Untersuchungen zeigen unmißverständlich, daß Unternehmensinsider profitable Informationsvorteile gegenüber anderen Marktteilnehmern besitzen. In neueren Studien wird jedoch ebenfalls nachgewiesen, daß Insiderhandelsdaten zu spät veröffentlicht werden und die durchschnittlich erzielten Gewinne zu klein sind, um für Außenseiter als Basis profitablen Handels zu dienen[353]. Seyhun (1986) stellt darüber hinaus fest, daß sowohl die Profitabilität als auch das relative Volumen des Insiderhandels in kleinen Unternehmen erheblich höher ist als in großen Unternehmen[354]. Als eine weitere

---

[352] Lorie / Niederhofer (1968); Pratt / DeVere (1972); Jaffe (1974); Finnerty (1976); Elliott / Morse / Richardson (1984); Givoly / Palmon (1985); Seyhun (1986); Heinkel / Kraus (1987); Seyhun (1988b); Seyhun (1992a).

[353] Seyhun (1986), 196–210; Seyhun (1988b), 1–24.

[354] Seyhun (1986), 201 ermittelt eine Wahrscheinlichkeit von 4,5%, mit einem besser informierten Insider zu handeln, für kleine Firmen (25–50 Mio. US-$ Markt-

Determinante der Profitabilität des Insiderhandels wird von Seyhun die Position des Insiders identifiziert; grundsätzlich läßt sich empirisch nachweisen, daß die Mitglieder von Leitungs- und Aufsichtsorganen relativ hohe Handelserträge erzielen, während große Aktionäre aufgrund von Informationen mit relativ geringem Wert handeln und somit lediglich kleine Übergewinne verwirklichen[355].

Mit der empirischen Bestätigung der Profitabilität bestimmter Formen des Insiderhandels bleibt weiterhin unklar, welche Gruppen von Marktteilnehmern durch Insider beeinträchtigt werden; mehrere Studien heben die Ausweitung der An- / Verkaufsspannen auf Händlermärkten durch Insiderhandel hervor[356].

- Seyhun (1986) interpretiert seine Untersuchungsergebnisse als Hinweis darauf, daß die Höhe der An- / Verkaufsspanne den erwarteten Verlust der Market-Maker an besser informierte Marktteilnehmer reflektiert[357]. Insiderhandel, insbesondere in kleinen Unternehmen, erhöht nach Seyhun die An- / Verkaufsspanne auf Händlermärkten und schädigt somit schlechter informierte Marktteilnehmer. Die empirische Analyse der Komponenten der An- / Verkaufsspanne durch Stoll (1989) schätzt den durch asymmetrische Informationen bedingten Teil der Spanne auf 43%, wodurch die Hypothese von Seyhun grundsätzlich gestützt wird.
- Zu einem abweichenden Ergebnis kommt die Untersuchung von Cornell / Sirri (1992); ihre Fallstudie der Akquisition von Campbell-Taggart durch Anheuser-Bush 1982 zeigt keinen Einfluß der vollständig dokumentierten Insideraktivitäten auf die An- / Verkaufsspannen. Weiterhin zeigt die Studie eine Ausweitung des Handelsvolumens während der Periode hohen Insiderhandels. Cornell / Sirri (1992) schließen aus ihren Ergebnissen, daß die Erhöhung des Handels nicht-informierter Investoren für den kurzfristigen Anstieg der Marktliquidität verantwortlich ist.
- Die empirische Studie illegaler Insiderhandelsaktivitäten durch Meulbroek (1992) weist eine Erhöhung des Gesamthandelsvolumens im Zusammenhang mit Insiderhandel vor Unternehmensübernahmen nach. Meulbroeks Studie bestätigt damit die Ergebnisse anderer empirischer Untersuchungen,

---

wert der Anteilsrechte) und eine 0,8% Wahrscheinlichkeit bei großen Firmen; s.a. Seyhun (1988b), 16–24.

[355] Seyhun (1986), 203–206.

[356] Beispielsweise Copeland / Galai (1983); Kyle (1985); Golsten / Milgrom (1985); Seyhun (1986); alle Studien nehmen Bezug auf Bagehot (1971).

[357] Seyhun (1986), 201: „this study shows a significant positive relation between the bid-ask spread and the expected loss to insiders“.

die Erhöhungen der Marktliquidität vor Unternehmensübernahmen nachweisen[358].

- Kabir (1990) beobachtet nach der Einführung des Insiderhandelsverbotes an der Wertpapierbörse in Amsterdam, einem Auktionsmarkt, einen signifikanten Verlust der Liquidität des Gesamtmarktes. Dieser Verlust ist besonders hoch bei den Wertpapieren kleiner Unternehmen[359]. Kabir schließt aus seinen Untersuchungsergebnissen, daß die Reduktion des Insiderhandels infolge des Verbotes nicht durch einen Anstieg des nichtinformierten Handelsvolumens kompensiert wurde.

Die widersprüchlichen empirischen Ergebnisse verdeutlichen, daß eine eindeutige Beziehung zwischen Insiderhandelsgewinnen und An- / Verkaufsspannen nicht nachweisbar ist. Übereinstimmend damit ergeben die empirischen Untersuchungen von Stoll (1978) und (1989), daß die Höhe von An- / Verkaufsspannen durch Transaktionsgröße und die Existenz von asymmetrischen Informationen nur unzureichend erklärt werden kann[360]. Die generelle Schlußfolgerung von Seyhun (1986), daß Insiderhandel grundsätzlich An- / Verkaufsspannen erhöht, kann deshalb nicht als empirisch bestätigt betrachtet werden[361]: Entscheidend für den Einfluß des Insiderhandels auf die Höhe der An- / Verkaufsspannen und die Marktliquidität ist das durch Insider und andere informierte Händler generierte zusätzliche Handelsvolumen. Ist das durch Insiderhandel induzierte Verhältnis zwischen Angebot und Nachfrage ausgeglichen, so zeigt die Studie von Cornell / Sirri (1992), dann hat Insiderhandel grundsätzlich keinen Einfluß auf An- / Verkaufsspannen, unter bestimmten Bedingungen kann Insiderhandel das Wertpapierhandelsvolumen sogar kurzfristig erhöhen.

Die empirischen Ergebnisse von Seyhun (1986) werden durch die widersprüchlichen empirischen Erkenntnisse nur in ihrer allgemeinen Form, jedoch

---

[358] Jarrell / Poulson (1989), 225 – 248 stellen Preiskorrektur von 40% vor der Publikation erfolgreicher Unternehmensübernahmeangebote fest; ergänzende Ergebnisse erzielen Grupta / Misra (1989), 225 – 233, und Karpoff (1991), 18 – 26. Dooley (1980) berichtet, daß 80% aller SEC Anklagen in Insiderhandelsfällen im Zusammenhang mit Unternehmensübernahmen stehen.

[359] Seyhun (1986) weist auf US-Wertpapiermärkten höhere Insideraktivität für kleine Unternehmen nach.

[360] Eine empirische Untersuchung der An- / Verkaufsspannen vor Veröffentlichungszeitpunkten von Unternehmensübernahmen am NYSE durch Conrad / Niden (1992) findet ebenfalls keine Hinweise auf erhöhte Kosten asymmetrischer Informationen.

[361] Gleiches gilt für die Studien, die der Annahme Seyhuns ohne weitere empirische Prüfung folgen, beispielsweise King / Roell (1988); Georgakopolos (1991); Subrahmanyam (1991), 417 – 441 entwickelt ein theoretisches Modell, welches eine positive Korrelation von privaten Informationen und Marktliquidität konzeptionalisiert.

nicht grundsätzlich, in Frage gestellt. So bleibt unbestritten, daß der potentielle Einfluß von Insideraktivitäten auf die Preisbildung kleiner Aktiengesellschaften höher ist als bei großen Unternehmen. Außerdem kann als empirisch bestätigt angesehen werden, daß ein enger Kreis von Unternehmensinsidern, jedoch nur in seltenen Fällen große Aktionäre, in den Besitz wertvoller Informationen gelangen. Die empirischen Untersuchungen bestätigen, daß die Wirkungen des Insiderhandels auf die Wohlfahrt der Marktteilnehmer nur in bezug auf den Einfluß des Insiderhandels auf das Handelsvolumen und die Informationseffizienz der Wertpapierpreise beurteilt werden kann. Dieses Ergebnis gilt für Händlermärkte in gleicher Weise wie für Auktionsmärkte.

Empirische Erkenntnisse über den Einfluß des Insiderhandels auf die Geschwindigkeit der Verbreitung neuer Informationen auf Wertpapiermärkten bieten die Studien von Cornell / Sirri (1992) und Meulbroek (1992); beide zeigen, daß Insiderhandel Kursveränderungen vor der Veröffentlichung von Unternehmensnachrichten im Zusammenhang mit Unternehmensübernahmen verursacht. Die Untersuchungen von Penman (1985), John / Mishra (1990), John / Lang (1991) und Seyhun (1992b) liefern darüber hinaus Hinweise darauf, daß veröffentlichte Insiderhandelsdaten die Investitionsentscheidungen von Investoren beeinflussen[362]. Während kurzfristig eine beschleunigte Informationsverbreitung durch Insiderhandel nachweisbar ist, lassen die vorliegenden Studien keine Schlußfolgerungen auf die langfristigen Wirkungen des Insiderhandels auf die Informationsverbreitung zu. Grund dafür ist, daß die Wirkungen des Insiderhandels auf den Informationserwerb anderer Marktteilnehmer bisher nur ansatzweise theoretisch darstellbar sind. Solang unter diesen Umständen empirische Erkenntnisse fehlen, verschließen sich die Informationswirkungen des Insiderhandels einer wissenschaftlich fundierten Beurteilung[363].

Die Wirkungen des Insiderhandels auf die Volatilität der Wertpapierkurse ist empirisch weitgehend unerforscht. Zwar zeigt die empirische Studie von French / Roll (1986) allgemein einen verstärkenden Einfluß privater Informa-

---

[362] Hasbrouck (1991a) und Easley / O'Hara (1992) liefern eine empirische Untersuchung des Informationsgehaltes der zeitlichen Struktur des Wertpapierhandels; sie zeigen, daß Marktteilnehmer aus der Transaktionssequenz Schlußfolgerungen auf die Existenz oder das Fehlen privater Informationen ziehen.

[363] Die vorliegenden empirischen Erkenntnisse unterstützen die Schlußfolgerung von Hirshleifer / Riley (1979): „Information generation is in large part a disequilibrium-creating process and information dissemination a disequilibrium-repairing process. The two are intertwined as we have seen in very complex ways. It does not yet seem that we are very close to having an efficiency concept that can usefully be employed to measure the dynamically optimal level of such activity"; die Ergebnisse von Okuno-Fujiwara / Postewaite / Suzumura (1990) und Leland (1992) sind ebenfalls bestätigend.

tionen auf die Volatilität von Wertpapierkursen, aufgrund der Existenz verschiedener Gruppen informierter Marktteilnehmer (Insider, Market-Maker, andere informierte Händler) bleibt der Einfluß von Insideraktivitäten auf die Kursvolatilität jedoch unklar.

Die empirischen Studien, die zur Beurteilung der Wirkungen des Insiderhandels „im geschlossenen Wertpapiermarkt“ diskutiert wurden, bestätigen, daß eine geschlossene Kosten-Nutzen-Analyse des Insiderhandels nicht durchführbar ist. Der Einfluß des Insiderhandels auf den Prozeß der Wertpapierpreisbildung und die Profitabilität des Handels anderer Marktteilnehmer ist von einer Reihe von Faktoren abhängig; die folgenden Beziehungen wurden empirisch bestätigt: Erstens, die potentiellen Wirkungen des Insiderhandels stehen in einer negativen Beziehung zur Unternehmensgröße. Zweitens, Insider, die keine zentrale Position in einer Unternehmung halten, gelangen in der Regel nicht in den Besitz wertvoller Informationen. Drittens, Insiderhandel kann die Transaktionskosten für andere Marktteilnehmer erhöhen, der Einfluß auf die Transaktionskosten ist jedoch von den Wirkungen des Insiderhandels auf das Gesamthandelsvolumen abhängig, das durch Insiderhandel erhöht oder vermindert werden kann. Viertens, die Wirkungen des Insiderhandels auf die Geschwindigkeit der Verbreitung neuer Informationen ist kurzfristig positiv, langfristig können die verminderten Handelsgewinne anderer informierter Investoren jedoch deren Informationssuche reduzieren. Fünftens, der Einfluß des Insiderhandels auf die Volatilität der Wertpapierkurse und deren langfristige Informationseffizienz ist empirisch nicht erforscht.

III. Im offenen Wertpapiermarkt

Die theoretische und empirische Analyse des Insiderhandels wurde bisher auf einen zentralen, geschlossenen Handelsplatz beschränkt, indem alle An- und Verkaufsaufträge gesammelt und in einem Auktions- oder Händlersystem ausgeführt werden. Die Analyse anhand des Modells eines zentralen Marktes hat den Vorteil, die Rekonstruktion der möglichen Wirkungen des Insiderhandels zu vereinfachen; der wichtigste Nachteil eines zentralen Marktmodells ist, daß es lediglich das Verhalten von Marktteilnehmern angemessen beschreibt, die Zugang zu einem Handelsplatz haben. Einige wichtige institutionelle Eigenschaften moderner Wertpapiermärkte werden bei dieser Analyse vernachlässigt: Wertpapiermärkte sind in zunehmendem Maße offen für eine Vielzahl von Marktteilnehmern mit sehr unterschiedlichen Interessen und Anforderungen, außerdem sind organisierte Wertpapiermärkte, die traditionell als natürliche Monopole operierten, steigender Konkurrenz von ausländischen Märkten und internationalen Intermediären ausgesetzt und somit offen auch aus der Sicht von Marktteilnehmern, die früher an einen zentralen Markt gebunden waren. Ergebnis dieser Trends ist eine steigende Fragmentierung des Wertpapierhandels in zweifacher Hinsicht.

- Unterschiedliche Gruppen von Marktteilnehmern handeln auf modernen Wertpapiermärkten in weitgehend voneinander unabhängigen Segmenten, die lediglich durch die Publikation von Handelsdaten miteinander verknüpft sind; offensichtlich ist die Trennung der Segmente von Kleininvestoren (retail) und institutionellen Investoren (wholesale). Kleininvestoren besitzen üblicherweise durch Intermediäre vermittelten Zugang zu einem zentralen Auktionsmarkt oder direkten Zugang zu einem Händlermarkt; ihre Aufträge werden im Teilmarkt für kleine und mittlere Transaktionsgrößen (downstairs) ausgeführt. Große institutionelle Investoren wickeln ihre Tansaktionen in einem separaten Marktsegment ab (upstairs), in dem Broker und andere Intermediäre nach Handelspartnern für Wertpapierblocktransaktionen suchen. Der überwiegende Teil kleiner und mittlerer Transaktionen wird daher separat von großen Blocktransaktionen abgewickelt.
- Eine steigende Anzahl großer und kleiner Marktteilnehmer verfügt über Zugang zu mehr als einem Wertpapiermarkt; Grund dafür sind die sinkenden Konkurrenzvorteile nationaler Börsen gegenüber internationalen Handelsplätzen und Intermediären. Beispielsweise können Kleininvestoren in Europa eine Vielzahl von Wertpapiere an den jeweiligen nationalen Börsen oder von einem der Market-Maker des SEAQ-International-Systems des London Stock Exchange erwerben, während institutionelle Investoren Wertpapiere auf den nationalen upstairs-Märkten oder durch die Handelsnetzwerke internationaler Brokerfirmen umsetzen können.

Für eine Analyse des Insiderhandels können diese institutionellen Eigenschaften moderner Kapitalmärkte große Bedeutung gewinnen. Da Insider als Individualinvestoren nicht zu allen Segmenten eines Wertpapiermarktes Zugang haben, ist es möglich, daß die Wirkungen des Insiderhandels nicht für alle Marktsegmente gleich sind. Weiterhin können Unterschiede in der Struktur und Regulierung nationaler Wertpapiermärkte Verschiebungen von Handelsvolumen aufgrund von Regulierung bewirken. Dies kann die Wirksamkeit regulatorischer Maßnahmen auf nationaler Ebene erheblich beschränken. Eine Analyse des Insiderhandels, die diese institutionellen Aspekte nicht berücksichtigt, wäre unvollständig.

1. Wirkungshypothesen

Die Analyse der Wirkungen des Insiderhandels wird durch eine Betrachtung der Segmentierung moderner Wertpapiermärkte sinnvoll erweitert. Die bisherige Analyse des Insiderhandels basierte auf der impliziten Annahme, daß dessen Wirkungen alle Marktsegmente in gleicher Weise betreffen; lediglich Marktteilnehmer mit unterschiedlichen Handelspräferenzen und Informationsausstattungen wurden differenziert, nicht jedoch Marktteilnehmer in unterschiedlichen Segmenten des Wertpapiermarktes. Rechtfertigung für diese Annahme war die durch eine modelltheoretische und empirische Analyse gestützte Einsicht, daß Insider stets die Handelsgewinne von anderen informierten Investoren vermindern und potentiell die Transaktionskosten der anderen Marktteilnehmer erhöhen. Die entsprechende Wirkungshypothese lautet: *Die Wirkungen des Insiderhandels sind grundsätzlich für die Marktteilnehmer in allen Marktsegmenten gleich.*

Ein dieser Wirkungshypothese widersprechendes Argument beruht auf der Annahme, daß Insider als nicht-institutionelle Investoren lediglich Zugang zum Marktsegment für kleine und mittlere Transaktionsgrößen (retail) haben und somit die Transaktionskosten potentiell nur in diesem Segment beeinflussen. Die gegensätzliche Wirkungshypothese besagt deshalb: *Insiderhandel hat unterschiedliche Wirkungen für die Marktteilnehmer in verschiedenen Marktsegmenten.*

2. Modellanalyse

Nur wenige ökonomische Studien versuchen systematisch das Modell eines segmentierten Wertpapiermarktes aufzubauen. Seppi (1991) modelliert Marktsegmentierung als eine Folge asymmetrischer Informationsverteilungen. Pagano (1989) entwickelt ein Modell, in dem segmentierte Märkte exisitieren, wenn Handel in den Segmenten zu unterschiedlichen Kosten erfolgt. Grossman (1992) konstruiert das Modell eines segmentierten Marktes auf der Basis differenzierter Informationsvorteile, die Intermediäre in den verschiedenen Marktsegmenten besitzen.

Das Modell von Grossman (1992) unterscheidet einen downstairs-Markt, in dem wie an einer organisierten Wertpapierbörse alle Handelstransaktionen öffentlich auf einem zentralen Markt ausgeführt werden, und einen upstairs-Markt, in dem alle Transaktionen durch nicht-öffentliche Verhandlungen und somit potentiell zu unterschiedlichen Preisen abgewickelt werden. Die Modellannahmen von Grossman (1992) beschränken den Handel auf ein risikobehaftetes Wertpapier. Marktteilnehmer sind Market-Maker und Investoren, die beide entweder in upstairs- oder in downstairs-Märkten handeln können. Die Händler wählen den jeweiligen Markt vor jeder Transaktion. Alle Market-Maker besitzen eine exponentielle Risikofunktion und maximieren ihren erwarteten Wohlstand am Ende der letzten Handelsperiode. Die Informationen aller Market-Maker über die erwarteten zukünfigen Zahlungsströme und über die im Markt befindlichen An- / Verkaufsaufträge sind identisch; jedoch besitzen upstairs-Market-Maker einen Informationsvorteil, da sie die nichtöffentliche Handelsbereitschaft ihrer Kunden im upstairs-Markt kennen. Transaktionen im downstairs-Markt werden unverzüglich publiziert, die Transaktionen im upstairs-Markt mit Verzögerung. Die Marktorganisation umfaßt zwei Segmente; auf dem downstairs-Markt können Marktteilnehmer limitierte und unlimitierte Aufträge in ein zentrales Ordersystem eingeben[364], der upstairs-Markt ist ein Händler-Markt, auf dem alle Transaktionen in direkten Verhandlungen zwischen Kunden und im Wettbewerb stehenden Market-Makern abgewickelt werden.

Auf der Grundlage dieser Annahmen läßt sich die Abwicklung einer typischen Transaktion in beiden Segmenten modellieren. Im downstairs-Markt erhöht jede Kauforder die beobachtbare Nachfrage nach einem Wertpapier. Da die downstairs-Market-Maker lediglich den öffentlichen Orderfluß beobachten können, erhöhen sie ihren Verkaufskurs bei ausreichender Größe einer Order. Andere Marktteilnehmer beobachten diese Kursveränderung und verändern ihr An- / Verkaufsverhalten entsprechend. In downstairs-Märkten werden die Transaktionen somit hauptsächlich von Preissignalen beeinflußt. Im Gegensatz dazu werden die Transaktionen auf upstairs-Märkten in wesentlich höherem Umfang durch die Signale von Market-Makern gestaltet. Ein upstairs-Market-Maker, der eine große Order von einem institutionellen Investor erhält, nutzt den downstairs-Marktpreis lediglich als Referenzgröße in den direkten Verhandlungen mit seinen institutionellen Kunden. Findet der Market-Maker einen Handelspartner, wird die Transaktion abgewickelt und erst später veröffentlicht. Hauptinformationsquelle für die Marktteilnehmer auf upstairs-Märkten sind daher häufig Market-Maker, das nicht öffentlich zu beobachtende Orderaufkommen und historische Transaktionspreise.

Aus dem Modell von Grossman (1992) lassen sich die folgenden Implikationen ableiten. Market-Maker in upstairs-Märkten verfügen über mehr Informationen und haben ein geringeres Handelsrisiko als downstairs-Market-Maker. Upstairs-Market Maker sind außerdem in der Lage, ihren Kunden spezifisch auf ihre Bedürfnisse zugeschnittene Produkte anzubieten, beispielsweise Kombinationen von Aktien und Derivaten. Für Kunden ergibt sich ein Kostenvorteil aus der Transaktionspreissicherheit, die in upstairs-Märkten für jede Ordergröße erhältlich ist; zusätzlich vermeiden sie, wenn sie sich als nicht-informierte Händler identifizieren können, einen Teil des adversen Preiseffektes, der sich aus der Erwartungsveränderung ergibt, die ihre Order

[364] Wenn ein zentrales Ordersystem existiert, verschwinden die Unterschiede zwischen Auktions- und Händlermärkten weitgehend; s. Pagano / Roell (1990b) für eine theoretische Analyse der Funktionen von Market-Makern in beiden Systemen.

in downstairs-Märkten verursachen würde[365]. Der Nachteil der Nutzung der upstairs-Märkte resultiert aus ihrer Fragmentierung; jede zusätzliche Kontaktaufnahme mit einem Market-Maker ist mit Kosten verbunden, und Marktteilnehmer haben keine Möglichkeit sicherzustellen, daß der vereinbarte Transaktionspreis tatsächlich der derzeit bestmögliche ist.

Diese Modellierung eines segmentierten Marktes zeigt, daß eine Klientelbildung in upstairs- und downstairs-Märkten unter den gegebenen Annahmen auch bei freiem Zugang aller Marktteilnehmer zu beiden Segmenten wahrscheinlich ist. Kleine und mittelgroße Investoren, die standardisierte Produkte handeln, reduzieren ihre erwarteten Erträge durch Informationskosten bei der Partizipation in upstairs-Märkten; große institutionelle Investoren, die in ständigem Kontakt mit mehreren upstairs-Market-Makern stehen, werden große Transaktionen nur in Ausnahmefällen in downstairs-Märkten abwickeln[366]. Steigende asymmetrische Informationsverteilungen auf Wertpapiermärkten, beispielsweise durch Insiderpartizipation, verstärken die relative Attraktivität der upstairs-Märkte, da sie das Risiko von Markt- und Limitaufträgen auf dem downstairs-Markt erhöhen[367].

Haben Insider lediglich Zugang zu dem downstairs-Marktsegment, dann sind die Wirkungen des Insiderhandels für den upstairs-Markt sehr begrenzt. Wenn Marktteilnehmer in upstairs-Märkten den downstairs-Marktpreis lediglich als eine Referenzgröße verwenden und Market-Maker informierte und nicht-informierte Händler weitgehend differenzieren können, ist die Wahrscheinlichkeit gering, daß Insideraktivität einen Einfluß auf An-/Verkaufskurse von Transaktionen auf upstairs-Märkten hat.

3. Empirische Erkenntnisse

Das auf Grossman (1992) basierende Modell eines segmentierten Marktes ist bisher keiner systematischen empirischen Prüfung unterzogen worden, dennoch existieren einige empirische Bestätigungen der im Modell rekonstruierten Markteigenschaften. So wurde in dem Modell beschrieben, daß adverse Preiseffekte aufgrund öffentlicher Orderbestände und die Kosten einer kontinuierlichen Präsenz von Marktteilnehmern in sämtlichen Märkten

---

[365] Die theoretische Studie von Pagano/Roell (1992), 38 kommt zu einem übereinstimmenden Ergebnis.

[366] Als wesentliches Separationskriterium zwischen upstairs- und downstairs-Märkten betont Pagano (1989) die mangelnde Fähigkeit kleiner und mittelgroßer Händler, sich als nicht informationsmotiviert zu identifizieren.

[367] Seppi (1991), 73–94.

zu einer Klientelbildung zugunsten verschiedener Marktsegmente führen können[368]. Diese Trennung von upstairs- und downstairs-Märkten wird tatsächlich von zahlreichen vergleichenden Studien internationaler Wertpapiermärkte bestätigt[369].

Darüber hinaus weist das Handelsvolumen institutioneller Investoren ein erheblich höheres Wachstum als das Handelsvolumen von Kleininvestoren auf und gewinnt zunehmend Bedeutung für organisierte Wertpapierbörsen[370]. Verschiedene empirische Untersuchungen liefern Belege für die zunehmende Segmentierung nationaler und internationaler Wertpapiermärkte und die steigende Dominanz weniger Intermediäre (Banken, broker) bei der Abwicklung des institutionellen Handelsvolumens:

- Eine Studie der London Business School (1992) untersucht die relative Konkurrenzfähigkeit des London Stock Exchange beim Handel mit internationalen Wertpapieren. Die Studie führt den Marktanteilsgewinn des SEAQ-International Systems des London Stock Exchange seit 1988 in mittleren und großen Transaktionen (£ 100.000) auf die geringeren Kosten des SEAQ-Händlersystems für diese Transaktionsgrößen und niedrigere Publikationsverpflichtungen zurück, bei kleinen Transaktionsgrößen (£ 10.000) hat SEAQ-International kaum Handelsvolumen von den kontinentalen Wertpapierbörsen gewinnen können[371].
- Shulman (1992) präsentiert eine Untersuchung des Investitionsverhaltens von 98 US-amerikanischen und britischen institutionellen Investoren. Als wichtigste Informationsquellen für Investitionsentscheidungen in europäische Wertpapiere nennen 71% der befragten Portfoliomanager direkte Konsultationen mit Repräsentanten des Unternehmens, 59% nennen ihre Brokerfirmen als wichtige Informationslieferanten[372].

---

368 Kumar / Sarin / Shastr (1992) untersuchen Kursveränderungen im Zusammenhang mit großen Blocktransaktionen.

369 Schmidt (1977); Campbell (1982); Cohen / Maler / Schwartz / Whitcomb (1986); Huang / Stoll (1991); Schwartz (1991); s.a. die Literaturangaben dort.

370 Auf den Wertpapiermärkten in Tokyo und New York läßt sich der Trend zu einer verstärkten Segmentierung des Wertpapierhandels anhand des Wachstums des institutionellen Handelsvolumens nachverfolgen. Am NYSE wuchs das institutionelle Handelsvolumen von 3,1% im Jahr 1965 auf 51,5% im Jahr 1989; in Tokyo wuchs der institutionelle Handel zwischen 1952 und 1989 von 18,2% auf 45,6%; s. die Studie des Economist (1992a).

371 Haller / Stoll (1989) und Schmidt (1992) untersuchen An- / Verkaufsspannen der konkurrierenden deutschen Händlersysteme IBIS und MATIS.

372 Jahresabschlußberichte und andere Unternehmensinformationen werden von 56% der Portfoliomanager angegeben; Shulman (1992), 58.

- Die hohe Konzentration des internationalen institutionellen Handelsvolumens auf wenige Brokerfirmen wird in derselben Studie von Shulman (1992) bestätigt. Für Investitionen in Deutschland werden von britischen Portfoliomanagern lediglich vier Brokerfirmen genannt, für Spanien drei, für Frankreich, die Niederlande und Italien zwei, für die Schweiz nur eine[373].

Die vorhandenen empirischen Studien bieten eine Reihe von Hinweisen auf die zunehmende Segmentierung des Wertpapierhandels und die steigende Bedeutung institutioneller Investoren auf nationalen und internationalen Wertpapiermärkten. Für den Blockhandel institutioneller Investoren läßt sich eine starke Konzentration von Intermediären zeigen. Inwieweit Insider Zugang zu upstairs- und downstairs-Märkten haben, läßt sich lediglich anhand von Insiderhandelsdaten aus den USA abschätzen.

- Seyhun (1986) untersucht mehr als 60.000 legale Insiderhandelstransaktionen der US-amerikanischen Insiderstatistik zwischen 1975 und 1981. Die Anzahl der Insideraktivitäten und die durchschnittliche Größe dieser Transaktionen steigt mit dem Marktwert der relevanten Unternehmung. Die durchschnittliche Transaktionsgröße von Insidern bei kleinen Unternehmen (Marktwert kleiner als US-$ 25 Mio.) ist $ 36.700, bei Insidern großer Unternehmen (Marktwert größer als US-$ 1.000 Mio.) US-$ 357.000. Im Durchschnitt aller Unternehmen handeln Insider in Transaktionsgrößen von US-$ 187.000 und somit an der unteren Grenze des Blockhandelvolumens[374].

- Meulbroek (1992) analysiert die Daten von 183 illegalen Insiderhandelsfällen, die in Ermittlungsverfahren der US-amerikanischen SEC zwischen 1974 und 1990 erhoben wurden. Die Studie ergibt ein durchschnittliches Transaktionsvolumen der illegalen Insidergeschäfte von etwa 10.000 Wertpapieren mit einen Transaktionswert von durchschnittlich US-$ 300.000[375].

- Die umfangreichste Studie publizierter Insiderhandelstransaktionen liefert Seyhun (1992a), der mehr als 840.000 Insiderhandelstransaktionen zwischen 1975 und 1989 untersucht. Für drei aufeinanderfolgende Handelsperioden (Januar 1975 – März 1980, April 1980 – August 1984, September 1984 – Dezember 1989) ermittelt Seyhun ein durchschnittliches Insider-Transaktionsvolumen von 4.700, 9.500 und 19.400 Aktien.

---

[373] Shulman (1992), 66; die Konzentration ist bei US-amerikanischen Portfoliomanagern höher als bei britischen.

[374] Seyhun (1986), 193 (Table 1).

[375] Meulbroek (1992), 1692 (Table VII).

Die empirischen Untersuchungen legaler und illegaler Insiderhandelsdaten ergeben eine durchschnittliche Anzahl gehandelter Aktien von 4.700 bis 19.400 Stück. Illegaler Insiderhandel weist ein durchschnittliches Transaktionsvolumen auf, das sich nicht wesentlich vom Volumen legalen Insiderhandels unterscheidet. Der durchschnittliche Wert aller untersuchten Insidertransaktionen schwankt zwischen US-$ 187.000 und US-$ 300.000[376]. Wird eine kleinere Blocktransaktion auf upstairs-Märkten mit mindestens US-$ 500.000 bewertet, so wird deutlich, daß der überwiegende Teil des Insiderhandels in kleinen und mittelgroßen Transaktionsgrößen erfolgt[377]. Die Untersuchungen bieten deshalb empirische Hinweise dafür, daß Insider nur in Ausnahmefällen als große Blockhändler auftreten. Seyhun (1992a) weist darüber hinaus darauf hin, daß große Insiderhandelstransaktionen aufgrund ihrer hohen Visibilität ein geringes Problem für die Durchsetzung des US-amerikanischen Insiderhandelsverbotes darstellen.

Das durchschnittliche Transaktionsvolumen von Insidern und der hohe Konzentrationsgrad weniger Brokerfirmen bei der Abwicklung von Blocktransaktionen bieten starke empirische Hinweise darauf, daß Insider in den seltensten Fällen Zugang zu upstairs-Wertpapiermärkten haben. Die Annahme von Seppi (1991), der eine Trennung von informierten und nicht-informierten Händlern durch die Segmentierung von Wertpapiermärkten annimmt, wird in bezug auf Insideraktivitäten in upstairs-Märkten deshalb tendentiell gestützt. Unternehmensinsider haben nach den vorliegenden empirischen Erkenntissen grundsätzlich keinen Zugang zu upstairs-Märkten.

---

376 Seyhun (1992a) macht keine Angaben bezüglich des durchschnittlichen Transaktionswerts; es besteht Grund zu der Annahme, daß der durchschnittliche Wert von Insidertransaktionen der letzten Periode den durchschnittlichen Wert der Vorperioden übersteigt.

377 Die Definition von „Blockhandel" ist stets von der „normalen" Transaktionsgröße eines Aktienwertes abhängig. In bezug auf US-amerikanische Wertpapiermärkte ist die Untergrenze von 500.000 US-$ für eine Blocktransaktion eine niedrige Schätzung: Der NYSE definiert Blockhandel als Transaktionen mit mindestens 10.000 Wertpapieren; Holthausen / Leftwich / Mayers (1990) untersuchen Blocktransaktionen von Dezember 1982 bis Januar 1984, in ihrer Analyse von 109 zufällig ausgewählten NYSE-Unternehmen wird Blockhandel in Abhängigkeit vom normalen täglichen Handelsvolumen eines Wertpapiers definiert: 29 Unternehmen weisen Blocktransaktionen von mehr als 10 Mio. US-$ auf, drei dieser Wertpapiere zeigen zwischen 11 und 20 Transaktionen dieser Größe; 25 Unternehmen weisen Blocktransaktionen auf, die mindestens das Zwanzigfache des täglichen Handelsvolumens ausmachen; 46 Unternehmen weisen eine Transaktionsgröße von mindestens 200.000 Wertpapieren auf; lediglich 3 der 109 Unternehmen verfügen nicht über Transaktionen von mindestens 10.000 Wertpapieren.

D. Wirkungen der Regulierung des Insiderhandels

Als Ziel der Regulierung des Insiderhandels wird häufig die Reduktion von Insideraktivitäten betrachtet. In der vorliegenden Arbeit wird eine hiervon abweichende normative Position vertreten: Regulierung des Insiderhandels im öffentlichen Interesse soll die Verminderung wohlfahrtsschädigender Wirkungen des Insiderhandels bewirken. Dieses Ziel erfordert, daß die Insiderregeln so gestaltet werden, daß der durch sie gestiftete gesellschaftliche Nutzen ihre gesellschaftlichen Kosten übersteigt. Da Nutzen und Kosten des Insiderhandels nur sehr unvollständig quantifiziert werden können, erscheint es erforderlich, die Wirkungen von Insiderhandel und Insiderregeln auf die gesellschaftliche Wohlfahrt anhand sekundärer Maßgrößen zu beurteilen[378]. Die Wirkungen der Regulierung des Insiderhandels werden in diesem Teil einer theoretischen Modellanalyse und empirischen Tests unterworfen.

Regulierung des Insiderhandels nimmt verschiedene Formen an, grundsätzlich werden zwei Quellen der Regulierung unterschieden: Öffentliche Institutionen (Legislative, Gerichte) und private Institutionen (Unternehmen, Verbände). Privaten Institutionen stehen im Rahmen der vertraglichen Beziehung mit ihren Angestellten und Mitgliedern zivilrechtliche Maßnahmen zu Verfügung, um Insideraktivitäten zu beeinflussen[379]. Diese Maßnahmen umfassen Vereinbarungen, die den Besitz oder den Handel von Wertpapieren für Insider verbieten oder beschränken, und Kompensationsverträge, die geeignet sind, potentielle Schäden für Eigentümer zu begrenzen.

Öffentliche Institutionen verfügen grundsätzlich über drei Gruppen regulatorischer Maßnahmen: Handelsverbote, Publizitätspflichten und Sanktionen. Handelsverbote können eine allgemeine Form annehmen oder auf spezifische Arten von Informationen, Transaktionen und Handelszeitpunkten beschränkt sein. Publizitätspflichten betreffen die Mitglieder von Geschäftsführung und Aufsichtsrat und große Aktionäre. Die im Zusammenhang mit Insideraktivitäten verhängten öffentlichen Sanktionen umfassen strafrechtliche und zivilrechtliche Maßnahmen, sowie das Recht geschädigter Marktteilnehmer, Scha-

---

[378] Demsetz (1969b): „For if regulation is the instrument by which it is hoped to reduce the effects of imperfections, it is essencial that some notion be formed as to the likely costs and benefits of regulation."

[379] Picker (1987), 17 – 19.

denersatz durch Zivilprozeß zu erlangen[380]. Für die empirische Analyse dieses Teils ist es sinnvoll, Verbote, Pflichten und Sanktionen separat zu betrachten. Folgende regulatorische Maßnahmen finden in den USA und den Niederlanden Anwendung[381]:

Die Wirkungen der Regulierung des Insiderhandels werden in der Struktur des vorangegangenen Teils dargestellt; zunächst werden die Wirkungen selbstregulatorischer Maßnahmen „im Unternehmen" untersucht, dann folgt die Analyse der Wirkungen öffentlicher Maßnahmen zur Begrenzung des Insiderhandels.

I. Im Unternehmen

Ein Teil der Principal-Agent-Literatur des Insiderhandels beschäftigt sich mit der Frage, ob ein ideales Insiderhandelsverbot für Eigentümer wünschenswert ist oder nicht[382]. Die im vorigen Teil zitierten Befürworter eines Insiderhandelsverbots argumentieren, daß die negativen Wirkungen des Insiderhandels auf die Kompensationsverträge mit Managern, die Auswahl von Investitionsprojekten und die Informationseffizienz der Wertpapierkurse durch ein Verbot beseitigt oder reduziert werden können[383]. Die Gegner eines Insiderhandelsverbots vertreten die Auffassung, daß ein solches Verbot, selbst bei kostenloser Durchsetzbarkeit, für Eigentümer nicht wünschenswert ist, da es die vorteilhaften Wirkungen des Insiderhandels für Eigentümer eliminiert[384]. Die Analyse der Wirkungen des Insiderhandels im vorigen Teil hat gezeigt, daß keiner der Wirkungsmechanismen, die diesen beiden Positionen zugrunde liegen, durch modelltheoretische oder empirische Analy-

---

[380] Haßling (1978); Block / Barton / Babich (1987), 299 – 317.

[381] Einen Vergleich der europäischen Rechtsvorschriften zur Beschränkung des Insiderhandels liefert Wymeersch (1991), 65 – 128; weitere Länderstudien enthalten Schacht (1979); Committee on Federal Regulation of Securities (1985); Ebenroth (1985); London Stock Exchange (1990), 25 – 28; Langevoort (1991), und die Einzelbeiträge in Hopt / Wymeersch (1991).

[382] Insider werden in Principal-Agent-Modellen üblicherweise als Personen definiert, die private Informationen über die zukünftige Wertentwickung der Wertpapiere eines Unternehmens im Zusammenhang mit einer Dienstleistung erhalten, die sie für dieses Unternehmen erbringen; s. Fischer (1992), 673.

[383] Brudney (1979), 339 vermutet, daß die Manipulation von Informationen durch Insider durch ein Insiderhandelsverbot vermindert wird; Scott (1980), 814 – 815 sieht in einem Insiderhandelsverbot für Unternehmen einen Schutz der property rights an Informationen; Haft (1982) vertritt die Auffassung, daß ein Insiderhandelsverbot die Investitionsentscheidungen von Unternehmen verbessert.

[384] Manne (1966); Carlton / Fischel (1983).

Abbildung 16:

Maßnahmen der öffentlichen Regulierung des Insiderhandels

Verbote	**Allgemein** • Verbot aufgrund von 'material, non-public information' zu handeln (USA, Securities and Exchange Act of 1934, Sections 10b, 17a) **Spezifisch** • Verbot von Spekulationsgewinnen und Leerverkäufen (USA, Securities and Exchange Act of 1934, Sections 16b, 16c) • Verbot des Handels vor Unternehmensübernahmen und Gewinnpublikationen (USA, SEC Rule 14e-3, Fallrecht) • Verbot des Handels vor Veröffentllichung von Jahres- und Quartalsberichten sowie vor Aktienemissionen (Niederlande, Model Code 1987)
Pflichten	• Meldung des Handels von Insidern in Wertpapieren ihrer Unternehmung (USA, Securities and Exchange Act of 1934, Section 16a)
Sanktionen	• Abführung von Spekulationsgewinnen an Unternehmung (USA, Securities and Exchange Act of 1934, Section 16b) • Maximale Geldstrafe: US $ 1 Million (USA, Insider Trading and Securities Fraud Enforcement Act) • Maximale Freiheitsstrafe: 10 Jahre (USA, Insider Trading and Securities Fraud Enforcement Act) • Schadenersatzanspruch für 'contemporaneous traders' und Verantwortlichkeit der Unternehmensleitung, 'controlling person', für Insideraktivitäten (USA, Insider Trading and Securities Fraud Enforcement Act) • Prämie von bis zu 10% des Handelsgewinns für Informanten (USA, Insider Trading and Securities Fraud Enforcement Act)

sen gestützt oder widerlegt werden kann. Wissenschaftlich fundierte Aussagen darüber, ob Unternehmen einen Anreiz allgemeiner Natur besitzen, Insiderhandel zu reduzieren, sind daher auf dem derzeitigen Forschungsstand nicht möglich.

Ein anderer Teil der mit Insiderhandel beschäftigten Principal-Agent-Literatur untersucht die Selbstregulierung von Unternehmen nicht aus einer allgemeinen aktionsspezifischen Sicht, sondern aus einer unternehmensspezifischen Perspektive[385]: Ausgangsannahme dieser Forschungsrichtung ist, daß möglicherweise unternehmensspezifische Bedingungen existieren, unter denen Insiderhandel für Eigentümer wohlfahrtsmindernd wirken kann. Bagnoli / Khanna (1992) analysieren in diesem Zusammenhang verschiedene Maßnahmen, die Eigentümern zur Verfügung stehen, um die Interessen von Unternehmensinsidern mit den Eigentümerinteressen in Einklang zu bringen. Die Wirkungen dieser Maßnahmen der Selbstregulierung „im Unternehmen" sind Gegenstand der folgenden Wirkungshypothesen.

1. Wirkungshypothesen

a) Privatrechtliche Verbote und Beschränkungen

Die Wirksamkeit von privatrechtlichen Verboten und Beschränkungen für Unternehmensinsider wird in zahlreichen juristischen und ökonomischen Studien bezweifelt. Easterbrook (1985) argumentiert, daß die Durchsetzbarkeit privatrechtlicher Insiderhandelsbeschränkungen begrenzt ist, da die geringe Entdeckungswahrscheinlichkeit der Handelsaktivitäten von Insidern Unternehmenssanktionen als nicht ausreichend erscheinen läßt. Die Hypothese lautet: *Privatrechtliche Verbote und Beschränkungen des Wertpapierbesitzes und -handels für Unternehmensinsider sind weitgehend unwirksam.*

Die entgegengesetzte Wirkungshypothese, die offensichtlich die Position von Eigentümern darstellt, die solche Maßnahmen einführen, lautet: *Privatrechtliche Verbote und Beschränkungen des Wertpapierbesitzes und -handels für Unternehmensinsider sind wirksam.*

[385] John / Mishra (1990), John / Lang (1991), Fischer (1992) und Bagnoli / Khanna (1992) modellieren Insiderhandel in financial-signalling-Modellen; Insiderhandel kann innerhalb dieser Modelle in Abhängigkeit von verschiedenen Unternehmenscharakteristika und der Gestaltung von Management-Kompensationsverträgen als negatives oder positives Signal für die zukünftige Anteilswertentwicklung des Unternehmens interpretiert werden; auch Easterbrook / Fischel (1991) vertreten die Auffassung, die Wirkungen des Insiderhandels auf die Wohlfahrt der Eigentümer wären nur unternehmensspezifisch zu beurteilen.

b) Management-Kompensationsverträge

Die beiden folgenden Wirkungshypothesen betreffen die Eignung von Anreiz- und Kompensationsverträgen als Mittel der Eigentümer, Einfluß auf den Wertpapierhandel von Unternehmensinsidern zu nehmen. Bagnoli / Khanna (1992) argumentieren, daß Eigentümer die Insider-bezogenen Risiken für ihre Wohlfahrt durch die Gestaltung von Kompensationsverträgen nicht beseitigen, aber erheblich reduzieren können; ihre Hypothese lautet: *Kompensationsverträge sind ein geeignetes Mittel für Eigentümer, um Insiderhandel zu reduzieren.*

Manne (1966) und Carlton / Fischel (1983) vertreten die Auffassung, daß Handelsgewinne aus Insideraktivitäten Bestandteil expliziter oder impliziter Kompensationsverträge zwischen Eigentümern und Managern sind. Insiderhandelsgewinne durch vertragliche Vereinbarungen zu begrenzen, würde die Flexibilität dieser Verträge verringern und Interessendivergenzen zwischen Eigentümern und Insidern vergrößern. Eine gegensätzliche Wirkungshypothese, die auf der Basis dieser Position formuliert werden kann, lautet: *Kompensationsverträge sind kein geeignetes Mittel für Eigentümer, um Insiderhandel zu reduzieren.*

2. Modellanalyse

In der Darstellung eines einfachen Principal-Agent-Modells besitzen Unternehmensinsider als Manager eines Unternehmens mehr Informationen als Eigentümer. Diese Informationsvorteile entstehen zum Teil daraus, daß Insider operative Entscheidungen treffen, deren Auswirkungen auf den Wert der Unternehmung Eigentümer nur zu hohen Kosten und deshalb begrenzt beobachten können. Anhand der theoretischen und empirischen Analyse des vorangegangenen Teils wurde gezeigt, daß Insider ihre Informationsvorteile dazu nutzen, Handelsgewinne zu erzielen. Bagnoli / Khanna (1992) entwikkeln ein Principal-Agent-Modell, das die Grundlage der folgenden Analyse bildet.

Wenn Insiderhandel Eigentümer schädigen kann oder wenn Insider bewußt nicht-optimale Entscheidungen treffen können, um Handelsgewinne zu erzielen[386], dann werden Eigentümer anstreben, Verträge mit Insidern abzuschließen, die ihre erwarteten Wohlfahrtsverluste minimieren. Der Nutzen der privatrechtlichen Aktivitäten zur Beschränkung dieser Verluste muß dabei für Eigentümer stets deren marginale Kosten übersteigen. Bagnoli / Khanna

---

[386] Easterbrook (1981).

(1992) demonstrieren in ihrem Modell, daß die Kosten der Durchsetzung eines internen Insiderhandelsverbotes für Eigentümer von den erwarteten Gewinnen des Insiderhandels abhängig sind: Insider, die einen Ertrag durch ihre Handelsaktivitäten erwarten, handeln stets mit einer positiven Wahrscheinlichkeit, auch wenn solcher Handel verboten ist[387]. Mit einer steigenden Anzahl von Managern, die aufgrund ihrer Gewinnerwartung gegen ein internes Handelsverbot verstoßen, entdeckt und von Eigentümern entlassen werden, vergrößern sich die Kosten der Durchsetzung des internen Verbots. Eigentümer handeln deshalb rational, wenn sie Insiderhandel durch interne Beschränkungen nicht vollständig unterbinden.

Ein interessantes Ergebnis der Studie von Bagnoli / Khanna (1992) ist, daß Insider, die einen großen Bestand an den Wertpapieren ihrer Unternehmung besitzen, Handelserträge unabhängig von der Richtung der zukünftigen Preisveränderung sowohl aus Ankaufs- als auch aus Verkaufsaktivitäten erzielen können. Die Profitabilität ihrer Aktivitäten ist dabei von der Gestaltung der Management-Kompensationsverträge und dem Anteil an Wertpapieren abhängig, der von Insidern aufgrund interner vertraglicher Beschränkungen veräußert werden kann. Anhand des Modells kann strategisches Verhalten von Managern folgendermaßen rekonstruiert werden: Manager wählen ihre Signale so, daß entweder der Wert der Aktien vergrößert wird, die sie bereits besitzen, oder der Wert der Aktien vermindert wird, die sie in Zukunft erwerben möchten. Da Insider somit in vielen Fällen aus An- und Verkaufsaktivitäten profitieren können, bilden Ankaufskurse und Verkaufskurse in diesem Modell stets nur einen Teil der privaten Informationen der Insider ab. Die Informationen von Insidern sind deshalb für Eigentümer und andere Investoren durch Beobachtung der Wertpapierpreise nur teilweise erkennbar. Um die Interessen von Eigentümern und Insidern weitestgehend aufeinander abzustimmen, schlagen Bagnoli / Khanna (1992) vor, Managern einen großen Anteil an den Wertpapieren ihrer Unternehmen zu geben und ihre Möglichkeiten, diese Wertpapiere in großem Umfang zu handeln, zu beschränken. Da Insider durch die Gestaltung von Signalen und Handelsverhalten die Abhängigkeit ihres Einkommens von Unternehmenswert-abhängigen Kompensationsverträgen stets eliminieren können, ist die Beschränkung des Anteils der veräußerbaren Wertpapiere in diesem theoretischen Modell eine wichtige Voraussetzung für die Angleichung der Interessen von Insidern und Eigentümern. Da eine solche Beschränkung praktisch schwierig durchsetzbar ist, vermuten Bagnoli / Khanna (1992), daß die Kompensation von Insidern durch

[387] Der erwartete Ertrag des Insiderhandels hängt vom Wert der Insiderinformationen und der Höhe der Sanktionen ab; in einer von Bagnoli / Khanna (1992) abweichenden Modellkonstruktion kann deshalb selbstverständlich eine Wahrscheinlichkeit gleich null für Insiderhandel konstruiert werden.

kurskontingente Zahlungsversprechen (phantom shares) oder nicht-handelbare Warrents für Eigentümer vorteilhaft sein könnte.

Wenn die Beschränkung des Insiderhandels durch Eigentümer mit Hilfe interner Handelsverbote und Kompensationsverträge Kosten verursacht, dann ist für die Realisierung dieser Beschränkungen entscheidend, inwieweit Eigentümer von ihnen profitieren. Können Eigentümer durch die Beschränkungen ineffiziente Managemententscheidungen verhindern, so profitieren sie direkt von ihnen. Ist der Nutzen für Eigentümer jedoch davon abhängig, daß andere Marktteilnehmer von der wirksamen Reduktion des Insiderhandels mit den Wertpapieren des Unternehmens überzeugt werden, dann profitieren Eigentümer nur, wenn sie die Wirksamkeit einer internen Regelung glaubhaft signalisieren können. Easterbrook (1985) hebt hervor, daß andere Marktteilnehmer, selbst im Fall einer wirksamen Begrenzung des Insiderhandels durch interne Regeln, nicht in der Lage sind, dieses Verhalten zu überprüfen[388].

Eine weitere Problematik analysiert Georgakopolos (1991): Erhöht Insiderhandel die Spanne zwischen An- und Verkaufspreisen, so werden Marktteilnehmer, die ein Wertpapier veräußern wollen (gegenwärtige Eigentümer), und Marktteilnehmer, die ein Wertpapier erwerben wollen (zukünftige Eigentümer), durch Insiderhandel in gleicher Weise geschädigt[389]. Wenn die Kosten der Selbstregulierung nur durch die gegenwärtigen Eigentümer getragen werden, während der Nutzen allen zukünftigen und gegenwärtigen Eigentümern zukommt, dann schaffen gegenwärtige Eigentümer durch interne Insiderhandelsbeschränkungen eine positive Externalität. Es bestehen daher unter Umständen keine ausreichenden Anreize, Insiderhandel „im Unternehmen“ zu begrenzen[390].

3. Empirische Erkenntnisse

Die theoretische und empirische Analyse der Principal-Agent-Modelle des Insiderhandels im vorigen Teil hat gezeigt, da sich diese Modelle einer systematischen Überprüfung weitgehend verschließen. Es ist deshalb nicht mög-

---

[388] Easterbrook (1985), 94–95 erläutert die Möglichkeit eines Marktversagens durch diese lemons-Problematik.

[389] Bagnoli/Khanna (1992), Bradley/Khanna/Slezak (1992) und Fischer (1992) vertreten ein ähnliches Argument: Selbstregulierung produziert positive Externalitäten für Eigentümer und andere nicht-informierte Händler.

[390] Zu einem ähnlichen Ergebnis kommt Fischer (1992), 675 anhand einer Principal-Agent-Analyse: „The failure to implement desirable insider trading restrictions occures because shareholders who contract with an agent do not endogenize the costs of agent trading that are incurred by future shareholders.“

lich, die in den Modellen beschriebenen Wirkungen der Regulierung des Insiderhandels „im Unternehmen" im einzelnen empirisch zu überprüfen. Die privaten Initiativen zur Selbstregulierung des Insiderhandels bieten einen der wenigen empirischen Ansatzpunkte zur Prüfung der Principal-Agent-Modellaussagen. Zwei Studien untersuchen die internen Insiderregeln von US-amerikanischen Unternehmen:

- Weinberger (1990) führt eine Umfrage unter den 27 größten Unternehmen im US-Bundesstaat Missouri durch. Von den 21 Unternehmen, die auf seine Anfrage reagierten, wiesen 19 interne Beschränkungen bei der Verwendung vertraulicher Informationen auf. Lediglich 3 Unternehmen verfügten über spezifische interne Regeln, die Sanktionen im Fall des Mißbrauchs von Insiderinformationen vorsahen.
- Seyhun (1992) untersucht interne Regeln von 37 zufällig ausgewählten US-amerikanischen Unternehmen. 25% der Unternehmen untersagen ihren Angestellten spezifisch Wertpapiergeschäfte auf der Basis von Insiderinformationen; 25% der Unternehmen verbieten in allgemeiner Form den Mißbrauch vertraulicher Unternehmensinformationen, während 50% weder Insiderhandel noch den Mißbrauch vertraulicher Informationen erwähnen. Der Insider Trading and Securities Fraud Enforcement Act von 1987 verpflichtet US-Unternehmen dazu, Insiderhandel durch wichtige Angestellte zu verhindern; Seyhun (1992) argumentiert deshalb, daß das Fehlen spezifischer Insiderhandelsverbote in 75% der geprüften Unternehmensregeln ein Hinweis darauf ist, daß Aktionäre nicht wünschen, Insiderhandel durch Selbstregulierung zu reduzieren[391].

Beide Studien untersuchen sehr kleine Stichproben von Unternehmen und liefern daher lediglich schwache empirische Indizien. Übereinstimmende Feststellung beider Studien ist, daß ein geringes Interesse der Eigentümer besteht, in Unternehmen ein vollständiges System zur internen Begrenzung des Insiderhandels zu installieren. Dieser Mangel an Eigeninnitiative von Aktionären in den USA kann als ein empirischer Hinweis dafür gewertet werden, daß Aktionäre nicht erwarten, einen wesentlichen Nutzen aus der internen Begrenzung des Insiderhandels zu ziehen. Dieser Mangel bietet jedoch keinen Hinweis darauf, ob öffentliche Maßnahmen zur Begrenzung des Insiderhandels aus der Perspektive der Eigentümer wünschenswert sind oder nicht[392].

---

[391] Seyhun (1992), 177 betont außerdem, daß Aktionäre in den USA auch Unternehmen als juristischen Personen keine Restriktionen des Insiderhandels auferlegen.

[392] Vgl. die Analyse in Abschnitt 4.1.2.

II. Im geschlossenen Wertpapiermarkt

In Teil C dieser Arbeit wurde hervorgehoben, daß öffentliche Maßnahmen zur Beschränkung des Insiderhandels aus gesamtgesellschaftlicher Sicht vorteilhaft[393] oder nachteilig[394] sind. Insiderregulierung kann deshalb auch dann wünschenswert sein, wenn Eigentümer keinen oder nur geringen Nutzen aus ihr ziehen[395]. Ist das Ziel öffentlicher Regulierung, wie im Fall von Insiderregeln, die Reduktion negativer Wirkungen asymmetrischer Informationsverteilungen auf Wertpapiermärkten, dann ist eine detaillierte Untersuchung der Wirkungen der verschiedenen regulatorischen Maßnahmen erforderlich[396]. Die folgenden Wirkungshypothesen beziehen sich auf die Wirkungen öffentlicher Maßnahmen zur Beschränkung von Insideraktivitäten.

1. Wirkungshypothesen

In der theoretischen Modellanalyse des vorangegangenen Teils wurden die Wirkungen des Insiderhandels auf das Verhalten anderer Marktteilnehmer konzeptionalisiert. Entsprechend könnten für die Wirkungen der Regulierung des Insiderhandels spiegelbildlich Wirkungshypothesen abgeleitet werden[397]. Dieses Vorgehen erscheint replikativ und für das Problemverständ-

---

[393] Easterbrook (1981), 334 hebt potentielle Skaleneffekte bei der Durchsetzung eines öffentlichen Verbotes hervor; Easterbrook (1985), 94 betont, daß das breitere Spektrum öffentlicher Sanktionen die Wirksamkeit der öffentlichen Durchsetzung eines Insiderhandelsverbotes höher erscheinen läßt.

[394] Vgl. die von Manne (1966) und Carlton/Fischel (1983) vorgebrachten Argumente.

[395] Insider werden für die Analyse des Insiderhandels „im geschlossenen Wertpapiermarkt" als Personen definiert, die Zugang zu bewertungsrelevanten Informationen schneller und zu niedrigeren Kosten haben als alle anderen Marktteilnehmer.

[396] Demsetz (1969b) betont die Bedeutung einer Kosten-Nutzen-Analyse für die Regulierung, die auf eine Reduktion von unvollständigen Informationen gerichtet ist; Miller/Upton (1989) argumentieren, daß die vollständige Beseitigung unerwünschter Aktivitäten auf Kapitalmärkten aus Kosten-Nutzen-Erwägungen häufig nicht sinnvoll ist.

[397] Grundlage der Wirkungshypothesen ist ein einfaches Modell des Insiderverhaltens unter den folgenden Annahmen: 1. Insider können aufgrund ihres Informationsvorteils überdurchschnittliche Handelsgewinne erzielen, die Höhe der Handelsgewinne wird durch den Wert der Insiderinformationen bestimmt; 2. die Entdeckungswahrscheinlichkeit von Insiderhandel steigt mit der Anzahl der gehandelten Wertpapiere und mit der Höhe der Prämie für Informanten; 3. eine Erhöhung der Sanktionen vermindert Insiderhandelsaktivitäten. Seyhun (1992) konstruiert ein solches einfaches Modell.

nis wenig sinnvoll. Die folgenden Hypothesen beziehen sich deshalb auf die Wirksamkeit der verschiedenen Maßnahmen zur Reduktion des Insiderhandels. In der theoretischen Modellanalyse und der Diskussion der empirischen Erkenntnisse werden die Wirkungen dieser Maßnahmen auf die verschiedenen Gruppen von Marktteilnehmern detailliert analysiert.

a) Handelsverbot

Ein mit Sanktionen verbundenes Handelsverbot allgemeiner oder spezifischer Natur vermindert in einem einfachen Rationalmodell die erwarteten Erträge und somit das Volumen des Insiderhandels[398]. Die erste Wirkungshypothese lautet: *Ein Insiderhandelsverbot reduziert Insiderhandel.*

Eine gegensätzliche Auffassung wird von Demsetz (1969b), Cleeton / Reeder (1988) und Oberender / Daumann (1993) vertreten. Die Autoren vermuten, daß ein Insiderhandelsverbot zu Ausweichstrategien führt und das Handelsvolumen von Insidern kaum reduziert[399]. Die widersprechende Hypothese besagt deshalb: *Ein Insiderhandelsverbot reduziert Insiderhandel nur unwesentlich.*

b) Publizitätspflicht

Wenn Insider ihre Handelstransaktionen veröffentlichen müssen, steigt die Entdeckungswahrscheinlichkeit illegalen Insiderhandels. Eine Ausweitung der Veröffentlichungspflichten sollte dabei ceteris paribus Insiderhandel reduzieren[400]. Gleichzeitig sollte er bei unveränderter Publizitätspflicht des Insiderhandelsvolumens durch die Höhe der Sanktionen bestimmt werden. Die Wirkungshypothese lautet: *Eine Publizitätspflicht für Insider unterstützt die Sanktionierung illegalen Insiderhandels.*

---

[398] Aushubel (1990), 1022.

[399] Cleeton / Reeder (1987) und Wang (1988) weisen die Profitabilität von Insidergeschäften auf Options-Märkten nach; Dinehart (1986) und Grossman (1986) untersuchen Insiderhandel auf Futures-Märkten.

[400] Diamond / Verrecchia (1991) entwickeln ein theoretisches Modell auf der Basis von Kyle (1985), in dem der Zusammenhang zwischen Publizitätspflichten, informiertem Handel und den Kapitalkosten der Unternehmung konzeptionalisiert wird; vgl. auch Easterbrook / Fischel (1984). Hopt (1991c) und Assmann (1992) analysieren Publizitätspflichten für Unternehmen.

c) Sanktionen

Die Höhe der Sanktionen für illegale Insiderhandelstransaktionen beeinflußt die erwarteten Erträge des Insiderhandels. Die Wirkungshypothese, die aus einem Rationalmodell des Insiderhandels abgeleitet werden kann, lautet: *Eine Erhöhung der Sanktionen vermindert das Volumen des Insiderhandels.*

Die Reduktion des Insiderhandels vermindert die erwarteten Handelserträge von Insidern, wenn diese nur über unvollständige Möglichkeiten verfügen, ihre Handelstransaktionen zu verbergen. Nach der Auffassung von Demsetz (1969b) und Oberender/Daumann (1993), daß Insider über zahlreiche wirksame Methoden verfügen, ihr Handelsvolumen zu verbergen, kann die gegensätzliche Hypothese wie folgt formuliert werden[401]: *Eine Erhöhung der Sanktionen vermindert das Volumen des Insiderhandels nur unwesentlich.*

2. Modellanalyse

Die Analyse der Wirkungen des Insiderhandels im vorigen Teil erfolgte im Rahmen verschiedener Kapitalmarktmodelle. Imperfectly-competitive-noisy-rational-expectations-Modelle wurden dabei als geeignete Bezugsmodelle für eine Analyse des Insiderhandels erkannt. Innerhalb eines solchen Grundmodells werden in den folgenden Abschnitten die Wirkungen der öffentlichen Maßnahmen zur Reduktion des Insiderhandels zunächst auf einem Auktionsmarkt und dann auf einem Händlermarkt untersucht.

a) Auktionsmarkt

Auf einem imperfectly-competitive-noisy-rational-expectations-Auktionsmarkt handeln verschiedene Gruppen von Marktteilnehmern, die sich durch die ihnen zur Verfügung stehenden Informationen, ihre Liquiditätsbedürfnisse und ihr Handelsverhalten unterscheiden[402]: Nicht-informierte Händler nutzen für ihre Investitionsentscheidungen lediglich die in Marktpreisen enthaltenen Informationen. Im Gegensatz zu liquiditätsmotivierten Händlern, deren Handelsaktivität durch außerhalb des Modells liegende, exogene Faktoren bestimmt wird, ist das Volumen des nicht-informierten Handels vom Informationsgehalt der Wertpapierpreise abhängig. Liegen die beobachteten Wertpapierpreise nah ihren Gleichgewichtswerten, dann sind die Erwartungen

---

[401] Engel (1991) vertritt eine ähnliche Position.

[402] S. Abbildung 14 für eine detaillierte Darstellung der Modellannahmen.

nicht-informierter Händler sehr homogen und ihr Handelsvolumen ist gering. Informierte Händler erwerben ihre Informationen bezüglich zukünftiger Wertpapierpreise durch die Aufwendung finanzieller Ressourcen oder durch Zugang zu nichtöffentlichen Informationen. Insider sind in diesem Modell informierte Händler, die Informationsvorteile schneller und zu geringeren Kosten als alle anderen Marktteilnehmer erhalten.

Anhand eines imperfectly-competitive-noisy-rational-expectations-Modells können die Wirkungen von Handelsverboten, Sanktionen und Publizitätspflichten in allgemeiner Form analysiert werden.

- Nicht-informierter Handel: Insider und andere informierte Händler erhöhen durch ihre Handelsaktivitäten die Informationseffizienz der Wertpapierpreise. Wird Insiderhandel durch ein Handelsverbot in Verbindung mit Sanktionen verringert, dann erhöht sich der restliche informierte Handel derart, daß das gesamte informierte Handelsvolumen unverändert bleibt. Nicht-informierte Händler, die ihre Handelsentscheidungen lediglich anhand öffentlicher Preise treffen, werden von der Veränderung der Zusammensetzung des informierten Handelsvolumens nicht beeinflußt. Publizitätspflichten für Insider schaffen im Gegensatz zu einem Handelsverbot mit Sanktionen zusätzliche Informationen für andere informierte und nicht-informierte Händler, sie können daher grundsätzlich die Informationseffizienz der Wertpapierpreise erhöhen. Das Volumen und die Profitabilität des nicht-informierten Handels wird durch Insiderregeln nicht beeinflußt, wenn andere informierte Investoren ihren Handel entsprechend dem reduzierten Insiderhandelsvolumen ausweiten. Publizitätspflichten können den nicht-informierten Handel potentiell vermindern, wenn sie die Informationseffizienz der Wertpapierpreise und somit die Homogenität der Investorerwartungen erhöhen. Die Profitabilität des nicht-informierten Handels wird jedoch grundsätzlich weder von Handelsverboten mit Sanktionen noch von Publizitätspflichten verändert.
- Informierter Handel: Ein Insiderhandelsverbot mit Sanktionen kann das Insiderhandelsvolumen reduzieren und die Gewinne anderer informierter Investoren erhöhen. Herrscht ein hohes Niveaus an Konkurrenz zwischen informierten Händlern, dann führt eine Verminderung der Insideraktivitäten zur Erhöhung des Handels der anderen informierten Händler. Da Insider in einem nicht-kompetitiven Modell die ineffizientesten, risikoaversesten und kleinsten informierten Händler verdrängen und deshalb zu einer Konzentration des informierten Handels beitragen können, kann eine wirksame Beschränkungen des Insiderhandels grundsätzlich kompetitives Verhalten informierter Händler erhöhen. Publizitätspflichten für Insider vermindern den Informationsabstand zwischen Insidern und anderen Investoren, sie sind deshalb für diese eine zusätzliche Quelle von Informationen.

- Liquiditätsmotivierter Handel: Die Profitabilität des liquiditätsmotivierten Handels ist abhängig vom Gesamthandelsvolumen informierter und nicht-informierter Händler. Ist dieses Volumen gering, dann erhöhen sich für Investoren, die aufgrund ihrer Liquiditätsbedürfnisse handeln, die Ausführungskosten. Ein Insiderhandelsverbot mit Sanktionen und Publizitätspflichten können deshalb die Profitabilität des liquiditätsmotivierten Handels indirekt beeinflussen. Bedingung dafür ist, daß sich die Volumina des informierten und des nicht-informierten Handels aufgrund der Maßnahmen verändern.

Die Analyse der Wirkungen öffentlicher Regulierungen des Insiderhandels in einem imperfectly-competitive-noisy-rational-expectations-Modell zeigt, daß spezifisch auf Insider zugeschnittene Handelsbeschränkungen das dynamische Gleichgewicht des Wertpapiermarktes beeinflussen können, wenn sie in der Lage sind, Insiderhandel wirksam zu reduzieren. Publizitätspflichten für Insider können grundsätzlich die Informationseffizienz der Wertpapierpreise erhöhen. In einem perfekt kompetitiven Modell haben Handelsverbote und Sanktionen für Insider lediglich distributive Effekte: Handelsgewinne von Insidern fallen anderen informierten Händlern zu. In einem nicht-kompetitiven Modell sind die Wirkungen der Insiderbeschränkungen von ihrem Einfluß auf die Konkurrenz zwischen informierten Investoren abhängig Nur wenn das Konkurrenzniveau zwischen informierten Händlern durch Insiderregeln steigt, profitieren liquiditätsmotivierte Investoren.

b) Händlermarkt

Im Gegensatz zu Auktionsmärkten, in denen alle An- und Verkaufsaufträge in einem zentralen System direkt gegeneinander ausgeführt werden, sind Investoren auf Händlermärkten stets auf die Dienstleistungen von Market-Makern angewiesen. Diese bilden die Gegenseite jeder Wertpapiertransaktion und bieten somit Transaktionspreissicherheit zum Zeitpunkt der Orderplazierung. Die Kosten der Dienstleistungen von Market-Makern werden zum Teil von den Informationsunterschieden zwischen Marktteilnehmern bestimmt. Da Insider über Informationen verfügen, die es ihnen erlauben, den zukünftigen Kurs eines Wertpapiers besser einzuschätzen als Market-Maker, kann der Handel mit Insidern für Market-Maker zu Bestandswertverlusten führen und sie dazu veranlassen, ihre An- / Verkaufsspannen zu erhöhen. Folgende Wirkungen öffentlicher Insiderregeln können innerhalb des Modells eines imperfectly-competitive-noisy-rational-expectations-Händlermarktes rekonstruiert werden:

- Nicht-informierter Handel: Auf Händlermärkten bilden nicht-informierte Investoren ihre Erwartungen durch Beobachtung der historischen Transaktionspreise und der aktuellen An- / Verkaufsgebote der Market-Maker. Eine Ausweitung der Spanne zwischen An- und Verkaufskursen ist ein Hinweis auf asymmetrische Informationen , die die Homogenität der Ertragserwartungen nicht-informierter Investoren vermindert. Gleichzeitig erhöht eine Ausweitung die Transaktionskosten, so daß sich das nicht-informierte Handelsvolumen entweder ausweiten oder vermindern kann. Ob das Volumen des nicht-informierten Handels durch wirksame öffentliche Sanktionen verändert wird, ist deshalb unklar.

- Informierter Handel: Die Kosten der Liquiditätsdienstleistungen von Market-Makern hängen unter anderem vom Wert der Informationsunterschiede zwischen Market-Makern und informierten Investoren ab. Verfügen Insider über wertvollere Informationen als alle anderen informierten Investoren, so kann eine wirksame öffentliche Beschränkung des Insiderhandels die Handelsgewinne informierter Investoren erhöhen und die Verluste von Market-Makern vermindern.

- Liquiditätsmotivierter Handel: Die Profitabilität des liquiditätsmotivierten Handels wird auf Händlermärkten durch die An- / Verkaufsspannen der Market-Maker bestimmt. Der Einfluß öffentlicher Regulierung des Insiderhandels auf diese Spannen ist nicht eindeutig bestimmbar, da zwei gegenläufige Wirkungen aus einem wirksamen Insiderhandelsverbot resultieren: Erstens, das Gesamthandelsvolumen wird um die Insidertransaktionen vermindert; zweitens, da die An- / Verkaufsspannen der Market-Maker sowohl von Informationsunterschieden zwischen ihnen und informierten Investoren als auch vom Volumen des nicht-informierten Handels abhängen, bleibt unklar, ob diese Spannen durch wirksame öffentliche Insiderhandelsbeschränkungen verengt oder ausgeweitet werden. Der Einfluß öffentlicher Maßnahmen zur Beschränkung des Insiderhandels auf die Profitabilität des liquiditätsmotivierten Handels ist daher unklar.

Ähnlich wie auf Auktionsmärkten kann in dem verwendeten Modell auch für Händlermärkte demonstriert werden, daß wirksame öffentliche Insiderregeln eine Umverteilung von Handelsgewinnen zwischen Insidern und anderen informierten Investoren verursachen. Die Wirkungen dieser Regeln auf die Wohlfahrt anderer Gruppen von Marktteilnehmern auf Händlermärkten sind vom Einfluß der Insiderregeln auf die An- und Verkaufsspannen von Market-Makern und das Gesamthandelsvolumen abhängig.

3. Empirische Erkenntnisse

Die modelltheoretische Analyse der Wirkungen von Insiderregeln für unterschiedliche Gruppen von Investoren erfolgte unter der Annahme, daß

Insider ihren Handel aufgrund regulatorischer Maßnahmen reduzieren. Trifft diese Annahme nicht zu, dann hat eine spezifisch auf Insider zugeschnittene Regulierung weder positive noch negative Wirkungen für andere Marktteilnehmer.

Im vorangegangenen Teil wurde empirisch bestätigt, daß eine Publizitätspflicht das Verhalten anderer Markteilnehmer beeinflußt, da sie Investoren zusätzliche Informationen zur Bewertung der Aktivitäten von Managern und zur Projektion aggregierter Wertpapierrenditen liefert[403]. Für eine Untersuchung der Wirkungen von Insiderhandelsverboten und Sanktionen eignet sich der US-amerikanische Wertpapiermarkt in besonderem Maße, da er die für eine empirische Analyse des Verhaltens von Insidern erforderliche Publizitätspflicht für Insidertransaktionen aufweist. Zusätzlich erlaubt die in Teil A dieser Arbeit analysierte Entwicklung der Regulierungsgestaltung in den USA die Verwendung von Zeitreihen- und event-study-Analysetechniken. Verschiedene Studien haben die Wirksamkeit der Insiderregulierung in den USA empirisch untersucht. Die analysierten Transaktionen stammen dabei weitgehend aus der offiziellen SEC Insiderstatistik; Regulierungsausweichhandlungen, die eine Publikation in dieser Statistik vermeiden, können deshalb nur begrenzt Gegenstand empirischer Tests sein.

– Die erste systematische Studie der Wirksamkeit von Insiderregulierungen hat Jaffe (1974a) durchgeführt. Jaffe untersucht anhand der event-study-Methodik die Veränderungen der Insiderhandelsdaten der SEC Insiderstatistik in Reaktion auf drei zentrale Ereignisse des amerikanischen Insiderfallrechts: Das *Crady, Roberts*-Urteil (November 1961), die *Texas Gulf Sulphur*-Anklage (April 1965) und das *Texas Gulf Sulphur*-Urteil (August 1966). Keines der drei Ereignisse verursacht nach Jaffes Analyse eine Reduktion der Profitabilität der Insiderhandelsaktivitäten, nach der *Texas Gulf Sulphur*-Anklage im April 1965 kann sogar ein Anstieg der Profitabilität nachgewiesen werden[404]. Zusätzlich stellt Jaffe fest, daß das Volumen des Insiderhandels nicht vermindert wurde: Sowohl nach der *Texas Gulf Sulphur*-Anklage als auch nach dem *Texas Gulf Sulphur*-Urteil ist ein Anstieg des Insiderhandelsvolumens zu beobachten. Jaffe schließt aus seinen empirischen Ergebnissen, daß die US-Regulierungsänderungen in den sechziger Jahren keinen Einfluß auf das Volumen und die Profitabilität des legalen Insiderhandels hatten.

---

[403] Benesh/Pari (1987), 145–158; Seyhun (1988a), 129–142, (1988b), 1–24; John/Mishra (1990), 835–855; John/Lang (1991), 1361–1389; Seyhun (1992b), 1303–1331.

[404] Jaffe (1974a), 109.

- Allen (1990) liefert eine weitere empirische Analyse der Wirkungen der Rechtsprechung im *Texas Gulf Sulphur*-Fall. In bezug auf Kaufaktivitäten durch Insider bestätigt Allen die Ergebnisse von Jaffe. Für Verkaufstransaktionen ergibt die empirische Analyse von Allen anhand eines verkleinerten Datensatzes einen leichten Rückgang der Insideraktivität nach der *Texas Gulf Sulphur*-Entscheidung. Allen interpretiert dieses Ergebnis als einen Hinweis darauf, daß Insider nach der Entscheidung weniger von negativen privaten Unternehmensnachrichten profitierten.

- Auch Seyhun (1992a) führt eine event-study des US-Insiderrechts durch; er untersucht die *Chiarella*-Entscheidung (März 1980) und das Inkrafttreten des Insider Trading Sanctions Act (August 1984) und des Insider Trading and Securities Fraud Enforcement Act (November 1988). Seyhuns Analyse bestätigt die Schlußfolgerungen von Jaffe (1974a): Es ist keine systematische Reduktion von Volumen oder Profitabilität in der Zeit unmittelbar nach diesen Regulierungsänderungen feststellbar. Nach dem Insider Trading Sanctions Act ist ein leichter Rückgang des Insiderhandelsvolumens und ein starker Anstieg der Profitabilität nachweisbar, nach dem Insider Trading and Securities Fraud Enforcement Act bleibt die Profitabilität unverändert, während das Volumen des Insiderhandels um 30% steigt[405].

- Die umfangreichste empirische Analyse der Wirkungen US-amerikanischer Insiderhandelsregulierungen ist eine Zeitreihenanalyse von Seyhun[406]. In dieser Studie werden drei Phasen der amerikanischen Regulierung unterschieden: Erstens, die vor-*Chiarella*-Phase (Januar 1975 – März 1980); zweitens, die post-*Chiarella* und vor-Insider Trading Sanctions Act-Phase (April 1980 – August 1984); drittens, die post-Insider Trading Sanctions Act-Phase (September 1984 – Dezember 1989). Während die erste Phase durch ein niedriges Niveau der Durchsetzung von Beschränkungen des Insiderhandels gekennzeichnet ist, weist die zweite Phase einen signifikanten Anstieg der Durchsetzung auf; in der dritten Phase steigen gegenüber den Vorperioden sowohl das Niveau der Durchsetzung als auch die Höhe der Sanktionen[407]. Die folgende *Abbildung 17* zeigt Seyhuns Ergebnisse im einzelnen[408]:

---

[405] Seyhun (1992a), Table 4.

[406] Seyhun (1992a) untersucht ein Transaktionsvolumen von 9,3 Mrd. Aktien zwischen Januar 1975 und Dezember 1989 aus 844.399 Insidertransaktionen mit Wertpapieren von insgesamt 19.571 Unternehmen.

[407] Eine Zusammenfassung der Regulierungsänderungen während des Untersuchungszeitraums bietet Seyhun (1992a), 152 – 154.

[408] Seyhun (1992a), Table 2, 160.

Abbildung 17:

US-Insidererträge Januar 1975 – Dezember 1989

Investitions-zeitraum (Monate)	**Periode 1** (%)	**Periode 2** (%)	**Periode 3** (%)	**Gesamt** (%)
1	1,1	0,6	1,3	1,0
2	2,1	1,3	2,2	1,9
3	2,4	2,2	3,1	2,6
4	2,6	2,8	4,0	3,1
5	3,1	3,0	4,8	3,6
6	3,5	3,1	5,2	3,7
12	3,5	5,1	7,0	5,2

Über den Zeitraum der drei Perioden kann ein signifikanter Anstieg der Profitabilität des Insiderhandels nachgewiesen werden: Bei einem Investitionszeitraum von 12 Monaten steigen die durchschnittlichen Insidererträge von 3,5% auf 7,0% über das Niveau des Marktindexes[409], die dritte Periode enthält somit, trotz des höchsten Niveaus an Durchsetzung und Sanktionen, den profitabelsten Insiderhandel. Zur Untersuchung der Wirkungen der Regulierungsänderungen auf das Volumen von Insidertransaktionen ist eine Zeitreihen-Regressionsanalyse erforderlich, welche Veränderungen des Insiderhandels, die mit Schwankungen des Gesamthandelsvolumens verknüpft sind, normalisiert. Das einfachste Regressionsmodell Seyhuns ergibt, daß Insider etwa 1,5% des Handelsvolumens in der vor-*Chiarella*-Periode (Periode 1) ausmachen; dieser Anteil reduziert sich nicht während der Folgeperioden. Wird das Insiderhandelsvolumen zusätzlich um den Ertrag des Gesamtmarktes normalisiert, so läßt sich nachweisen, daß das relative Handelsvolumen von Insidern während des Untersuchungszeitraums ansteigt[410].

---

[409] Seyhun (1992a), 161, Table 3 zeigt im Gegensatz zu Allen (1990), daß die Profitabilitätsunterschiede zwischen Käufen und Verkäufen von Insidern insignifikant sind.

[410] Seyhun (1992a), 169: „There is no evidence to suggest that increased regulations deterred insiders from trading."

Abbildung 18:

US-Insidererträge Januar 1975 – Dezember 1989 für einen 12-monatigen Investitionszeitraum

Anzahl gehandelter Wertpapiere	Periode 1 (%)	Periode 2 (%)	Periode 3 (%)
< 100	1,3	-0,2	-2,8
101 - 500	3,3	0,9	0,6
501 - 1.000	3,4	2,6	2,9
1.001 - 10.000	4,5	4,8	5,8
> 10.000	3,3	5,9	9,5

Abbildung 18 zeigt die Beziehung zwischen den Transaktionsgrößen und den Erträgen von Insidern für einen Investitionszeitraum von 12 Monaten[411]. Die Daten verdeutlichen, daß die Profitabilität des Insiderhandels mit der Anzahl der gehandelten Wertpapiere deutlich ansteigt.

Als Ergebnis der verschiedenen empirischen Studien kann festgehalten werden, daß die mit einer Erhöhung der Sanktionen gegen Insider einhergehenden Regulierungsänderungen in den USA während der sechziger und während der achtziger Jahre Insiderhandel nicht reduzieren konnten. Zwischen 1975 und 1989 erhöhten Insider sowohl das Volumen als auch die Profitabilität ihrer Handelsaktivitäten. Die vorliegenden empirischen Analysen der Regulierung des Insiderhandels während einer Phase der Ausweitung allgemeiner Beschränkungen des Insiderhandels, einer Erhöhung von Sanktionen und verstärkter Anstrengungen der SEC zur Rechtsdurchsetzung sind starke empirische Hinweise für die begrenzte Wirksamkeit dieser regulatorischen Maßnahmen. Über die Effekte spezifischer Insiderhandelsverbote, insbesondere klar definierter Handelsverbote vor der Veröffentlichung von Jahres- und Quartalsberichten sowie Übernahmeangeboten, bieten die diskutierten Ergebnisse keine Hinweise.

[411] Seyhun (1992a), 164, Table 5.

Die empirische Analyse der Wirksamkeit spezifischer Insiderhandelsverbote vor der Veröffentlichung von Quartalsberichten und Übernahmeangeboten erfordert die Analyse von Insiderhandelsaktivität vor Veröffentlichungszeitpunkten. Erfolgt netto Kauf- oder Verkaufsaktivität innerhalb eines engen Intervalls vor der Veröffentlichung einer gleichgerichteten überraschenden Unternehmensnachricht, dann kann Insiderhandel als informationsmotiviert bezeichnet werden. Zwei empirische Studien untersuchen die Wirksamkeit spezifischer Handelsverbote in bezug auf die Reduktion von Insideraktivitäten vor Veröffentlichungszeitpunkten.

- Eine Studie von Kabir (1990) betrachtet die Wirkungen der Beschränkungen des Insiderhandels durch den niederländischen Model Code von Januar 1987 anhand einer Zeitreihenanalyse. An der Amsterdamse Effektenbeurs ist durch diesen Code der Insiderhandel einen Monat vor der Veröffentlichung von Aktienemissionen, zwei Monate vor der Veröffentlichung von Jahres- und drei Wochen vor der Veröffentlichung von Halbjahres- und Quartalsberichten verboten[412]. Die Untersuchung erfaßt die Handelstransaktionen mit Anteilswerten von 114 an der Börse in Amsterdam notierten Unternehmen zwischen Januar 1984 und Juni 1989. In der Studie wird das Handelsvolumen vor Veröffentlichungszeitpunkten untersucht. Vor Januar 1987, dem Inkrafttreten des Insiderhandelsverbots, weisen die post-Veröffentlichungsperioden von Jahresberichten ein um 0,11% erhöhtes tägliches Handelsvolumen auf, nach Januar 1987 reduzierte sich diese Quote auf 0,06% täglich. In den Vor-Veröffentlichungsperioden reduzierte sich das Handelsvolumen ebenfalls deutlich, um 0,028% täglich oder 1,12% während der gesamten zweimonatigen Dauer der Handelsrestiktionen; dieser Rückgang entspricht 4,5 Tagen des durchschnittlichen jährlichen Handelsvolumens[413]. Um die Auswirkungen dieser Volumenveränderungen auf die Geschwindigkeit der Abbildung neuer Informationen in den Wertpapierpreisen zu analysieren, verwendet Kabir die event-study-Methodik. Nach Inkrafttreten des Model-Code können keine nichtnormalen positiven oder negativen Wertpapiererträge vor der Veröffentlichung von Jahresberichten festgestellt werden, die Preisanpassungen beschränken sich auf den Tag der Veröffentlichung. Für halbjährliche Berichte können geringe, statistisch nicht signifikante Erhöhungen der Wert-

---

[412] Das Aufsichtsgremium der Amsterdamse Effektenbeurs leitete folgende Ermittlungsverfahren ein: 1987, 1988 und 1989 wurden respektiv 14, 17 und 10 Fälle ermittelt; Kabir (1990), 85.

[413] Die Untersuchung bestätigt eine Reduktion des Handelsvolumens auch im Zusammenhang mit halbjährlichen Berichtsveröffentlichungen für kleine Unternehmen, bei großen Unternehmen ist keine Reduktion des Handels feststellbar; Seyhun (1986) zeigt, daß Insiderhandel in großen Unternehmen von relativ geringer Bedeutung ist.

papiererträge vor der Veröffentlichung festgestellt werden, die jedoch die Preisanpassung nicht beschleunigen. Kabir schließt aus seinen empirischen Ergebnissen, daß die Beschränkungen des Insiderhandels durch den Model Code zu einer Reduktion des Gesamthandelsvolumens vor den untersuchten Veröffentlichungs-zeitpunkten und einer Verminderung des Informationsgehaltes der Wertpapierpreise geführt haben. Diese Wirkung ist bei kleinen Unternehmen deutlicher ausgeprägt, jedoch ist nach dem Model Code auch bei großen Unternehmen kein Anstieg der Liquidität feststellbar[414].

- Seyhun (1992a) untersucht die Wirkungen spezifischer Handelsverbote vor der Veröffentlichung von Quartalsberichten und Unternehmensübernahmen, deren Ursprung das US-amerikanische Fallrecht ist. Die Insiderhandelsaktivitäten 30 Tage vor Veröffentlichungszeitpunkten von Unternehmensnachrichten werden untersucht[415]. Vor 1980 kann informationsmotivierter Handel von Insidern vor der Veröffentlichung von Quartalsberichten für 12,0% der untersuchten Monate nachgewiesen werden. In der Folgeperiode reduzierte sich diese Quote auf 9,3%. Entsprechend verändert sich die im Untersuchungszeitraum feststellbare Anzahl der Insidertransaktionen von 0,29 pro Monat in Periode 1 auf 0,22 Transaktionen in Periode 3. Die durchschnittliche Transaktionsgröße informationsmotivierten Insiderhandels erhöht sich hingegen zwischen Periode 1 und Periode 3 von 1.055 auf 2.898 Aktien[416]. Die Ergebnisse fallen noch deutlicher bei der Analyse des Insiderhandels vor Unternehmensübernahmen aus. Der Anteil der Monate mit informationsmotiviertem Handel fällt von 14,5% in Periode 1 auf 7,4% in Periode 3[417]. Seyhun schließt aus diesen Ergebnissen, daß die spezifischen Handelsverbote für Insider vor der Veröffentlichung von Quartalsberichten und Unternehmensübernahmen Insideraktivität erheblich reduziert haben: Mitglieder von Leitungs- und Aufsichtsorganen unterließen in der letzten Periode informationsmotivierte Handelsaktivitäten vor der Veröffentlichung von Unternehmensübernahmen fast vollständig.

---

414 Kabir (1990), 98–99.

415 Die Daten von 6.059 Unternehmen werden untersucht, insgesamt enthält die Stichprobe 150.873 Firmenmonate.

416 Der Durchschnitt aller Insidertransaktionen in den untersuchten Monaten ist 4.721, er enthält auch die nicht informationsmotivierten Transaktionen.

417 Für Mitglieder von Geschäftsführung und Aufrichtsrat reduziert sich die Quote auf 0,5% in Periode 3; aus der Stichprobe von 2.520 Unternehmen kann lediglich bei 6 Insideraktivität vor der Veröffentlichung von Unternehmensübernahmen festgestellt werden.

Beide Studien bieten empirische Hinweise für eine Reduktion des Insiderhandels in Reaktion auf die Einführung oder Verstärkung spezifischer Insiderhandelsverbote. Die Untersuchung von Kabir (1990) zeigt darüber hinaus, daß die Einführung der Handelsrestriktionen an der Börse in Amsterdam für Insider nicht den in einigen theoretischen Studien vermuteten Effekt hatte, das Gesamthandelsvolumen und somit die Marktliquidität zu erhöhen. Die Ergebnisse von Kabir sind insofern mit den Untersuchungen von Meulbroek (1992) und Cornell / Sirri (1992) konsistent, die die liquiditätsschaffende Rolle von Insidern betonen[418]. Die erhebliche Liquiditätsreduktion vor Veröffentlichungsterminen kleiner Unternehmen unterstützt zusätzlich die Erkenntnisse von Seyhun (1986), der stärkere Insideraktivitäten beim Handel mit den Aktien kleiner Unternehmen nachweist[419]. Die Untersuchungen von Kabir (1990) und Seyhun (1992a) unterstützen deshalb die Auffassung, daß spezifische Handelsverbote vor der Veröffentlichung von Unternehmensübernahmen, Jahres- und Quartalsberichten Insiderhandel wirksam reduzieren können. Dieses Ergebnis ist selbstverständlich von der Annahme abhängig, daß die veröffentlichten Insiderhandelsdaten, auch nach der Verstärkung von Durchsetzung und Sanktionen, das gesamte Insiderhandelsvolumen repräsentativ beschreiben. Dies ist nur dann der Fall, wenn Insider nicht verstärkt Handelsstrategien verwirklicht haben, die eine Umgehung der Publikation ihrer Transaktionen in der offiziellen Statistik ermöglichen[420].

Die empirischen Studien der Wirksamkeit von Insiderregeln anhand der offiziellen SEC Insiderstatistik können folgendermaßen zusammengefaßt werden: Allgemeine Handelsverbote waren in den USA unabhängig vom Niveau der Sanktionen und den öffentlichen Anstrengungen der Rechtsdurchsetzung wirkungslos in bezug auf eine Verminderung des Volumens und der Profitabilität des publizierten Insiderhandels. Ob Publizitätspflichten das Volumen und die Profitabilität des Insiderhandels beeinflussen, ist unklar, empirische Hinweise deuten jedoch darauf hin, daß Publizitätspflichten für Insider die Investitionsentscheidungen anderer Investoren unterstützten. An spezifische Ereignisse und Zeiträume gebundene Insiderhandelsverbote haben,

---

[418] Grossman (1986) untersucht die Rolle von Insidern auf Futures-Märkten und entwickelt dieses Argument.

[419] Aufgrund der internationalen Eigentümerstruktur großer niederländischer Unternehmen sind die Ergebnisse von Kabir (1990) für diese Unternehmen mit Vorsicht zu interpretieren; weniger als 50% des Handelsvolumens großer niederländischer Unternehmen wird in Amsterdam abgewickelt.

[420] Demsetz (1969b) vermutet, daß Insider nach einer Erhöhung der Sanktionen mehr verdeckte Transaktionen durchführen; die durch Seyhun (1992a) dokumentierte Erhöhung des Insiderhandelsvolumens und der Profitabilität bietet jedoch keine Hinweise darauf, daß Insider in Reaktion auf erhöhte Sanktionen mehr verdeckte Transaktionen durchführen.

in Verbindung mit Sanktionen, einen starken Einfluß auf das Verhalten von Insidern; ihr publiziertes Handelsvolumen vor der Veröffentlichung von Berichten und Übernahmeangeboten kann durch diese Verbote erheblich reduziert und teilweise gänzlich verhindert werden. Anhand der vorliegenden Erkenntnisse ist es nicht möglich, Aussagen darüber zu machen, ob die untersuchten Maßnahmen zu einer Ausweitung oder Verminderung des nicht-publizierten Insiderhandelsvolumens geführt haben.

Eine Reihe der durch die Modellanalyse abgeleiteten Wirkungen der Insiderregeln werden von den empirischen Ergebnissen gestützt. Die empirischen Untersuchungen des Handelsvolumens vor Veröffentlichungszeitpunkten bietet Hinweise dafür, daß die erreichbare Verminderung des Insiderhandels keine allgemeine Erhöhung der Marktliquidität bewirkt. Die empirischen Ergebnisse deuten weiterhin an, daß eine Erhöhung des nicht-informierten Handels, die von zahlreichen Studien als der zentrale Nutzen eines Insiderhandelsverbotes betrachtet wird, durch die Reduktion des informierten Handels infolge eines Insiderhandelsverbotes überkompensiert werden kann. Daraus kann ein Liquiditätsverlust vor Veröffentlichungszeitpunkten folgen, der Händler, die aus Liquiditätsgründen handeln, schädigt, obwohl diese ursprünglich Nutznießer von Insiderregeln sein sollten.

III. Im offenen Wertpapiermarkt

Die Wirkungen der Regulierung des Insiderhandels wurden zunächst unter der Annahme eines „geschlossenen“ Wertpapiermarktes analysiert. Diese Annahme vereinfacht die formale Modellanalyse erheblich, vernachlässigt jedoch die Tatsache, daß eine wachsende Anzahl von Investoren Zugang zu mehreren Handelsplätzen und -systemen hat. Für eine Analyse der Wirkungen von Insiderregeln ist die durch Internationalisierung entstehende Fragmentierung des Wertpapierhandels von besonderer Bedeutung: Die Durchsetzung eines Insiderhandelsverbots ist in einem „offenen“ Wertpapiermarkt grundsätzlich schwieriger, weil Marktteilnehmer ihre Aktivitäten auf unterschiedliche Märkte, Intermediäre und Produkte verteilen können. Aus diesem Grund führen „offene“ Wertpapiermärkte tendenziell zum Verlust nationaler regulatorischer Autorität, die mit dem Verlust der natürlichen Monopolstellung nationaler Börsen einher geht.

1. Wirkungshypothesen

Kapitalmarktregulierung wird häufig unter der Annahme gestaltet, die Fragmentierung des Wertpapierhandels durch dessen Internationalisierung übe keinen signifikanten Einfluß auf das Verhalten der Marktteilnehmer aus. Diese Annahme erscheint dann sinnvoll, wenn zentrale nationale Wertpapiermärkte existieren, die weitgehend unabhängig voneinander operieren. Die Wirkungshypothese in bezug auf die Wirksamkeit von Insiderregeln unter dieser Annahme lautet: *Die Durchsetzung von Insiderregeln auf nationalen Wertpapiermärkten wird durch die Fragmentierung des Wertpapierhandels nicht beeinträchtigt.*

Die gegensätzliche Wirkungshypothese besagt, daß die Fragmentierung des Wertpapierhandels Marktteilnehmern in verstärktem Maße ermöglicht, ihre Wertpapiertransaktionen außerhalb organisierter nationaler Wertpapiermärkte durchzuführen[421]. Die gegensätzliche Hypothese der Wirksamkeit von Insiderregeln lautet: *Die Durchsetzung von Insiderregeln auf nationalen Wertpapiermärkten wird durch die Fragmentierung des Wertpapierhandels beeinträchtigt.*

2. Modellanalyse

Eine Anzahl von Studien analysiert die Internationalisierung von Kapitalmärkten[422], übereinstimmend werden von den Autoren wachsende Zahlungsbilanzdifferenzen und Direktinvestitionen während der achtziger Jahre sowie neue Technologie- und Produktentwicklungen, verstärkt international ausgerichtete Portfoliodiversifikation und Deregulierung als Gründe verstärkter Verknüpfung nationaler Kapitalmärkte identifiziert[423].

Anhand eines einfachen Modells können die Wirkungen der Fragmentierung des Wertpapierhandels am Beispiel der Internationalisierung demonstriert werden. Die folgende *Abbildung 19* vergleicht die möglichen Formen der Abwicklung einer Handelstransaktion auf einem „geschlossenen" Wertpapiermarkt (unterer Teil der Abbildung) und auf einem „offenen" Wertpapiermarkt (oberer Teil der Abbildung).

---

[421] Cleeton/Reeder (1987), 7; Pitt/Shapiro (1990); Grundfest (1990), 349–378; Hecker (1993), 316–319 heben die Möglichkeit profitabler Insideraktivitäten auf Parallelmärkten aufgrund von „proliferation of financial instruments" hervor.

[422] Grilli (1989), 387–411; Merton (1990a), 263–300; Grundfest (1990), 349–378; Bodie (1990), 419–460; Miller (1990), 387–408; Huang/Stoll (1991); O'Brian (1992); Stoll (1992), 75–107; Economist (1992b).

[423] Grundfest (1990), 360–365.

Abbildung 19:

Formen der Transaktionsgestaltung im Vergleich

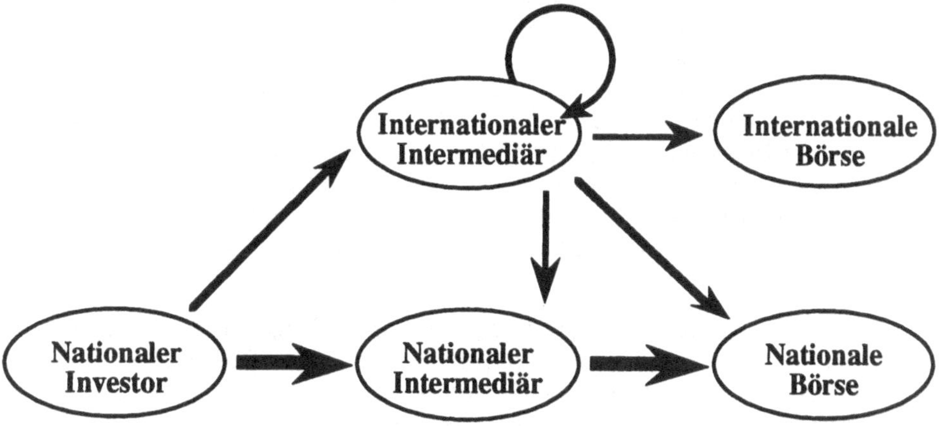

Auf einem geschlossenen Wertpapiermarkt handeln Investoren nur über einen nationalen Intermediär, der alle Transaktionen an der nationalen Börse abwickelt. In einem offenen Wertpapiermarkt entscheiden Investoren, ob sie mit einem nationalen oder einem internationalen Intermediär handeln; Intermediäre bestimmen ihrerseits, ob sie die Transaktion innerhalb ihrer eigenen Handelsorganisation, mit einem anderen Intermediär, an einer internationalen Börse oder an der nationalen Börse des Investors abwickeln. Durch die zunehmende Liquidität der Terminmärkte eröffnen sich neben den beschriebenen Strategien auf Kassamärkten neue kostengünstige Möglichkeiten, den Handel auf derivative Produkte auszuweiten[424]. Damit stehen Investoren zahlreiche Formen der Transaktionsgestaltung für aktive Regulierungsarbitrage zur Verfügung.

Investoren, die Zugang zu mehreren Wertpapiermärkten haben, treffen die Wahl des Handelsplatzes aufgrund der erwarteten Investitionserträge bei Nutzung des einen oder anderen Marktes. Diese Erträge werden durch direkte Transaktionskosten, indirekte Ausführungskosten und sonstige Kosten für Kommunikation und Information vermindert. Unter der Annahme, daß Kommunikations- und Informationskosten beim Handel auf internationalen Märkten höher sind als auf nationalen, sind die Aktivitäten eines Investors an internationalen Märkten vom Umfang des Handelsvolumens und des Informationsvorteils gegenüber anderen Marktteilnehmern abhängig: Kleininvestoren

---

[424] Emirische Hinweise für Insideraktivitäten auf deutschen Terminmärkten bietet Hecker (1993).

partizipieren häufiger an ihren nationalen Wertpapiermärkten als Großinvestoren, wenn der internationale Handel hohe Mindestvolumina erfordert und Kosten für Kommunikation und Information fixe Bestandteile aufweisen. Investoren mit Informationsvorteilen, deren Handelsaktivitäten auf einem zentralen Markt schnelle Preisanpassungen und somit den Wertverlust ihrer Informationen verursachen, verteilen ihr Handelsvolumen auf verschiedene Märkte, um die Preisveränderungen möglichst gering zu halten. Wenn infolge nationaler Regulierung unterschiedliche Kosten für die Abwicklung gleicher oder ähnlicher Wertpapiertransaktionen entstehen, so kann anhand der Modellanalyse demonstriert werden, daß insbesondere große Investoren und solche, die über Informationsvorteile verfügen, nationalen Vorschriften ausweichen können.

Zur Vermeidung von Regulierungsausweichhandlungen wird häufig die Vereinheitlichung von Rechtsvorschriften angestrebt. Die EG-Insiderhandelsrichtlinie und die bilateralen Vereinbarungen US-amerikanischer Wertpapier-Aufsichtsbehörden (Memoranda of Understanding) zur Verfolgung von betrügerischem internationalem Wertpapierhandel sind Beispiele für solche Vereinheitlichungsanstrengungen.

Der Erfolg der Regulierungsvereinheitlichung von Insiderregeln ist grundsätzlich davon abhängig, daß alle relevanten Wertpapiermärkte in ein solches Abkommen eingeschlossen und zur Einhaltung der vereinheitlichten Rechtsvorschriften angehalten werden können. Unter diesen Bedingungen kann die Vereinheitlichung von Rechtsvorschriften Regulierungsausweichhandlungen wirksam unterbinden. Partizipieren nicht alle relevanten Wertpapiermärkte an Abkommen über die Vereinheitlichung von Insiderregeln und können die Anstrengungen zur Rechtsdurchsetzung nur unvollständig beobachtet werden, so besteht die Gefahr, daß Ausweichhandlungen durch die partiellen Vereinbarungen nicht verhindert werden können. Insbesondere für Investoren, für die der Wechsel des Handelsplatzes mit geringen Kosten oder hohen Erträgen verbunden ist, bleiben partielle Rechtsvereinheitlichungen möglicherweise von geringer Bedeutung.

Anhand dieser einfachen Modellanalyse kann gezeigt werden, daß Anstrengungen der Rechtsvereinheitlichung potentiell der Begrenzung von Regulierungsarbitrage dienen. Können einzelne Staaten jedoch von einer unkooperativen Haltung profitieren, so entsteht eine klassische Gefangenendilemmasituation, in der die mangelnde Kooperation einiger weniger Teilnehmer die kollektiven Anstrengungen vieler anderer zusammenbrechen lassen kann.

3. Empirische Erkenntnisse

Die Durchsetzung von Insiderregeln basiert grundsätzlich auf zwei Mechanismen, Meldepflichten und Marktbeobachtung, die beide durch die Fragmentierung des Wertpapierhandels geschwächt werden. Erstens, Meldepflichten für Investoren und Intermediäre sind in einem geschlossenen Wertpapiermarkt leicht durchsetzbar, da die Beteiligten an einer Transaktion und der Handelsplatz unter einer zentralen regulatorischen Aufsicht stehen. In einem offenen Wertpapiermarkt können Investor, Intermediär und Handelsplatz unterschiedlichen regulatorischen Autoritäten unterstehen, zusätzlich können Transaktionen auf Märkten abgewickelt werden, die außerhalb jeder regulatorischen Aufsicht stehen. Zweitens, Marktbeobachtung kann durch parallel operierende Wertpapiermärkte erschwert werden. Wenn die Transaktionsdaten verschiedener Märkte nicht in einem zentralen elektronischen System zusammengefaßt werden, dann ist die Marktbeobachtung dezentraler Märkte nur unvollständig durchführbar und mit hohen Kosten verbunden[425]. Die folgenden empirischen Untersuchungen illustrieren die Internationalisierung von Aktienmärkten:

- Die Internationalisierung des Aktienhandels wird durch eine Studie der Salomon Brothers (1991) verdeutlicht. Zwischen 1986 und 1991 stieg das grenzüberschreitende Handelsvolumen (cross-border) weltweit von 800 Milliarden US $ auf 1.4 Billionen, während sich das Handelsvolumen nationaler Aktien auf ausländischen Märkten (cross-exchange) von 100 Milliarden US $ auf 825 Milliarden erhöhte. Die folgende *Abbildung 20* zeigt die Entwicklung im einzelnen[426].
- Eine Studie der Federation of Stock Exchanges in the European Community (1990) untersucht den außerbörslichen Aktienhandel innerhalb der EG. Außerbörslicher Handel wird an keiner europäischen Wertpapierbörse registriert und kann weitgehend frei von regulatorischer Kontrolle sein. Nach den Schätzungen dieser Studie wurden 1989 etwa 62% des europäischen Aktienhandels außerbörslich abgewickelt, wobei erhebliche Unterschiede zwischen den europäischen Staaten existieren: Im Verhältnis zum außerbörslichen Handel wird der Anteil des Handels in nationalen Wertpapieren, der an nationalen Börsen ausgeführt wird, für Italien auf 30% geschätzt, für Deutschland und die Niederlande auf 50%, für Großbritan-

---

[425] Das US-National Market System, welches An- und Verkaufskurse und Transaktionsberichte sämtlicher registrierter Broker in den USA erfaßt, ist ein Beispiel für ein solches System; Chorafas (1992), 138–142 beschreibt die stock watch-Aktivitäten der Securities and Exchange Commission.

[426] Salomon Brothers (1991), 26.

Abbildung 20:

Cross-border und Cross-exchange-flows, Aktien, 1986 – 1991

(US $ Mrd.)

	1986	1987	1988	1989	1990	1991
Cross-border flows	800,8	1.344,4	1.212,6	1.598,1	1.441,2	1.475,0
Cross-exchange flows	100,7	508,6	342,6	582,9	873,9	825,0
Summe	**901,5**	**1.853,0**	**1.555,2**	**2.181,0**	**2.315,1**	**2.300,0**

nien, Frankreich und Spanien auf etwa 80%. Die folgende *Abbildung 21* zeigt die Ergebnisse der Studie[427]:

Abbildung 21:

Handelsvolumen europäischer Aktien, 1989

(US $ Mrd.)

	Nationaler Börsenhandel	Ausländischer Börsenhandel	Außer-börslicher Handel	Summe
Großbritannien	635,0	97,9	29,1	762,0
Deutschland	628,2	122,4	505,8	1.256,4
Frankreich	221,3	35,0	9,2	265,6
Niederlande	97,8	87,5	10,3	195,6
Spanien	79,3	7,4	10,0	96,7
Italien	84,0	2,6	193,1	279,7
Rest EG	56,5	1,3	13,4	71,2
Summe	**1.802,1**	**354,1**	**771,0**	**2.927,2**

Die Studien dokumentieren die zunehmende Fragmentierung des Wertpapierhandels durch Internationalisierung und die große Bedeutung des außerbörslichen Handels. Es existieren keine empirischen Erkenntnisse darüber, ob

[427] Federation of Stock Exchanges in the European Community (1990), 18.

Insider im betrachteten Zeitraum vermehrt internationale oder außerbörsliche Transaktionen durchgeführt haben; dennoch kann anhand der Daten demonstriert werden, daß sich ein wachsendes Wertpapierhandelsvolumen nationaler Regulierung und Kontrolle entzieht[428].

[428] Dieser Trend wird von den zunehmenden Rechtsdurchsetzungsproblemen der SEC in bezug auf kriminelle Aktivitäten ausländischer Akteure auf US-Wertpapiermärkten bestätigt; vgl. Committee on Government Operations (1988); Millspaugh/Belt (1992).

Ergebnis und normative Implikationen

Die ordnungspolitische Auseinandersetzung um das Verbot von Insideraktivitäten ist bedingt durch mangelndes Verständnis der Wirkungen von Insiderhandel und Insiderregeln. Um die existierenden Verständnislücken zu schließen, verwenden unterschiedliche Forschungsansätze verschiedene analytische Methoden und vereinfachende normative Grundprinzipien, die fast zwangsläufig zu abweichenden Beurteilungen der Insiderproblematik führen. Uneinigkeit über die Abgrenzung der unter Insiderhandel zu verstehenden Aktivitäten verstärkt dabei den Konflikt zwischen denjenigen, die Insiderregeln befürworten, und denjenigen, die sie ablehnen.

Methodik und Ergebnis

In der vorliegenden Arbeit wird die Auffassung vertreten, daß nicht nur die Regulierung des Insiderhandels, sondern jede ordnungspolitische Maßnahme anhand ihrer Wirkungen auf die Wohlfahrt der Gesellschaft beurteilt werden sollte. Besteht wie im Fall von Insiderregeln aufgrund des unvollständigen Verständnisses von Wohlfahrtswirkungen und abweichender normativer Beurteilungskriterien Uneinigkeit über das Für und Wider einer Regelung, dann kann die Regulierungsentscheidung nur anhand einer Abwägung von Grundwerten fallen. Solche Abwägungen werden in modernen Marktwirtschaften häufig von demokratisch kontrollierten politischen Vertretern durchgeführt. Aufgabe der Wissenschaft ist in diesem Zusammenhang die auf theoretischer und empirischer Analyse aufbauende Beratung der Politik, nicht rhetorische Positionsdebatten und normative Besserwisserei.

Aufgrund der zahlreichen Gesetze und Richtlinien, die innerhalb und außerhalb der Europäischen Gemeinschaft Vorschriften gegen Insiderhandel enthalten, verschiebt sich das Feld fruchtbarer wissenschaftlicher Forschung von der Beurteilung der Frage, ob Insiderhandel verboten werden sollte oder nicht, hin zur Frage der inhaltlichen Gestaltung von Insiderregeln. Für die Gestaltung dieser Regeln ist es sinnvoll, Insiderhandel von anderen betrügerischen und manipulativen Aktivitäten abzugrenzen, die von Insidern und anderen Akteuren auf Kapitalmärkten begangen werden können und auch ohne eine spezifische Insidergesetzgebung strafbar sind. In dieser Arbeit werden deshalb die Handelsaktivitäten von Insidern untersucht, nicht jedoch Handlungen wie Kursmanipulation oder Täuschung, die zwar mit Insiderhandel im

Zusammenhang stehen können, jedoch bereits durch andere gesetzliche Vorschriften verboten sind.

Eine Insidernorm ist nur eine von vielen Regulierungen privaten und öffentlichen Ursprungs, die das Verhalten von Akteuren auf Wertpapiermärkten beeinflussen. Ebenso wie für andere Regulierungen ist es auch für die Gestaltung einer Insidernorm erforderlich zu analysieren, welche Wirkungen Aktivität und Regeln auf das Verhalten anderer Marktteilnehmer ausüben. Grundsätzlich existieren zwei Klassen von Modellen, die diese Wirkungen zu rekonstruieren versuchen: Mit Principal-Agent-Modellen wird das Verhältnis zwischen Insidern und Eigentümern („im Unternehmen“) analysiert, während Kapitalmarkt-Modelle die Darstellung der Wirkungen von Insideraktivitäten auf andere Marktteilnehmer („im Wertpapiermarkt“) ermöglichen. Zur Verknüpfung dieser beiden weitgehend unabhänigen Sphären ökonomischer und rechtswissenschaftlicher Theorie werden gegensätzliche Wirkungshypothesen aus den verschiedenen Ansätzen abgeleitet und anhand von Modellanalysen und empirischen Erkenntnissen geprüft.

Die Analyse der Wirkungen des Insiderhandels ergibt, daß Principal-Agent-Modelle eine Beurteilung der Wohlfahrtseffekte von Insideraktivitäten nicht zulassen, da die aus ihnen abgeleiteten Hypothesen ausnahmslos widersprüchlich sind und sich einer empirischen Prüfung weitgehend entziehen. Auch aus Kapitalmarkt-Modellen können widersprüchliche Wirkungshypothesen abgeleitet werden, ihre Analyse zeigt jedoch, daß viele dieser Hypothesen auf einem Mißverständnis der Funktionszusammenhänge auf Wertpapiermärkten beruhen. So erweist es sich beispielsweise als mißverständlich anzunehmen, nicht-informierte Investoren würden auf Wertpapiermärkten von informierten Investoren ausgebeutet; diese Vorstellung vernachlässigt die gegenseitige Abhängigkeit informierten und nicht-informierten Handels. Aufgrund zahlreicher Gruppen unterschiedlich gut informierter Händler auf Wertpapiermärkten (Primärinsider, Sekundärinsider, Wertpapieranalysten, Arbitrageure, Market-Maker, Broker, Investmentfondmanager, private Großanleger, Kleinanleger) führt ein wirksames Verbot von Insideraktivitäten zu einer Umverteilung von Handelsgewinnen, von der Kleinanleger nur in Ausnahmefällen direkt profitieren; die Vermutung, daß Kleinanleger durch Insider ausgebeutet werden und ein Insiderhandelsverbot Abhilfe schaffen könne, ist somit unhaltbar.

Weiterhin wird gezeigt, daß die zunehmende Segmentierung moderner Wertpapiermärkte in Teilmärkte für kleine oder mittelgroße Transaktionen (retail) und Teilmärkte für große institutionelle Transaktionen (wholesale) die Wirkungen von Insideraktivitäten begrenzen kann. Die empirischen Studien des Insiderhandels in den USA verdeutlichen, daß Insider nicht in den von institutionellen Investoren dominierten wholesale-Märkten handeln. Eine mögliche Erklärung dafür ist, daß die retail-Märkte organisierter Wertpapierbörsen die Anonymität der Handelsteilnehmer sicherstellen. Im Gegensatz dazu wird die Identität der Händler in den bilateralen Verhandlungen auf wholesale-Märkten grundsätzlich offengelegt. Sind die direkten Wirkungen des Insiderhandels auf den wholesale-Handel gering, so ist es möglich, bei der Gestaltung von Insiderregeln auf die besonderen Transparenzanforderungen der wholesale-Märkte Rücksicht zu nehmen.

Die Analyse der Regulierung des Insiderhandels zeigt, daß Publizitätspflichten für Insider nach den vorhandenen theoretischen und empirischen Erkenntnissen die Investitionsentscheidungen anderer Marktteilnehmer verbessern, außerdem schaffen sie eine wertvolle Datenbasis für die Erfolgskontrolle von Insiderregeln. Die Wirkungen von Handelsverboten auf das Verhalten von Insidern und anderen Marktteilnehmern sind hingegen sehr viel geringer, als häufig angenommen wird. Allgemeine Handelsverbote, die Insidern den Handel mit Wertpapieren aufgrund kursrelevanter Informationen untersagen, haben auch in Verbindung mit hohen Sanktionen nach den vorhandenen empirischen Erkenntnissen keinen systematischen Einfluß auf das Volumen oder die Profitabilität publizierter Insideraktivitäten. Es ist möglich, daß diese Vorschriften nicht-publiziertes Insiderhandelsvolumen beeinflussen, jedoch existieren dafür keine empirischen Hinweise.

Im Gegensatz dazu haben spezifische Insiderhandelsverbote, die den Handel von Insidern in genau definierten Zeitintervallen, beispielsweise vor der Publikation von Jahresabschlußberichten oder Unternehmensübernahmeangeboten, untersagen, in Verbindung mit Sanktionen einen hohen Einfluß auf das Handelsverhalten von Insidern. Die in den USA publizierten Insiderhandelsdaten verdeutlichen, daß Unternehmensinsider in diesen Perioden Handel mit den relevanten Wertpapieren fast vollständig einstellen. Ob Insider in Reaktion auf spezifische Handelsverbote verstärkt illegale nicht-publizierte Transaktionen durchführen, kann derzeit ebenfalls weder bestätigt noch widerlegt werden.

Beurteilung der Insiderrichtlinie der Europäischen Gemeinschaft

Die rechtsdogmatische Analyse der EG-Insiderhandelsrichtlinie verrät ihr uneinheitliches Regulierungskonzept, das eine Mischung von gesellschaftsrechtlichen und kapitalmarktrechtlichen Vorschriften darstellt. Diese durch den Kompromißcharakter der Richtlinie erklärbare Struktur verdeutlicht, daß die Vereinheitlichung von Rechtsvorschriften das Leitmotiv der Richtlinie ist.

Obwohl die Richtlinie den Mitgliedstaaten der Gemeinschaft einigen Freiraum in bezug auf die Definition des Insiderpersonenkreises und die Wahl der Sanktionsmechanismen einräumt und somit die Möglichkeit eröffnet, begrenzt aus Erfahrungen mit unterschiedlichen Regulierungsformen zu lernen, lassen die Regelungen mehrere theoretische und empirische Erkenntnisse der Insiderproblematik und der Funktionsweise moderner Wertpapiermärkte weitgehend unberücksichtigt:

- Die Richtlinie verkennt, daß die Struktur moderner Wertpapiermärkte in erster Linie durch die Bedürfnisse und Anforderungen der Marktteilnehmer bestimmt wird. Die diesen Anforderungen entsprechende Segmentierung des Wertpapierhandels in Teilmärkte für kleine oder mittlere und große Transaktionen erfordert die Differenzierung zahlreicher ordnungspolitischer Regelungen für diese Segmente. Diese Differenzierung ist insbesondere deshalb erforderlich, da Investoren neben inländischen Wertpapierbörsen zunehmend auch ausländische Börsen und den außerbörslichen Handel zur Abwicklung ihrer Transaktionen nutzen. Dennoch werden in der Richtlinie Definitionen relevanter Wertpapiere und Märkte verwendet, die der Vorstellung eines zentralen Marktes entsprechen, der bereits heute nicht mehr existiert. Die Richtlinie wird daher den aus der Segmentierung und Internationalisierung des Wertpapierhandels folgenden Anforderungen an Insiderregeln nicht gerecht.
- Der zweite Mangel der Richtlinie ist durch Regulierungsausweichhandlungen bedingt. Da der Handel mit Wertpapieren zunehmend international abgewickelt wird, haben die Transparenz und Konsolidierung von Handelsdaten und somit Vereinbarungen über den zwischenstaatlichen Informationsaustausch innerhalb und außerhalb Europas erheblich an Bedeutung gewonnen. Die Richtlinie enthält im Gegensatz zur Convention of 1989 des Council of Europe keine Regelungen, die diese Problematik berücksichtigen. Der in der Richtlinie implizit verfolgte Ansatz, diese Vereinbarungen bilateral auszuhandeln, war in den USA nur begrenzt erfolgreich.
- Die Wirksamkeit der Richtlinie wird außerdem durch das Versäumnis reduziert, eine Publizitätspflicht für Insider einzuführen. Eine solche Vorschrift würde nach allen vorhandenen theoretischen und empirischen Erkenntnissen die Investitionsentscheidungen anderer Marktteilnehmer verbessern und die Chancen für Insider vermindern, aus ihren strukturellen Informationsvorteilen legal oder illegal zu profitieren

Die Erfahrungen mit der internationalen Durchsetzung von Vorschriften zur Begrenzung krimineller Aktivitäten auf Wertpapiermärkten und die Erkenntnisse aus den US-amerikanischen Bemühungen, Insiderhandel auf einem modernen nationalen Markt zu beschränken, zeigen, daß die EG-Insiderrichtlinie ein ehrgeiziges Ziel verfolgt, ohne die zentralen Instrumente für dessen Durchsetzung zu installieren. Inwieweit die Mängel der Richtlinie durch Nachbesserungen in den nationalen Gesetzen aufgefangen werden können, bleibt abzuwarten. Es ist jedoch unwahrscheinlich, daß Vorschriften wie eine allgemeine Publizitätspflicht für Insider oder eine zentrale Wertpapieraufsicht auf diesem Weg zu erreichen sind. Die Rechtsgestaltung in den Mitgliedsstaaten, beispielsweise in Deutschland, schafft ehr eine Grundlage für die Verfolgung spektakulärer Einzelfälle als für die systematische Begrenzung des Insiderhandels. Die ohnehin geringe Wirksamkeit der zentralen und instrumentell besser ausgestatteten Wertpapieraufsicht in den USA erlaubt die optimistische Beurteilung des zukünftigen europäischen Regulierungserfolgs demnach nur für diejenigen, die eine Insiderregelung auf Gemeinschaftsebene von vornherein abgelehnt haben.

Abbildung 22:

Regulierungsbereiche und Maßnahmen

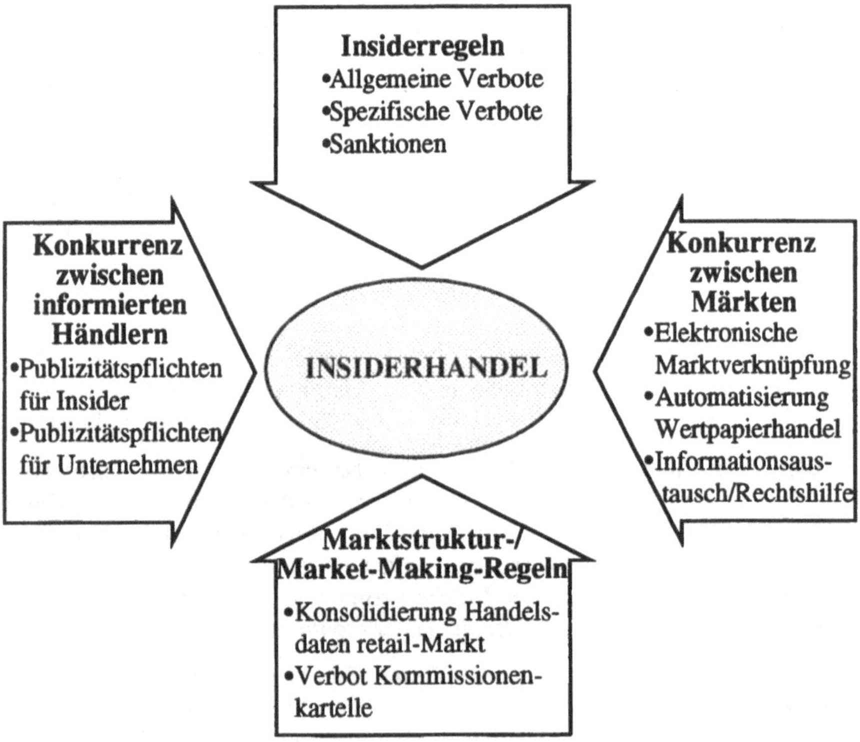

Empfehlung

In der vorliegenden Untersuchung wird die Auffassung vertreten, daß Insiderregeln ein Bestandteil staatlicher Wettbewerbspolitik sind. In diesem Verständnis sollten diese Regeln als Mittel zur Reduzierung wohlfahrtsvermindernder Informationsasymmetrien auf Wertpapiermärkten verwendet und anhand sorgfältiger theoretischer Analysen und empirischer Erfolgskontrollen gestaltet und an neue Erkenntnisse angepaßt werden.

Darüber hinaus erscheint es sinnvoll, Insiderregeln als einen von mehreren Regulierungsbereichen zu erkennen, durch die Ordnungspolitik Einfluß auf die Handelsaktivitäten von Insidern ausüben kann. *Abbildung 22* vermittelt einen Überblick über die in der vorliegenden ökonomischen Analyse untersuchten Regulierungsbereiche und Maßnahmen.

Die beschriebenen Entwicklungstrends moderner Wertpapiermärkte vermindern tendenziell die relative Bedeutung von Insiderregeln als Mittel zur Reduzierung unerwünschter Insideraktivitäten. Ordnungspolitik, die sich einer wirksamen Verminderung dieser Aktivitäten verpflichtet fühlt, sollte daher weit mehr als nur Insiderregeln berücksichtigen.

Literatur

Admati, A.R. (1985): A Noisy Rational Expectations Equilibrium for Multi-Asset Securities Markets, Econometrica, 53, 1985, 629–657

Admati, A.R. / *Pfleiderer*, P. (1986): A Monopolistic Market for Information, Journal of Economic Theory, 39, 1986, 400–438

— (1987) Viable Allocations of Information in Financial Markets, Journal of Economic Theory, 43, 1987, 76–115

— (1988a) Selling and Trading on Information in Financial Markets, American Economic Review, 78, 1988, 96–103

— (1988b) A Theory of Intraday Patterns. Volume and Price Variability, Review of Financial Studies, 1, 1988, 3–40

Aggarwal, R. / *Chen*, S. (1990): The Adjustment of Stock Returns to Block Trading Information, Quarterly Journal of Business and Economics, 29, 1990, 46–56

Agrawal, A. / *Mandelker*, G.N. (1987): Managerial Inventives and Corporate Investment and Financing Decisions, Journal of Finance, 42, 1987, 823–837

Akerlof, G.A. (1970): The Market for „Lemons". Quality Uncertainty and the Market Mechanism, Quarterly Journal of Economics, 84, 1970, 488–500

Albert, H. (1956): Werturteil und Wertbasis. Das Werturteilsproblem im Lichte der logischen Analyse, Zeitschrift für die gesamte Staatswissenschaft, 112, 1956, 410–439

— (1957) Theorie und Prognose in den Sozialwissenschaften, Schweizerische Zeitschrift für Nationalökonomie und Statistik, 93, 1957, 60–76

Alchian, A.A. (1969): Information Costs, Pricing, and Resource Unemployment, Western Economic Journal, June 1969, 109–127

Alchian, A.A. / *Woodward*, S. (1987): Reflections on the Theory of the Firm, Journal of Institutional and Theoretical Economics, 143, 1987, 110–136

Allen, S.A. (1988): The Response of Insider Trading to Changes in Regulatory Standards, Quarterly Journal of Business and Economics, 29, 1990, 47–78

Amihud, Y. / *Ho*, T.S. / *Schwartz*, R.A. (1985): Market Making and the Changing Structure of the Securities Industries, Lexington u.a. 1985

Amihud, Y. / *Mendelson*, H. (1986): Asset Pricing and Bid-Ask Spread, Journal of Financial Economics, 17, 1986, 223

— (1987) Trading Mechanisms and Stock Price Returns. An Empirical Investigation, Journal of Finance, 42, 1987, 533–553

— (1989) The Effects of Computer Based Trading on Volatilty and Liquidity, in: H.C. Lucas / R.A. Schwartz (Hrsg.), The Challenge of Information Technology for the Securities Markets. Liquidity, Volatility, and Global Trading, Homewood 1989, 59–85

Anabtawi, I. (1989): Toward a Definition of Insider Trading, Stanford Law Review, 41, 1989, 377

Arshadi, N. / *Eyssell*, T.H. (1993): The Law and Finance of Corporate Insider Trading. Theory and Empirical Evidence, Boston 1993

Arrow, K.J. (1963): Social Choice and Individual Values, New Haven 1963

— (1985) The Economics of Agency, in: J. Pratt / R. Zeckhauser (Hrsg.), Principles and Agents. The Structure of Business, Cambridge MA, 1985, 37–51

Arrow, K.J. / *Debreu*, G. (1954): Existence of an Equilibrium for a Competitive Economy, Econometrica, 22, 1954, 265–290

Arthur Anderson & Co. (1993): European Capital Markets and Banking. A Strategic Forecast, 1993

Asquith, P. / *Mullins*, D. (1986): Equity Issues and Offerings Dilution, Journal of Financial Economics, 1986, 61–89

Assmann, H.D. (1992): Einleitung, in: K. Hopt / H. Wiedemann (Hrsg.), Aktienrecht Großkommentar, Berlin / New York 1992, 1–315

— (1993) Die rechtliche Ordnung des europäischen Kapitalmarktes, Ordo, 44, 1993, 87–119

Ausubel, L.M. (1990): Insider Trading in a Rational Expectations Economy, American Economic Review, 80, 1990, 1022–1040

Baesel, J.B. / *Stein*, G.R. (1979): The Value of Information. Inferrences from the Profitability of Insider Trading, Journal of Financial and Quantitative Analysis, 14, 1979, 553–571

Bagby, J.W. (1987): The Evolving Controversy Over Insider Trading, American Business Law Journal, 24, 1987, 571–620

Bagehot, W. (pseudonym) (1971): The Only Game in Town, Financial Analysts Journal, March–April 1971

Bagnoli, M. / *Khanna*, N. (1992): Insider Trading in Financial Signaling Models, Journal of Finance, 47, 1992, 1905–1934

Ballwieser, W., Insiderrecht und positive Aktienkurstheorie, Zeitschrift für betriebswirtschaftliche Forschung, 1976, 231–253

— (1984) Anlegerschutz, in: R.K. Grosjean (Hrsg.), Gabler Bank Lexikon, 9. Aufl. Wiesbaden 1984, 98–116

Bank of England (1987): Survey, Bank of England Quarterly Bulletin, Februar 1987, 54–65

Barnea, A. / *Logue*, D.E. (1975): The Effect of Risk on the Market Makers Spread, Financial Analysts Journal, November-December 1975, 45–49

Baron, D.P. (1989): Design of Regulatory Mechanisms and Institutions, in: R. Schmalensee / R.D. Willig (Hrsg.), Handbook of Industrial Organization, Amsterdam u.a. 1989

Baumol, W.J. (1965): The Stock Market and Economic Efficiency, New York 1965

Beaver, W. (1968): The Information Content of Annual Earnings Announcements, Journal of Accounting Research, Supplement, 6, 1968, 67–92

Bebchuk, L.A. / *Fershtman*, C. (1990a): The Effects of Insider Trading on Insiders' Reactions to Opportunities to „Waste" Corporate Value, Harvard University / Northwestern University, 1990

— (1990b) The Effects of Insider Trading on Insiders' Choice Among Risky Investment Projects, Discussion Paper No. 75, Law School, Harvard University, September 1990

Beck-Dudley, C.L. / *Stephens*, A.A. (1989): The Efficient Market Theory and Insider Trading. Are We Headed in the Right Direction?, American Business Law Journal, 27, 1989, 441–465

Becker, B. (1992): Market Transparency. Address before the Finanancial Times Conference on International Securities Markets, Securities and Exchange Commisssion, May 1992

Becker, G.S. (1976): The Economic Approach to Human Behavior, Chicago / London 1976

Beebower, V. / *Bergstrom*, G.L. (1977): A Performance Analysis of Pension and Profit-sharing Portfolios: 1966–75, Financial Analysts Journal, 33, 1977, 31–42

Behrens, F.S. (1963): Marktinformation und Wettbewerb, Köln 1963

Behrens, P. (1986): Die ökonomischen Grundlagen des Rechts, Tübingen 1986

Benabou, R. / *Laroque*, G. (1992): Using Privileged Information to Manipulate Markets. Insiders, Gurus, and Credibility, Quarterly Journal of Economics, August 1992, 921–958

Benesh, G. / *Pari*, R.A. (1987): Performance of Stocks Recommended on the Basis of Insider Trading Activity, Financial Review, 22, 1987, 145–158

Benston, G.J. (1969): The Effeciveness and Effects of the SEC's Accounting Disclosure Requirements, in: H.G. Mann (Hrsg.), Economic Policy and the Regulation of Corporate Securities, Washington 1969, 23–79

— (1973) Required Disclosure and the Stock Market. An Evaluation of the Securities Exchange Act of 1934, American Economic Review, 63, 1973, 132–155

Benston, G.J. / *Hagerman*, R.L. (1974): Determinants of the Bid-asked Spreads in Over-the-Counter Markets, Journal of Financial Economics, 1, 1974, 353–374

Berg, H. (1992): Wettbewerbspolitik, in: D. Bender u.a. (Hrsg.), Vahlens Kompendium der Wirtschaftstheorie und Wirtschaftspolitik, Bd. II, München 1992, 239–300

Berg, H. / *Cassel*, D. (1992): Theorie der Wirtschaftspolitik, in: D. Bender u.a. (Hrsg.), Vahlens Kompendium der Wirtschaftstheorie und Wirtschaftspolitik, Bd. II, München 1992, 163–238

Bergmans, B. (1991): Inside Information and Securities Trading, London u.a. 1991

Berkowitz, S.A. / *Finney*, L.D. / *Logue*, D.E. (1988): The Investment Performance of Corporate Pension Plans, New York 1988

Berle, A. / *Means*, G. (1932): The Modern Corporation and Private Property, New York 1932

Bhattacharya, U. / *Spiegel*, M. (1991): Insiders, Outsiders, and Market Breakdowns, Review of Financial Studies, 4, 1991, 255–273

Binder, J.J. (1985): Measuring the Effect of Regulation with Stock Price Data, Rand Journal of Economics, 16, 1985, 167–182

Black, F. (1971): Towards a Fully Automated Exchange, Financial Analysts Journal, 27, 1971, 29–34

— (1986) Noise, Journal of Finance, 41, 1986, 529–543

Black, F. / *Jensen*, M.C. / *Scholes*, M. (1972): The Capital Asset Pricing Model. Some Empirical Tests, in: M.C. Jensen (Hrsg.), Studies in the Theory of Capital Markets, New York 1972

Blaug, M. (1980): The Methodology of Economics, Cambridge 1980

Block, D.J. / *Barton*, N.E. / *Babich*, D.D. (1987): Private Rights of Action for Illegal Insider Trading, Securities Regulation Law Journal, 15, 1987, 299–317

Bodie, Z. (1990): Managing Pension and Retirement Assets. An International Perspective, Journal of Financial Services Research, 4, 1990, 419–460

von Böhm-Bawerk, E. (1921): Kapital und Kapitalzins. Positive Theorie des Kapitals, 4. Auflage Jena 1921

Bondt, W.F. / *Thaler*, R. (1985): Does the Stock Market Overreact?, Journal of Finance, XL, July 1985, 793–805

Born, J.A. (1988): Insider Ownership and Signals. Evidence from Dividend Initiation Announcement Effects, Financial Management, 17, 1988, 38–45

Bradford, W.D. (1987): The Issue Decision of Manager-Owners Under Information Asymmetry, Journal of Finance, 42, 1987, 1245–1260

Bradley, M. / *Khanna*, N. / *Slezak*, S. (1992): The Adverse Effect of Insider Trading on Price Informativeness and Resource Allocation. Working Paper, University of Michigan, 1992

Brennan, G. / *Buchanan*, J.M. (1980): The Power to Tax. Analytical Foundations of a Fiscal Constitution, Cambridge 1980

Brennan, M.J. (1990): Latent Assets, Journal of Finance, 3, 1990, 709–730

Brennan, M.J. / *Kraus*, A. (1986): Efficient Financing under Asymmetric Information, Journal of Finance, 1986, 1225–1243

Brick, I.E. / *Statman*, M. / *Weaver*, D.G. (1989): Event Studies and Model Misspecification. Another Look at the Benefits of Outsiders from Public Information About Insider Trading, Journal of Business Finance and Accounting, 16, 1989, 399–424

Briggs, T.W. (1992): Insider Trading and the Prospective Investor After the Chestman Decision, Securities Regulation Law Journal, 20, 1992, 296–312

Brudney, V. (1979): Insiders, Outsiders, and Informational Advantages under the Federal Securities Laws, Harvard Law Review, 93, 1979, 322–376

Buchanan, J.M. (1973): The Coase Theorem and the Theory of the State, Natural Resources Journal, 13, 1973, 579–594

Buchanan, J.M. / *Tollison*, R.D. (Hrsg.) (1984): The Theory of Public Choice-II, Ann Arbor 1984

Buxbaum, R. / *Hopt*, K.J. (1988): Legal Harmonization and the Business Enterprise. Corporate and Capital Market Harmonization Policy in Europe and the USA, Berlin / New York 1988

Campbell, T.S. (1982): Financial Institutions, Markets, and Economic Activity, New York u.a. 1982

Carlton, D.W. / *Fischel*, D.R. (1983): The Regulation of Insider Trading, Stanford Law Review, 1983, 857

Chang, E.C. / *Lewellen*, W.G. (1984): Market Timing and Mutual Fund Investment Performance, Journal of Business, 57, 1984, 57–72

Chen, N. / *Roll*, R. / *Ross*, S.A. (1986): Economic Forces and the Stock Market, Journal of Business, 56, 1986, 383–403

Chiang, R. / *Venkatesh*, P.C. (1988): Insider Holdings and Perceptions of Information Asymmetry. A Note, Journal of Finance, 43, 1988, 1041–1048

Choi, J.Y. / *Salandro*, D. / *Shastri*, K. (1988): On the Estimaion of the Bid-ask Spreads. Theory and Evidence, Journal of Financial and Quantitative Analysis, 23, 1988, 219–230

Chorafas, D. (1992): The Globalization of Money and Securities, Chicago 1992

Clark, R.C. (1985): Agency Costs versus Fiduciary Duties, in: J. Pratt / R. Zeckhauser (Hrsg.), Principles and Agents. The Structure of Business, Cambridge MA, 1985, 55–79

Cleeton, D.L. / *Reeder*, P.A. (1987): Stock and Option Markets. Are Insider Trading Regulations Effective?, Quarterly Review of Economics and Business, 27, 1987, 63–76

Coase, R.H. (1937): The Nature of the Firm, Econometric, 4, 1937, 386–405

— (1960) The Problem of Social Cost, Journal of Law and Economics, 3, 1960, 1–44

— (1984) The New Institutional Economics, Journal of Institutional and Theoretical Economics, 140, 1984, 229–231

Cohen, K.J. / *Maler*, S.F. / *Schwartz*, R.A. / *Whitcomb*, D.K. (1979): The Returns Generation Process, Returns Variance, and the Effect of Thinness in Securities Markets, Journal of Finance, 1979, 149–67

— (1979) Market Makers and the Market Spread (1979): A Review of Recent Literature, Journal of Financial and Quantitative Analysis, 14, 1979, 813–835

— (1986) The Microstructure of Securities Markets, Englewood Cliffs 1986

Committee on Federal Regulation of Securities (1985): Report on the Task Force on Regulation of Insider Trading, in: The Business Lawyer, 41, November 1985

Committee on Government Operations (1988): Hearing Before the Commerce, Consumer, and Monetrary Affairs Subcommittee, 100th Congress, 2d Session, June 1988

Conklin, D.W. (1991): Comparative Economic Systems, Cambridge u.a. 1991

Conrad, J. / *Niden*, C.M. (1992): Order Flow, Trading Cost and Corporate Acquisition Announcements, Financial Management, 21, 1992, 22–31

Constantinides, G.M. (1984): Optimal Stock Trading with Personal Taxes, Journal of Financial Economics, 13, 1984, 65–89

Copeland, T.E. / *Friedman*, D. (1992): The Market Value of Information. Some Experimental Results, Journal of Business, 65, 1992, 241–266

Copeland, T.E. / *Galai*, D. (1983): Information Effects on the Bid-ask Spread, Journal of Finance, 38, 1983, 1457

Cornell, B. / *Roll*, R. (1981): Strategies for Pairwise Competitions in Markets and Organizations, Bell Journal of Economics, 1981, 201–213

Cornell, B. / *Sirri*, E. (1992): The Reaction of Investors and Stock Prices to Insider Trading, Journal of Finance, 47, 1992, 1031–1059

Cox, J. (1988): Choices. Paving the Road Toward a „Definition" of Insider Trading, Alabama Law Review, 39, 1988, 381–397

Cox, J. / *Hillman*, R.W. / Langevoort, D.C. (1991): Securities Regulation. Cases and Materials, Boston 1991

Cyert, R.M. / *March*, J.G. (1963): A Behavioral Theory of the Firm, Englewood Cliffs NJ 1963

Dammen, R.M. / *Senbet*, L.W. (1988): The Effects of Taxes and Depreciation on Corporate Investment and Financial Leverage, Journal of Finance, 43, 1988, 357–375

Dann, L. / *Mayers*, D. / *Raab*, R. (1979): Trading Rules, Large Blocks and the Speed of Price Adjustment, Journal of Financial Economics, June 1979

Dannemann, W. (1959): Struktur und Funktionsweise des Kapitalmarktes in der Bundesrepublik Deutschland, in: E. Schneider (Hrsg.), Beiträge zur reinen und angewandten Wirtschaftstheorie aus dem wissenschaftlichen Seminar der Universität Kiel, Tübingen 1959

DeLong, J.B. / *Lang*, K. (1992): Are All Economic Hypothesis False?, Journal of Political Economy, 100, 1992, 1257–1272

DeLong, J.B. / *Shleifer*, A. / *Summers*, L.H. / *Waldmann*, R.L. (1990): Noise Trader Risk in Financial Markets, Journal of Political Economy, 98, 1990, 703–738

— (1991) The Survival of Noise Traders in Financial Markets, Journal of Business, 64, 1991, 1–19

Demsetz, H. (1968): The Cost of Transacting, Quarterly Journal of Economics, 82, 1968, 33–53

— (1969a) Information and Efficiency (1969a): Another Viewpoint, Journal of Law and Economics, 12, 1969, 1–22

— (1969b) Perfect Competition, Regulation, and the Stock Market, in: H.G. Manne (Hrsg.), Economic Policy and the Regulation of Corporate Securities, Washington DC, 1969

— (1983) The Structure of Ownership and the Theory of the Firm, Journal of Law and Economics, 26, 1983, 375–393

— (1986) Corporate Control, Insider Trading, and Rates of Return, American Economic Review, Papers and Proceedings, 76, 1986, 313–316

Dennert, J. (1991): Insider Trading, Kyklos, 44, 1991, 181–202

— (1992) Insider Trading and the Cost of Capital in a Muli-Period Economy. Discussion Paper No. 128, Financial Markets Group, London School of Economics, Januar 1992

Deregulierungskommission (1991): Marktöffnung und Wettbewerb, Stuttgart 1991

Diamond, D.W. (1985): Optimal Release of Information by Firms, Journal of Finance, 40, 1985, 1071–1094

Diamond, D.W./*Verrecchia*, R.E. (1981): Information Aggregation in a Noisy Rational Expectations Economy, Journal of Financial Economics, 9, 1981, 221–235

— (1982) Optimal Managerial Contracts and Equilibrium Security Prices, Journal of Finance, 37, 1982, 275

— (1991) Disclosure, Liquidity, and the Cost of Capital, Journal of Finance, 46, 1991, 1325–1359

Diamond, P.A. (1971): A Model of Price Adjustment, Journal of Economic Theory, 3, 1971, 156–168

Dinehart, S.J. (1986): Insider Trading in Futures Markets. A Discussion, Journal of Futures Markets, 6, 1986, 325–333

Dingeldey, T. (1983): Insider-Handel und Strafrecht, Köln 1983

Dixit, A.K. (1980): The Role of Investment in Entry Deterrence, Economic Journal, 90, 1980, 95–106

Dooley, M. (1980): Enforcement of Insider Trading Restrictions, Virginia Law Review, 66, 1980, 1–8

Dorn, J.A./*Manne*, H.G. (Hrsg.) (1987): Economic Liberties and the Judiciary, Fairfax, VA, 1987

Douglas, N.S. (1988): Insider Trading. The Case Against the 'Victimless Crime' Hypothesis, Financial Review, 23, 1988, 127–142

Duffie, D. (1988): Security Markets. Stochastic Models, Boston u.a. 1988

Dunbar, F.C. (1991): Who Wins and Who Loses from Illegal Insider Trading?, National Economic Research Associates, January 1991

Dye, R. (1984): Insider Trading and Incentives, Journal of Business, 57, 1984, 295–313

Easley, D./*O'Hara*, M. (1987): Price, Trade Size and Information in Securities Markets, Journal of Financial Economics, 19, 1987, 69–90

— (1992a) Adverse Selection and Large Trade Volume. The Implications for Market Efficiency, Journal of Financial and Quantitative Analysis, 27, 1992, 185–208

— (1992b) Time and the Process of Security Price Adjustment, Journal of Fiance, 47, 1992, 577–605

Easterbrook, F.H. (1981): Insider Trading, Secret Agents, Evidentiary Privileges, and the Production of Information, Supreme Court Review, 11, 1981, 309

— (1985) Insider Trading as an Agency Problem, in: J. Pratt / R. Zeckhauser (Hrsg.), Principles and Agents. The Structure of Business, Cambridge MA, 1985, 81–100

Easterbrook, F.H. / *Fischel*, D. (1984): Mandatory Disclosure and Protection of Investors, Virginia Law Review, 70, 1984, 669–715

— (1991) Trading on Inside Information, in: dies., The Economic Structure of Corporate Law, Cambridge MA 1991

Ebenroth, C.T. (1985): Auswirkungen des 'waiver-by-conduct'-Konzeptes im internationalen Wertpapiergeschäft, Konstanz 1985

Economic Council of Canada (1981): Reforming Regulation, Minister of Suppy and Services, Ottawa 1981

Economist (1991): The Law and the Bond-Dealer. Insider Trading, The Economist, 319, April 27, 1991, 92

— (1992a) Financial Centers. Rise and Fall, The Economist, June 27, 1992

— (1992b) A Survey of the World Economy, The Economist, September 19, 1992

Eisenach, J.A. / *Miller*, J.C. (1981): Price Competition on the NYSE, Regulation, 1981, 17–19

Elliott, J. / *Morse*, D. / *Richardson*, G. (1984): The Association Between Insider Trading and Information Announcements, Rand Journal of Economics, 15, 1984, 521–536

Elton, E.J. / *Gruber*, M.J. / *Das*, S. / *Hklarka*, M. (1991): Efficiency with Costly Information. A Reinterpretation of Evidence from Managed Portfolios, Unpublished Manuscript, New York University, 1991

Engel, G. (1991): Zur Problematik eines gesetzlichen Verbots von Insider-Geschäften, Jahrbuch für Sozialwissenschaften, 42, 1991, 388–407

Eucken, W. (1954): Kapitaltheoretische Untersuchungen, 2. Aufl. Tübingen u.a. 1954

— (1990) Grundsätze der Wirtschaftspolitik, 6. Aufl. Tübingen u.a. 1990

Euromoney (1992): European Pension Survey 1992. Special Report by Euromoney Publications PLC, 1992

European Council (1989): Explanatory Report on the Convention on Insider Trading and Its Protocol, Strasbourg 1989

Fabozzi, F.J. / *Modigliani*, F. (1992): Capital Markets. Institutions and Instruments, Englewood Cliffs 1992

Fama, E.F. (1965): The Behavior of Stock Market Prices, Journal of Business, 38, 1965, 34–105

— (1970) Efficient Capital Markets. A Review of Theory and Empirical Work, Journal of Finance, 25, 1970, 383–417

— (1976) Foundations of Finance, New York 1976

— (1978) The Effects of a Firm's Investment and Financing Decisions on the Welfare of Its Securities Holders, American Economic Review, 68, 1978, 272–284

— (1980) Agency Problems and the Theory of the Firm, Journal of Political Economy, 88, 1980, 288–307

— (1991) Efficient Capital Markets (1991): II, Journal of Finance, 5, 1991, 1575–1617

Fama, E.F. / *Fischer*, L. / *Jensen*, M.C. / *Roll*, R. (1969): The Adjustment of Stock Prices to New Information, International Economic Review, 10, 1969, 1–21

Fama, E.F. / *French*, K.R. (1992): The Cross-Section of Expected Stock Returns, Journal of Finance, 47, 1992

Fama, E.F. / *Jensen*, M. (1985): Organizational Forms and Investment Decisions, Journal of Financial Economics, 14, 1985, 101–119

Fama, E.F. / *Laffer*, A. (1971): Information and Capital Markets, Journal of Business, 44, 1971, 289–298

Federation of Stock Exchanges in the European Community (1990): Off-Exchange Trading. The Potential of a European Stock Market, London 1990

Fenn, P. / *McGuire*, A. / *Prentice*, D. (1991): Information Imbalances and the Securities Market, in: K.J. Hopt / E. Wymeersch (Hrsg.), European Insider Dealing. Law and Practice, London / Boston 1991, 3–19

Finnerty, J.E. (1976a): Insiders and Market Efficiency, Journal of Finance, 31, 1976, 1141–1148

— (1976b) Insiders' Activity and Inside Information. A Multivariate Analysis, Journal of Financial and Quantitative Analysis, 1976

Fischel, D.R. (1982): Use of Modern Finance Theory in Securities Fraud Cases Involving Actively Traded Securities, Business Lawyer, 38, 1982

— (1984) Insider Trading and Investment Analysts. An Economic Analysis of Dirks v. Securities and Exchange Commission, Hofstra Law Review, 13, 1984

Fischer, P.E. (1992): Optimal Contracting and Insider Trading Restrictions, Journal of Finance, 47, 1992, 673–694

Fischer, S. / *Merton*, R.C. (1984): Macroeconomics and Finance. The Role of the Stock Market, in: K. Brunner / A.W. Meltzer (Hrsg.), Essays on Macroeconomic Implications of Financial and Labor Markets and Political Process, 21, Amsterdam 1984, 57–109

Fishman, M.J. / *Hagerty*, K.M. (1989a): Insider Trading and the Efficiency of Stock Prices. Working Paper No. 65, Kellogg Graduate School of Management, Northwestern University, June 1989

— (1989b) Disclosure Decisions by Firms and the Competition for Price Efficiency, Journal of Finance, 44, 1989, 633–646

— (1992) Insider Trading and the Efficiency of Stock Prices, Rand Journal of Economics, 23, 1992, 106–122

Fleck, L. (1935): Entstehung und Entwicklung einer wissenschaftlichen Tatsache, (textidentische Neuauflage Frankfurt/M. 1980) Basel 1935

Fletcher, C.E. (1991): Materials on the Law of Insider Trading, Durham N.C. 1991

Forsythe, R./*Palfrey*, T./*Plott*, C.R. (1982): Asset Valuation in an Experimental Market, Econometrica, May 1982, 537–567

French, K.R./*Roll*, R. (1986): Stock Return Variances. The Arrival of Information and the Reaction of Traders, Journal of Financial Economics, 17, 1986, 5–26

Friedman, M. (1953a): The Methodology of Positive Economics, in: Essays in Positive Economics, Chicago 1953, 3–43

— (1953b) The Case for Flexible Exchange Rates. Essays in Positive Economics, Chicago 1953

Friend, I./*Herman*, E.S. (1964): The S.E.C. Through a Glass Darkly, Journal of Business, 37, 1964, 382–405

Friend, I./*Westerfield*, R. (1975): Required Disclosure and the Stock Market. Comment, American Economic Review, 65, 1975, 467–472

Gäfgen, G. (1975): Allgemeine Wirtschaftspolitik, in: W. Ehrlicher u.a. (Hrsg.), Kompendium der Volkswirtschaftslehre, 4. Aufl. Göttingen 1975

Gaillard, E. (Hrsg.) (1992): Insider Trading. The Laws of Europe, the United States, and Japan, Boston 1992

Gammill, J.F. (1989): The Organization of Financial Markets. Competitive versus Cooperative Market Mechanisms, Working Paper No. 90-010, Business School, Harvard University, 1989

Garman, M. (1976): Market Microstructure, Journal of Financial Economics, 3, 1976, 257–275

General Accounting Office (1983): Survey of Investor Protection and the Regulation of Financial Intermediaries, GAO/GGD–83–30, 1983

Gennotte, G./*Leland*, H. (1990): Market Liquidity, Hedging, and Crashes, American Economic Review, 80, 1990, 999–1021

Georgakopolos, N.L. (1991): A General Theory of Regulation of Secondary Securities Markets, Doctoral Dissertation, Law School, Harvard University, November 1991

George, T.J. (1988): The Impact of Private and Public Information on Market Efficiency, Graduate School of Business Administration, University of Michigan, October 1988

George, T.J./*Kaul*, G./*Nimalendran*, M. (1991): Estimation of the Bid-Ask Spread and its Component. A New Approach, Review of Financial Studies, 4, 1991

Gerety, M.S./*Mulherin*, J.H. (1992): Trading Halts and Market Activity. An Analysis of Volume at the Open and the Close, Journal of Finance, 47, 1992, 1765–1784

Giersch, H. (1961): Allgemeine Wirtschaftspolitik. Grundlagen, Bd. I, Wiesbaden 1961

Gilson, R.J. / *Kraakman*, R.J. (1984): The Mechanisms of Market Efficiency, Virginia Law Review, 70, 1984, 549–644

Givoly D. / *Palmon*, D. (1985): Insider Trading and the Exploitation of Insider Information. Some Empirical Evidence, Journal of Business, 58, 1985, 69–87

Glass, G.S. (1966): Extensive Insider Accumulation as an Indicator of Near Term Stock Price Performance, Ph.D. diss., Ohio State University, 1966

Glosten, L.R. (1987): Components of the Bid-ask Spread and Statistical Properties of Transaction Prices, Journal of Finance, 42, 1987, 1293–1308

— (1989) Insider Trading, Liquidity and the Role of the Monopolist Specialist, Journal of Business, 62, 1989, 211–235

Glosten, L.R. / *Harris*, L.E. (1988): Estimating the Components of the Bid-Ask Spread, Journal of Financial Economics, 21, 1988, 123–142

Glosten, L.R. / *Milgrom*, P.R. (1985): Bid, Ask and Transaction Prices in a Specialist Market with Heterogeneously Informed Traders, Journal of Financial Economics, 14, 1985, 71–100

Goelzer, D.L. / *Berueffy*, M. (1988): Insider Trading. The Search for a Definition, Alabama Law Review, 39, 1988, 491–530

Gould, J. / *Verrechia*, R. (1985): The Information Content of Specialist Pricing, Journal of Political Economy, 93, 1985, 66–83

Greenwald, B.C. / *Stein*, J.C. (1991): Transactional Risk, Market Crashes, and the Role of Circuit Breakers, Journal of Business, 64, 1991, 443–462

Greenwich Associates (1990): Getting Down to Business, Greenwich CT 1990

Grilli, V. (1989): Europe 1992. Issues and Prospects for the Financial Markets, Economic Policy, 9, 1989, 387–411

Grinsblatt, M.S. / *Ross*, S.A. (1985): Market Power in a Securities Market with Endogenous Information, Quarterly Journal of Economics, 100, 1985, 1143–1167

Grinsblatt, M.S. / *Titman*, S. (1989): Mutual Fund Performance. An Analysis of Quarterly Portfolio Holdings, Journal of Business, 62, 1989, 393–416

Grossman, S. (1976): On the Efficiency of Competitive Stock Markets When Traders Have Diverse Information, Journal of Finance, 31, 1976, 573–585

— (1977) The Existence of Futures Markets. Noisy Rational Expectations and Informational Externalities, Review of Economic Studies, 44, 1977, 431–499

— (1978) Further Results on the Informational Efficiency of Competitive Stock Markets, Journal of Economic Theory, 18, 1978, 81–101

— (1981a) The Informatonal Role of Warranties and Private Disclosure About Product Quality, Journal of Law and Economics, 24, 1981, 461–483

— (1981b) An Introduction to the Theory of Rational Expectations Under Asymmetric Information, Review of Economic Studies, 48, 1981, 441–459

— (1986) An Analysis of „Insider Trading“ on the Futures Markets, Journal of Business, 59, 1986, 129–145

— (1992) The Informational Role of Upstairs and Downstairs Trading, Journal of Business, 65, 1992, 509–528

Grossman, S. / *Miller*, M. (1988): Liquidity and Market Structure, Journal of Finance, 40, 1988, 617–633

Grossman, S. / *Stiglitz*, J. (1976): Information and Competitive Price Systems, American Economic Review, 66, 1976, 246–253

— (1980) On the Impossibility of Informationally Efficient Markets, American Economic Review, 70, 1980, 398–408

Grube, R.C. / *Joy*, O.M. / *Panton*, D.B. (1979): Market Responses to Federal Reserve Changes in the Innitial Margin Requirement, Journal of Finance, 34, 1979, 659–674

Grundfest, J. (1990): Internationalization of World's Securities Markets. Economic Causes and Regulatory Consequences, Journal of Financial Services Research, 4, 1990, 349–378

— (1993) Zen and the Art of Securities Regulation, Journal of Applied Corporate Finance, 5, 1993, 4–8

Grunewald, B. (1990): Neue Regeln zum Insiderhandel, Zeitschrift für Bankrecht und Bankwirtschaft, 3, 1990, 128–133

Gupta, A. / *Misra*, L. (1989): Public Information and Pre-Announcement Trading in Takeover Stocks, Journal of Economics and Business, 41, 1989, 225–233

Haddock, D.D. / *Macey*, J.R. (1986): A Coasian Model of Insider Trading, Northwestern Law Review, Vol. 80, 1986, 1449–1472

— (1987) Regulation on Demand. A Private Interest Model, with an Application to Insider Trading Regulation, Journal of Law and Economics, 30, 1987, 311–352

Haft, R. (1982): The Effect of Insider Trading Rules on the Internal Efficiency of the Large Corporation, Michigan Law Review, 80, 1982, 1051

Hardouvelis, G.A. (1990): Margin Requirements, Volatility, and the Transitory Component of Stock Prices, American Economic Review, 80, 1990, 736–762

Hardouvelis, G.A. / *Peristiani*, S. (1992): Margin Requirements, Speculative Trading, and Stock Price Fluctuations. The Case of Japan, Quarterly Journal of Economics, November 1992, 1333–1370

Harris, L. (1990): Liquidity, Trading Rules, and Electronic Trading Systems, Monograph Series in Finance and Economics #1990–4, New York University, 1990

Hart, O.D. (1983): The Market Mechanism as an Incentive Scheme, Bell Journal of Economics, 14, 1983, 366–382

Hartzmark, M.L. (1991): Luck Versus Forecast Ability. Determinants of Trader Performance in the Future Markets, Journal of Business, 64, 1991, 49–74

Hasbrouck, J. (1991a): Measuring the Information Content of Stock Trades, Journal of Finance, 46, 1991, 179–207

— (1991b) The Summary Informativeness of Stock Trades. An Economic Analysis, Review of Financial Studies, 4, 1991, 571–595

Haßling, N. (1978): Zivilrechtliche Ansprüche gegen Insider, Frankfurt/M. 1978

Hauch, J.M. (1987): Insider Trading by Intermediaries. A Contract Remedy for Acquirers' Increased Cost, Yale Law Journal, 97, 1987, 115–134

Hawawini, G. / *Michel*, P.A. (1987): Mandatory Financial Information and Capital Market Equilibrium in Belgium, New York 1987

Hayek, F.A. (1945): The Use of Knowledge in Society, American Economic Review, 35, 1945, 519–530

— (1948) The Economic Conditions of Interstate Federalism, in: ders., Individualism and Economic Order, Chicago 1948, 255–272

— (1952) Wirtschaftstheorie und Wissen, in: ders., Individualismus und wirtschaftliche Ordnung, Erlenbach / Zürich 1952, 49–77

— (1960) The Constitution of Liberty, Chicago 1960

— (1966) Der Wettbewerb als Entdeckungsverfahren, in: ders., Freiburger Studien, Tübingen 1966, 249–265

— (1969) Rechtsordnung und Handelsordnung, in: ders., Freiburger Studien, Tübingen 1969, 161–198

— (1976) Individualismus und wirtschaftliche Ordnung, 2. Aufl. Salzburg 1976

Healy, P.M. / *Palepu*, K.G. (1991): The Effect of Firms' Financial Disclosure Strategies on Stock Prices. Working Paper, Massachusetts Institute of Technology / Harvard University, September 1991

Hecker, R. (1993): Informationsgehalt von Optionspreisen, Heidelberg 1993

Hedlund, K.J. / *Rothe*, C.A. (1991): The Insider Trading in the Municipal Bond Market, Government Finance Review, 7, 1991, 17–19

Heinkel, R. / *Kraus*, A. (1987): The Effect of Insider Trading on Average Rates of Return, Canadian Journal of Economics, 1987

Hellwig, M.R. (1980): On the Aggregation of Information in Competitive Markets, Journal of Economic Theory, 22, 1980, 577–498

— (1987) Some Recent Developments in the Theory of Competition in Markets with Adverse Selection, European Economic Review, 31, 1987, 319–325

Hendriksson, R.T. (1984): Market Timing and Mutual Fund Performance. An Empirical Investigation, Journal of Business, 57, 1984, 73–96

Herdizina, K. (1988): Möglichkeiten und Grenzen einer wirtschaftstheoretischen Fundierung der Wettbewerbspolitik, Tübingen 1988

Herzel, L. / *Shepro*, R.W. (1988): Setting the Boundaries for Disclosure, Securities Regulation Law Journal, 16, 1988, 179–195

Hirschey, M. / *Slovin*, M.B. / *Zaima*, J.K. (1990): Bank Debt, Insider Trading, and The Return to Corporte Sell-Offs, Journal of Banking and Finance, 14, 1990, 85–98

Hirschey, M. / *Zaima*, J. (1989): Insider Trading, Ownership Structure and the Market Assessment of Corporate Sell-Offs, Journal of Finance, 44, 1989, 971–980

Hirshleifer, J. (1971): The Private and Social Value of Information and the Reward to Incentive Activity, American Economic Review, 61, 1971, 561–574

Hirshleifer, J. / *Riley*, P. (1979): The Analytics of Uncertainty and Information. An Expository Survey, Journal of Economic Literature, 17, 1979, 1375–1421

Ho, T. / *Schwartz*, R. / *Whitcomb*, D. (1985): The Trading Decision and Market Clearing Under Transaction Price Uncertainty, Journal of Finance, 1985

Ho, T. / *Stoll*, H. (1980): On Dealer Markets under Competition, Journal of Finance, XXXV, 1980, 259–267

Holden, C.W. / *Subrahmanyam*, A. (1992): Long-Lived Private Information and Imperfect Competition, Journal of Finance, 47, 1992, 247–270

Holmström, B. (1977): Moral Hazard and Observability, Bell Journal of Economics, 10, 1977, 74–91

Holmström, B. / *Milgrom*, P. (1990): Regulating Trade Among Agents, Journal of Institutional and Theoretical Economics, 146, 1990, 85–105

Holthausen, R.W. / *Leftwich*, R.W. / *Mayers*, D. (1987): The Effect of Large Block Transactions on Security Prices. A Cross-Sectional Analysis, Journal of Financial Economics, 19, 1987, 237–267

— (1990) Large-Block Transactions, the Speed of Response, and Temporary and Permanent Stock-Price Effects, Journal of Financial Economics, 26, 1990, 70–95

Homann, K. (1980): Die Interdependenz von Zielen und Mitteln, Tübingen 1980

— (1988) Rationalität und Demokratie, Tübingen 1988

Homann, K. / *Blome-Drees*, F. (1992): Wirtschafts- und Unternehmensethik, Göttingen 1992

Homann, K. / *Pies*, I. (1991): Der neue Institutionalismus und das Problem der Gerechtigkeit, in: Jahrbuch für neue politische Ökonomie, 10, Tübingen 1991, 79–100

Hondius, F.W. (1992): The Council of Europe's Convention of 1989, in: E. Gaillard (Hrsg.), Insider Trading. The Laws of Europe, the United States, and Japan, Boston 1992, 23–33

Hopewell, M.H. / *Schwartz*, A.L. (1987): Temporary Trading Suspensions in Individual NYSE Securities, Journal of Finance, 33, 1987, 1355–1373

Hoppmann, E. (1967): Wettbewerb als Norm der Wettbewerbspolitik, Ordo, 18, 1967, 77–94

Hopt, K.J. (1991a): The European Insider Dealing Directive, in: K.J. Hopt / E. Wymeersch (Hrsg.), European Insider Dealing. Law and Practice, London / Boston 1991, 129–150

— (1991b) Inside Information and Conflicts of Interest of Banks and Other Financial Intermediaries in European Law, in: ders. / *E. Wymeersch (Hrsg.)*, European Insider Dealing. Law and Practice, London / Boston 1991, 219–242

— (1991c) Europäisches und deutsches Insiderrecht, Zeitschrift für Unternehmens- und Gesellschaftsrecht, 20, 1991, 17–73

Hopt, K.J. / *Teubner*, G. (Hrsg.) (1985): Corporate Governance and Directors' Liabilities, Bern 1985

Hopt, K.J. / *Will*, M. (1973): Europäisches Insiderrecht, Stuttgart 1973

Hopt, K.J. / *Wymeersch*, E. (Hrsg.) (1991): European Insider Dealing. Law and Practice, London / Boston 1991

Howard, M.S. (1991): Frontrunning in the Market Place. A Regulatory Dilemma, Securities Regulation Law Journal, 19, 1991, 263–291

Howe, J.S. / *Schlarbaum*, G.G. (1986): SEC Trading Suspensions. Empirical Evidence, Journal of Financial and Quantitative Analysis, 21, 1986, 323–333

Hsieh, D.H. / *Miller*, M.H. (1990): Margin Regulation and Stock Market Volatility, Journal of Finance, 45, 1990, 3–29

Huang, R.D. / *Stoll*, H.R. (1991): Major World Equity Markets. Current Structure and Prospects for Change. Working Paper 90–32, Graduate School of Management, Vanderbilt University, 1991

Hueck, G. (Arbeitskreis Gesellschaftsrecht) (1976): Verbot des Insiderhandelns, Heidelberg 1976

Ippolito, R.A. (1989): Efficiency with Costly Information. A Study of Mutual Fund Performance, 1965–84, Quarterly Journal of Economics, 104, 1989, 1–23

Ippolito, R.A. / *Turner*, J.R. (1987): Turnover, Fees and Pension Plan Performance, Financial Analysts Journal, 43, 1987, 16–26

Jackson, M.O. (1991): Equilibrium, Price Formation, and the Value of Private Information, Review of Financial Studies, 4, 1991, 1–16

Jacob, O. (1992): Insiderwissen im Wertpapierhandel, Bayreuth 1992

Jaffe, J.F. (1974a): The Effect of Regulation Changes on Insider Trading, Bell Journal of Economics and Management Science, 5, 1974, 93–121

— (1974b) Special Information and Insider Trading, Journal of Business, 47, 1974, 410–428

Jagannathan, R. / *Palfey*, T.R. (1989): Effects of Insider Trading Disclosures on Speculative Activity and Futures Prices, Economic Inquiry, 27, 1989, 411–430

Janvey, R.S. (1986): SEC Investigation of Insider Trading, Securities Regulation Law Journal, 13, 1986, 299–331

— (1987) Criminal Prosecution of Insider Trading, Securities Regulation Law Journal, 15, 1987, 136–153

Jarrell, G.A. (1981): The Economic Effects of Federal Regulation of the Market for New Security Issues, Journal of Law and Economics, 24, 1981, 613–675

Jarrell, G.A. / *Poulson*, A. (1989): Stock Trading Before the Announcement of Tender Offers, Journal of Law, Economics, and Organization, 5, 1989, 225–248

Jenckel, J.H. (1980): Das Insider Problem im Schnittpunkt von Gesellschafts- und Kapitalmarktrecht in materiell- und kollisionsrechtlicher Sicht, Frankfurt / M a.o., 1980

Jensen, M.C. (1968): The Performance of Mutual Funds in the Period 1945–64, Journal of Finance, 23, 1968, 389–416

— (1959) Risk, the Pricing of Capital Assets, and the Evaluation of Investment Portfolios, Journal of Business, 42, 1969, 167–242

— (1978) Some Anomalous Evidence Regarding Market Efficiency, Journal of Financial Economics, 6, 1978, 95–101

— (1988) Arbitrage, Information Theft, and the Mistaken Attack on Insider Trading, Working Paper, Business School, Harvard University, 1988

Jensen, M.C. / *Meckling*, W. (1976): Theory of the Firm. Managerial Behavior, Agency Cost, and Ownership Structure, Journal of Financial Economics, 3, 1976, 305–360

Jensen, M.C. / *Ruback*, R.S. (1983): The Market for Corporate Control, Journal of Financial Economics, 11, 1983, 5–50

John, K. / *Lang*, L.H. (1991): Insider Trading around Dividend Announcements. Theory and Evidence, Journal of Finance, XLVI, 1991, 1361–1389

John, K. / *Mishra*, B. (1990): Information Content of Insider Trading Around Corporate Announcements. The Case of Capital Expenditures, Journal of Finance, 45, 1990, 835–855

Jones, J. / *Lehn*, K. / *Mulherin*, J.H. (1991): Institutional Ownership of Equity. Effects on Stock Market Liquidity and Corporate Long-Term Investments, in: A.W. Sametz (Hrsg.), Institutional Investing. Challenges and Responsibilities for the 21st Century, New York 1991, 115–127

Joskow, P.L. (1985): Long Term Vertical Relations and the Study of Industrial Organization and Government Regulation, Journal of Institutional and Theoretical Economics, 141, 1985, 586–593

Joskow, P.L. / *Rose*, N.L. (1989): The Effects of Economic Regulation, in: R. Schmalensee / R.D. Willig Handbook of Industrial Organization, Bd. II, Amsterdam u.a. 1989, 1150–1506

Kabir, R. (1990): Security Market Regulation. An Empirical Investigation of Trading Suspension and Insider Trading Restriction, Maastricht 1990

Kahn, A.E. (1970): The Economics of Regulation. Principles and Institutions, New York 1970

— (1979) The Application of Economics in an Imperfect World, American Economic Review, 9, 1979, 1–13

Karpoff, J. / *Lee*, D. (1991): Insider Trading Before New Issue Announcements, Financial Management, 20, 1991, 18–26

Kelly, W.A. / *Nardinelli*, C. / *Wallace*, M.S. (1987): Regulation of Insider Trading. Rethinking SEC Policy Rules, Cato Journal, 7, 1987, 441–448

King, M. / *Roell*, A. (1988): Insider Trading, Economic Policy, 6, 1988, 165–193

Kitch, E. (1980): The Law and Economics of Rights in Valuable Information, Journal of Legal Studies, 9, 1980, 683

Klein, B. / *Leffer*, K.B. (1981): The Role of Market Forces in Assuring Contractual Performance, Journal of Political Economy, 89, 1981, 615

Kloten, N. / *Stein*, J.H. (Hrsg.) (1993): Geld-, Bank- und Börsenwesen, Stuttgart 1993

Kraakman, R.H. (1991): The Legal Theory of Insider Trading Regulation in the United States, in: K.J. Hopt/E. Wymeersch (Hrsg.), European Insider Dealing. Law and Practice, London/Boston 1991, 39–55

Kraus, A./*Stoll*, H. (1972): Price Impacts of Block Trading on the New York Stock Exchange, Journal of Finance, June 1972

Kuhn, T.S. (1962): The Structure of Scientific Revolutions, Chicago/London 1962

Kumar, R./*Sarin*, A./*Shastr*, K. (1992): The Behavior of Option Price Around Large Block Transactions in the Underlying Security, Journal of Finance, 47, 1992, 879–889

Kyle, A.S. (1984): Market Structure, Information, Futures Markets, and Price Formation, in: G.G. Storey/A. Schmitz/A.H. Sarris (Hrsg.), International Agricultural Trade. Advanced Readings in Price Formation, Market Structure, and Price Instability, London 1984

— (1985) Continous Auctions and Insider Trading, Econometrica, 53, 1985, 1315–1335

— (1989) Informed Speculation with Imperfect Competition, Review of Economic Studies, 56, 1989, 317–356

Laffont, J.J./*Maskin*, E. (1990): The Efficient Market Hypothesis and Insider Trading on the Stock Market, Journal of Political Economy, 98, 1990, 70–93

Lakatos, I. (1970): Falsification and the Methodology of Scientific Research Programmes, in: der.s/A. Musgrave (Hrsg.), Criticism and the Growth of Knowledge, Cambridge 1970, 91–196

Lang, L.H./*Litzenberger*, R.H./*Madrigal*, V. (1992): Testing Financial Market Equilibrium under Asymmetric Information, Journal of Political Economy, 100, 1992, 317–348

Langevoort, D.C. (1987): Insider Trading Handbook, New York 1987

— (1988) Insider Trading Regulation, Securities Law Series, New York 1988

— (1990) Investment Analysts and the Law of Insider Trading, Virginia Law Review, 76, August 1990, 1023–1054

— (1991) Insider Trading. Regulation, Enforcement, and Prevention, Deerfield 1991

Larcker, D.F./*Lys*, T. (1987): An Empirical Analysis of the Incentives to Engage in Costly Information Acquisition. The Case of Risk Arbitrage, Journal of Financial Economics, 1987

Leftwich, R.W./*Verrecchia*, R.E. (1981): Insider Trading and Managers' Choice Among Risky Projects. Working Paper No. 63, Graduate School of Business, University of Chicago, July 1981

Leland, H.E. (1992): Insider Trading. Should it be Prohibited, Journal of Political Economy, 100, 1992, 859

Leland, H.E./*Pyle*, D.H. (1977): Informational Asymetries, Financial Structure and Financial Intermediation, Journal of Finance, 22, 1977, 371–381

LeRoy, S.F. (1991): Capital Market Efficiency. An Update, in: R. Kolb (Hrsg), Financial Institutions and Markets. A Reader, 1991, 157–168

Lin, Ji-Chai / *Howe*, J.S. (1990): Insider Trading in the OTC Market, Journal of Finance, 45, 1990, 1273–1284

Lipton, D.A. (1985): Governance of Our Securities Markets and the Failure to Allocate Regulatory Responsibility, Catholic University Law Review, 34, 1985, 397–423

Lompe, K. (1972): Wissenschaftliche Beratung der Politik. Ein Beitrag zur Theorie anwendender Sozialwissenschaften, Göttingen 1972

London Business School (1992): The City Research Project. Interim Report, London 1992

London Stock Exchange (1984): The Choice of a New Dealing System for Equities, Stock Exchange Quarterly, 1984

— (1990) Insider Dealing and Investor Confidence, Quality of Markets Quarterly Review, Summer 1990, 25–28

Lorie, J.H. / *Niederhofer*, V. (1968): Predictive and Statistical Properties of Insider Trading, Journal of Law and Economics, 11, 1968, 35–53

Lucas, H.C. / *Schwartz*, R.A. (Hrsg.) (1989): The Challenge of Information Technology for the Securities Markets. Liquidity, Volatility, and Global Trading, Homewood 1989

Luhmann, N. (1993): Das Recht der Gesellschaft, Frankfurt / M. 1993

Macey, J.R. (1984): From Fairness to Contract. The New Direction of the Rules Against Insider Trading, Hofstra Law Review, 13, 1984, 9–64

— (1991) Insider Trading. Economics, Politics, and Policy, Washington 1991

Madhavan, A. (1992): Trading Mechanisms in Securities Markets, Journal of Finance, 47, 1992, 607–641

Mann, S.V. / *Seijas*, R.W. (1991): Bid-Ask Spreads, NYSE Specialists, and NASD Dealers, Journal of Portfolio Management, Fall 1991, 54–58

Manne, H.G. (1966): Insider Trading and the Stock Market, New York 1966

Manove, M. (1989): The Harm in Insider Trading and Informed Speculation, Quarterly Journal of Economics, 104, 1989, 823–845

Marshall, J.M. (1974): Private Inventives and Public Information, American Economic Review, 64, 1974, 373–390

Martin, D.W. / *Peterson*, J.H. (1991): Insider Trading Revisited, Journal of Business Ethics, 10, 1991, 57–61

Masson, R.T. / *Madhavan*, A. (1991): Insider Trading and the Value of the Firm, Journal of Industrial Economics, 39, 1991, 333–353

Mauer, D.C. / *Senbet*, L.W. (1992): The Effect of the Secondary Market on the Pricing of Initial Public Offerings. Theory and Evidence, Journal of Financial and Quantitative Analysis, 27, 1992, 55–79

McCloskey, D.N. (1985): The Rethoric of Economics, Madison 1985

Meyer, W. (1973): Falsifikationslehre und ökonomische Theorie. Anwendungsprobleme des kritischen Rationalismus, Wirtschaftswissenschaftliches Studium, 2, 1973, 501–506

Merton, R.C. (1990a): The Financial System and Economic Performance, Journal of Financial Services Research, 4, 1990, 263–300

— (1990b) Continuous-Time Finance, Oxford 1990

— (1992) Operation and Regulation in Financial Intermediation. A Functional Perspective. Working paper No. 93–202, Business School, Harvard University, September 1992

Meulbroek, L.K. (1992): An Empirical Analysis of Illegal Insider Trading, Journal of Finance, 47, 1992, 1661–1699

Mikkelson, W. / *Partch,* M.M. (1986): Valuation Effects of Security Offerings and the Issuance Process, Journal of Financial Economics, 1986, 31–60

Mildenstein, E. (1982): Die Kurspolitik der Marketmaker auf Aktienzirkulationsmärkten, Schwarzenbek 1982

Milgrom, P.R. / *Roberts,* J. (1987): Informational Asymetries, Strategic Behavior and Industrial Organization, American Economic Review, 77, Papers and Proceedings, 1987, 184–193

Miller, M. (1990): International Cometitivness of U.S. Futures Exchange, Journal of Financial Services Research, 4, 1990, 387–408

Miller, M. / *Upton,* C. (1989): Strategies for Capital Market Structure and Regulation, Occasional Paper No. 14, Graduate School of Business, University of Chicago, November 1989

Millspaugh, P.E. / *Belt,* B.D. (1992): Policing Foreign Trader Abuse in U.S. Markets. Enforcement Strategy Perspectives, Securities Regulation Law Journal, 19, 1992, 366–401

Mirman, L.J. / *Samuelson,* L. (1989): Information and Equilibrium with Inside Traders, Economic Journal, 99, 1989, 152–167

Moore, J. (1990): What is Really Unethical About Insider Trading?, Journal of Business Ethics, 9, 1990, 171–182

Morck, R. / *Shleifer,* A. / *Vishny,* R.W. (1988): Management Ownership and Market Valuation. An Empirical Analysis, Journal of Financial Economics, 20, 1988, 293–315

Mueller, D.C. (1989): Public Choice II, Cambridge 1989

Myers, S.C. (1977): Determinants of Corporate Borrowing, Journal of Financial Economics, 1977, 147–175

Myers, S.C. / *Majluf,* N.S. (1984): Corporate Financing and Investment Decisions When Firms Have Information That Investors Do Not Have, Journal of Financial Economics, 1984, 187–221

National Association of Security Dealers (NASD) (1983): Analysis of Last-Sale Reporting on Market Characteristics of Tier 2 NASDAQ Securities, NASD mimeo, 1983

Nelson, R.R. / *Winter*, S.G. (1982): An Evolutionary Theory of Economic Change, Cambridge, MA / London 1982

Netter, J.M. / *Mitchel*, M.L. (1989): Stock-Repurchase Announcements and Insider Transactions After the October 1987 Stock Market Crash, Financial Management, 18, 1989, 84–96

Noll, R.G. (1989): Economic Perspectives on the Politics of Regulation, in: R. Schmalensee / R.D. Willig, Handbook of Industrial Organization, Bd. II, Amsterdam u.a. 1989

Nozick, R. (1974): Anarchy, State, and Utopia, New York 1974

Oberender, P. / *Daumann*, F. (1993): Verbot von Insidergeschäften im Börsenhandel? Eine ordnungstheoretische Analyse, Ordo, 43, 1993, 255–265

O'Brien, R. (1992): Global Financial Integration. The End of Geography, London 1992

Okuno-Fujiwara, M. / *Postlewaite*, A. / *Suzumura*, K. (1990): Strategic Information Revelation, Review of Economic Studies, 57, 1990, 25–47

Olson, M. (1971): The Logic of Collective Action, Cambridge MA / London 1971

Oppenheimer, H.R. / *Dielman*, T.E. (1988): Firm Dividend Policy and Insider Activity. Some Empirical Results, Journal of Business Finance And Accounting, 15, 1988, 525–541

Organisation for Economic Cooperation and Development (OECD) (1988): Financial Market Trends, 41, 1988

Organisation for Economic Cooperation and Development (OECD) / Committee for Invisible Transactions (1967): Capital Market Study. General Report, Paris 1967

Ott, A.E. (1972): Volkswirtschaftliche Verluste oder Abweichungen von der Volkswirtschaftlichen Zielkombination?, Zeitschrift für die gesamte Staatswissenschaft, 128, 1972, 304–316

Ott, C. / *Schäfer*, H.B. (1991): Ökonomische Auswirkungen der EG-Insider-Regulierung in Deutschland, Zeitschrift für Bankrecht und Bankwirtschaft, 3, 1991, 226–241

Pagano, M. (1989): Trading Volume and Asset Liquidity, Quarterly Journal of Economics, 104, 1989, 255–274

Pagano, M. / *Roell*, A. (1990a): Trading Systems in European Stock Exchanges, Discussion Paper No. 75, Financial Markets Group, London School of Economics, 1990

— (1990b) Auction Markets, Dealership Markets and Execution Risk, Discussion Paper No. 102, Financial Markets Group, London School of Economics, 1990

— (1990c) Shifting Gears. An Economic Evaluation of the Reform of the Paris Bourse, Discussion Paper No.103, Financial Markets Group, London School of Economics, 1990

— (1991a) Dually-traded Equities. London vs. Milan, Discussion Paper No. 116, Financial Markets Group, London School of Economics, 1991

— (1991b) Auction and Dealership Markets. What is the Difference?, Discussion Paper No. 125, Financial Markets Group, London School of Economics, September 1991

— (1992) Transparency and Liquidity. A Comparison of Auction and Dealer Markets with Informed Trading, Discussion Paper No. 150, Financial Markets Group, London School of Economics, October 1992

Painter, A. (1974): Federal Regulation of Insider Trading, Columbia Law Review, 74, 1974, 299

Painter, W. (1974): Damages to Uninformed Traders for Insider Trading on Impersonal Exchanges, Columbia Law Review, 74, 1974, 299

Parkman, A.M. / *George*, B.C. / *Boss*, M. (1988): Owners or Traders. Who Are the Real Victims of Insider Trading?, Journal of Business Ethics, 7, 1988, 965–971

Penman, S.H. (1985): A Comparison of the Information Content of Insider Trading and Management Earnings Forecasts, Journal of Financial and Quantitative Analysis, 20, 1985, 1–17

Pfister, B. (1981): Stand der Insiderdiskussion, Zeitschrift für Unternehmens- und Gesellschaftsrecht, 10, 1981, 318–347

Pfisterer, U. (1976): Machtmissbrauch im Wertpapierhandel durch Insider. Implikationen für die Bundesrepublik Deutschland aus Erfahrungen in den USA, Tübingen 1976

Phillips, R.M. / *Lavoie*, L.R. (1988): The SEC's Proposed Insider Trading Legislation. Insider Trading Controls, Corporate Secrecy, and Full Disclosure, Alabama Law Review, 39, 1988, 439–490

Picker, B.G. (1987): Crafting a Corporate Policy to Deter Insider Trading, Directors and Boards, 11, 1987, 17–19

Picot, A. / *Dietl*, H. (1993): Informations(de)regulierung am Kapitalmarkt aus institutionenökonomischer Sicht. Vortrag auf der Tagung Neue politische Ökonomie der Regulierung, Deregulierung und Privatisierung, Ludwig-Maximilians-Universität, München, September 1993

Pies, I. (1991): Normative Institutionenökonomik. Zur Rationalisierung des politischen Liberalismus, Diss. Katholische Universität Eichstätt, Ingolstadt 1991

Pitt, H.L. / *Shapiro*, K.L. (1990): Securities Regulation by Enforcement. A Look Ahead at the Next Decade, Yale Journal on Regulation, 7, 1990, 141

Plott, C.R. / *Sunder*, S. (1982): Efficiency of Experimental Security Markets with Insider Information. An Application of Rational Expectations Models, Journal of Political Economy, 90, 1982, 663–698

Pope, P.F. / *Morris*, R.C. / *Peel*, D.A. (1990): Insider Trading. Some Evidence on Market Efficiency and Director's Share Dealings in Great Britain, Journal of Business Finance and Accounting, 17, 1990, 359–380

Popper, K. (1959): The Logic of Scientific Discovery, New York 1959

Posner, R.A. (1974): Theories of Economic Regulation, Bell Journal of Economics and Management Science, 5, 1974, 335

— (1976) Antitrust Law. An Economic Perspective, Chicago 1976

— (1983) The Economics of Justice, Cambridge MA / London 1983

— (1993) The Problems of Jurisprudence, Cambridge MA / London 1993

Pratt, S.P. / *DeVere*, C.W. (1972): Relationship Between Insider Trading and Rates of Return for NYSE Common Stocks, 1960–1966, in: J.H. Lorie / R. Breadley (Hrsg.), Modern Developments in Investment Management, Hinsdale IL 1972

Presidential Task Force on Market Mechanisms (1988): Report of the Presidential Task Force on Market Mechanisms, Washington DC Januar 1988

Rawls, J. (1971): A Theory of Justice, Cambridge MA 1971

Renner, V. (1976): Der Schutz des Kapitalanlegers gegen Ausnützung von Informationsvorteilen im Aktienhandel, Mannheim 1976

Rider, B.A. / *French*, H.L. (1979): The Regulation of Insider Trading, London 1979

Robbins, S. / *Werner*, W. (1964): Professor Stigler Revisited, Journal of Business, 37, 1964, 406–413

Roell, A. (1987): Rules and the Quality of Markets, Discussion Paper No. 15, Financial Markets Group, London School of Economics, 1987

— (1988) Regulating Information Disclosure Among Stock Exchange Market Makers, Discussion Paper No. 51, Financial Markets Group, London School of Economics, 1988

Roll, R. (1984): A Simple Implicit Measure of the Bid / ask Spread in an Efficient Market, Journal of Finance, 39, 1984, 1127–1139

— (1989) Price Volatility, International Market Links, and Their Implications for Regulatory Policies, Journal of Financial Services Research, 3, 1989, 211–246

Ross, S.A. (1979): Disclosure Regulation in Financial Markets. The Implications of Modern Finance Theory and Signalling Theory, in: F. Edwards (Hrsg.), Issues in Financial Regulation, New York 1979, 177

— (1989) Commentary. Using Tax Policy to Curb Speculative Short-term Trading, Journal of Financial Services Research, 3, 1989, 117–120

Rothschild, M. (1973): Models of Market Organization with Imperfect Information. A Survey, Journal of Political Economy, 81, 1973, 1283–1308

Rozeff, M.S. / *Zaman*, M.A. (1988): Market Efficiency and Insider Trading. New Evidence, Journal of Business, 61, 1988, 25–35

Salinger, M.A. (1989): Stock-Market Margin Requirements and Volatility, Journal of Financial Services Research, 3, 1989, 121–138

Salomon Brothers (1991): International Equity Flows, November 1991

Sametz, A.W. (Hrsg.) (1991): Institutional Investing. Challenges and Responsibilities for the 21st Century, New York 1991

Schacht, G. (1980): Die deutsche Kapitalmarktaufsicht im internationalen Vergleich, München 1980

Schimmöller, H. (1975): Kapitalmarktstrukturen im internationalen Vergleich, Frankfurt / M. / *Zürich 1975*

Schmidt, H. (1970): Börsenorganisation zum Schutz der Anleger, Tübingen 1970

— (1977) Advantages and Disadvantages of an Integrated Market Compared with a Fragmented Market, Commission of the European Communities, Collection Studies, Competition - Approximation of Legislation Studies No. 30, Brüssel 1977

— (1985) Disclosure, Insider Information and Capital Market Funktions, in: K.J. Hopt/G. Teubner (Hrsg.), Corporate Governance and Directors' Liabilities, Bern 1985, 338–353

— (1992) Automating German Equity Trading, Arbeitspapier, Unversität Hamburg, Institut für Geld- und Kapitalverkehr, 1992

Schmidt, R. / *Wulff*, S. (1993): Zur Entdeckung von Insider-Aktivitäten am deutschen Aktienmarkt, Zeitschrift für Bankrecht und Bankwirtschaft, 2, 1993, 57–67

Schneider, D. (1986): Ausweichhandlungen vor Regulierungen auf Finanzmärkten als Prüfstein wettbewerbspolitischer Konzepte, Ordo, 37, 1986, 155–181

— (1987) Allgemeine Betriebswirtschaftslehre, München / Wiesbaden 1987

— (1990) Unternehmensethik und Gewinnprinzip in der Betriebswirtschaftslehre, Zeitschrift für betriebswirtschaftliche Forschung, 42, 1990, 869–891

— (1993) Wider Insiderhandelsverbot und die Informationsefizienz des Kapitalmarktes, Der Betrieb, 29, 1993, 1429–1435

Scholes, M.S. (1972): The Market for Securities. Substitution Versus Price Pressure and the Effect of Information on Share Price, Journal of Business, 45, 1972, 179–211

— (1991) Tax Treatment of Short-term Trading, in: A.W. Sametz (Hrsg.), Institutional Investing. Challenges and Responsibilities for the 21st Century, New York 1991

Schörner, P. (1991): Gesetzliches Insiderhandelsverbot. Eine ordnungspolitische Analyse, Wiesbaden 1991

Schotland, R. (1967): Unsafe at Any Price. A Reply to Manne, Virginia Law Review, 53, 1967, 1425–1429

Schreiber, P.S. / *Schwartz*, R.A. (1985): Efficient Price Discovery in a Securities Market. The Objective of a Trading System, in: Y. Amihud / T.S. Ho / R.A. Schwartz, Market Making and the Changing Structure of Securities Industry, Lexington 1985, 19–39

Schwark, E. (1979): Anlegerschutz und Wirtschaftsrecht, München 1979

Schwartz, A. / *Wilde*, L.L. (1979): Intervening in Markets on the Basis of Imperfect Information. A Legal and Economic Analysis, University of Pennsylvania Law Review, 127, 1979, 630–682

— (1982) Imperfect Information, Monopolistic Competition, and Public Policy, American Economic Review, 72, 1982, 18–23

Schwartz, R.A. (1988): Equity Markets. Structure, Trading, and Performance, New York 1988

— (1991) Reshaping the Equity Markets, New York 1991

Schwert, G.W. (1980): Using Financial Data to Measure Effects of Regulation, in: R.A. Posner/K.E. Scott, Economics of Corporation Law and Securities Regulation, Boston/Toronto 1980, 185–194

Scott, K. (1980): Insider Trading, Rule 10b–5, Disclosure and Corporate Privacy, Journal of Legal Studies, 9, 1980, 801–818

Securities and Exchange Commission (SEC) (1991): Response to Letter from Chairman Markey Concerning Computerized Trading Systems, Division of Market Regulation, July, 3, 1991

— (1992) U.S. Equity Market Structure Study, International Series Release No. 420, July 14, 1992

Sen, A. (1982): Choice, Welfare, and Measurement, Cambridge u.a. 1982

— (1990) On Ethics and Economics, Cambridge u.a. 1987, reprinted 1990

Seppi, D.J. (1991): Equilibrium Block Trading and Asymmetric Information, Journal of Finance, 45, 1991, 73–94

Seyhun, H.N. (1986): Insiders' Profits, Cost of Trading, and Market Efficiency, Journal of Financial Economics, 16, 1986, 189–212

— (1988a) The January Effect and Aggregated Insider Trading, Journal of Finance, 43, 1988, 129–142

— (1988b) The Information Content of Aggregate Insider Trading, Journal of Business, 61, 1988, 1–24

— (1990) Overreaction or Fundamentals. Some Lessons from Insiders' Response to the Market Crash, Journal of Finance, 45, 1990, 1363–1388

— (1992a) The Effectiveness of the Insider-Trading Sanctions, Journal of Law and Economics, XXXV, 1992, 149–182

— (1992b) Why Does Aggregate Insider Trading Predict Future Stock Returns, Quarterly Journal of Economics, November 1992, 1303–1331

Shavell, S. (1979): Risk Sharing and Incentives in the Principal Agent Relationship, Bell Journal of Economics, 10, 1979, 55

— (1991) Acquisition and Disclosure of Information Prior to Economic Exchange, Discusion Paper No. 91, Law School, Harvard University, April 1991

Shaw, B.. Shareholder Authorized Inside Trading. A Legal and Moral Analysis, Journal of Business Ethics, 9, December 1990, 913–928

Shiller, R.J. (1984): Stock Prices and Social Dynamics, Brookings Papers on Economic Activity, 2, 1984, 457–498

— (1989) Market Volatility, Cambridge/London 1989

Shleifer, A. (1986): Do Demand Curves for Stocks Slope Down?, Journal of Finance, XLI, July 1986, 579–590

Shleifer, A./*Summers*, L.H. (1990): The Noise Trader Approach to Finance, Journal of Economic Perspectives, 4, 1990, 19–33

Shleifer, A./*Vishny*, R.W. (1990): Equilibrium Short Horizons of Investors and Firms, American Economic Review Papers and Proceedings, 1990, 148–153

Shulman, Y.C. (1992): A View of Europe From New York and London. A Study of Investor Attitudes Toward Continental European Equity Markets, für: Makinson Cowell and the Financial Times, 1992

Sicherman, N.W. / *Pettway*, R.H. (1987): Acquisition of Divested Assets and Shareholder Wealth, Journal of Finance, 42, 1987, 1261–1273

Simon, C.J. (1989): The Effect of the 1933 Securities Act on Investor Information and the Performance of New Issues, American Economic Review, 79, 1989, 295–318

Simonis, U.E. (1980): Neue Methoden makroökonomischer Erfolgsmessung und Zielbestimmung, in: D.B. Simmert (Hrsg.), Wirtschaftspolitik — kontrovers, Köln 1980, 67–87

Stein, J.C. (1987): Informational Externalities and Welfare Reducing Speculation, Journal of Political Economy, 95, 1987, 1123–1145

— (1991) Short-term Trading, Stock Price Quality, and Corporate Investment Horizons, in: A.W. Sametz (Hrsg.), Institutional Investing. Challenges and Responsibilities for the 21st Century, New York 1991

Steinmann, G. (1970): Theorie der Spekulation, Tübingen 1970

Stigler, G.J. (1961): The Economics of Information, Journal of Political Economy, 69, 1961, 213–225

— (1964) Public Regulation of Securities Markets, Journal of Business, 37, 1964, 117–142

— (1971) The Theory of Economic Regulation, Bell Journal of Economics and Management Science, 2, 1971, 3–21

— (1992) Law or Economics?, Journal of Law and Economics, 35, 1992, 455–468

Stiglitz, J.E. (1981): Pareto Optimality and Competition, Journal of Finance, 36, 1981, 235–251

— (1982) Information and Capital Markets, in: W. Sharpe / C. Cootner (Hrsg.), Financial Economics. Essays in Honor of Paul Cootner, 1982, 118

— (1989a) On the Economic Role of the State, Southampton 1989

— (1989b) Using Tax Policy to Curb Speculative Short-term Trading, Journal of Financial Services Research, 3, 1989, 101–115

Stiglitz, J.E. / *Weiss*, A. (1981): Credit Rationing in Markets With Imperfect Information, American Economic Review, 1981, 393–410

Stoll, H.R. (1978): The Supply of Dealer Services in Securities Markets, Journal of Finance, 33, 1978, 1133–1151

— (1979) Regulation of Securities Markets. An Examination of the Effects of Increased Competition, Monograph Series in Finance and Economics, New York University, 1979

— (1985a) Alternative Views of Market Making, in: Y. Amihud / T.S. Ho / R.A. Schwartz, Market Making and the Changing Structure of the Securities Industries, Lexington u.a. 1985, 67–91

— (1985b) The Stock Exchange Specialist System. An Economic Analsis, Monograph, Salomon Brothers Center for the Study of Financial Institutions, New York 1985

— (1989) Inferring the Components of the Bid-ask Spread. Theory and Empirical Tests, Journal of Finance, 1989, 115–134

— (1992) Principles of Trading Market Structure, Journal of Financial Services Research, 6, 1992, 75–107

Stout, L.A. (1988): The Unimportance of Being Efficient. An Economic Analysis of Stock Market Pricing and Securities Regulation, Michigan Law Review, 87, 1988, 613–709

Streit, M.E. (1991): Theorie der Wirtschaftspolitik, 4. Aufl. Düsseldorf 1991

Subrahmanyam, A. (1991): Risk Aversion, Market Liquidity, and Price Efficiencies, Review of Economic Studies, 4, 1991, 417–441

Summers, L.H. (1991): The Case for a Securities Transaction Excise Tax, in: A.W. Sametz (Hrsg.), Institutional Investing. Challenges and Responsibilities for the 21st Century, New York 1991, 138–149

Syed, A.A. / *Liu*, P. / *Smith*, S.D. (1989): The Exploitation of Inside Information at the Wall Street Journal. A Test of Strong Form Efficiency, Financial Review, 24, 1989, 567–579

Szockyj, E. (1993): The Law and Insider Trading. In Search of a Level Playing Field, Buffalo 1993

Taggart, R.A. (1980): Taxes and Corporate Capital Structure in an Incomplete Market, Journal of Finance, 35, 1980, 645–659

Tinic, S.M. (1972a): The Economics of Liquidity Services, Quarterly Journal of Economics, 86, 1972, 79–93

Tinic, S.M. / *West*, R.R. (1972b): Competition and the Pricing of Dealer Services in the Over-the-Counter Stock Market, Journal of Financial and Quantitative Analysis, 7, 1972, 1707–1728

— (1980) The Securities Industry under Negotiated Brokerage Commissions. Changes in the Structure and Performance of New York Stock Exchange Member Firms, Bell Journal of Economics and Management Science, Spring 1980

Trueman, B. (1983): Motivating Management to Release Inside Information, Journal of Finance, 38, 1983, 1253–1269

Tuchtfeld, E. (1957): Das Instrumentarium der Wirtschaftspolitik, in: Hamburger Jahrbuch für Wirtschafts- und Gesellschaftspolitik, 2, 1957, 52–64

— (1978) Kapitalmarkt, in: Handwörterbuch der Wirtschaftswissenschaft, Bd. IV, Stuttgart u.a. 1978, 432–439

Vance, M.A. (1990): Insider Trading. A Bibliography, Monticello ILL 1990

Verrecchia, R.E. (1980): Consensus Beliefs, Information Acquisition, and Market Information Efficiency, American Economic Review, 70, 1980, 874

— (1982) Information Acquisition in a Noisy Rational Expectations Economy, Econometrica, 50, 1982, 1415–1430

Vishny, R.W. (1991): Three Comments on Economic Implications of Alternative Portfolio Policies of Institutional Investors, in: A.W. Sametz (Hrsg.), Institutional Investing. Challenges and Responsibilities for the 21st Century, New York 1991, 159–166

Wang, W.K. (1988): A Cause of Action for Option Traders Against Insider Option Traders, Harvard Law Review, 101, 1988, 1056–1060

Weinberger, A.M. (1990): Preventing Insider Trading Violations. A Survey of Corporate Compliance Programs, Securities Regulation Law Journal, 18, 1990, 180–193

Werhane, P.H. (1989): The Ethics of Insider Trading, Journal of Business Ethics, 8, 1989, 841–845

Whitcomb, D. (1985): An International Comparison of Stock Exchange Trading Structures, in: Y. Amihud/T.S. Ho/R.A. Schwartz, Market Making and the Changing Structure of the Securities Industries, Lexington u.a. 1985, 237–255

Wiegers, A. (1987): Kapitalmarktpolitik und Unternehmensfinanzierung in der Bundesrepublik Deutschland, Frankfurt/M. u.a. 1987

Wihlborg, C. (1990): The Incentive to Acquire Information and Financial Market Efficiency, Journal of Economic Behavior and Organization, 13, 1990, 347–365

Williamson, O.E. (1983): Organizational Form, Residual Claimants, and Corporate Control, Journal of Law and Economics, 26, 1983, 233–261

— (1985) The Economic Institutions of Capitalism, New York/London 1985

Wilson, J.Q. (1990): The Politics of Regulation, New York 1980

Wymeersch, E. (1991): Insider Trading Prohibition in the EC Member States. A Comparative Overview, in: K.J. Hopt/E. Wymeersch (Hrsg.), European Insider Dealing. Law and Practice, London/Boston 1991, 65–128

Zeckhauser, R./*Patel*, J./*Hendricks*, D. (1991): Nonrational Actors and Financial Market Behavior. Theory and Decision, 31, 1991, 257–287